数字经济时代中国公司治理
理论范式与创新实践

胡 晴 陈德球 —— 著

中国人民大学出版社
·北京·

图书在版编目（CIP）数据

数字经济时代中国公司治理：理论范式与创新实践／胡晴，陈德球著. -- 北京：中国人民大学出版社，2023.5

ISBN 978-7-300-31623-9

Ⅰ.①数… Ⅱ.①胡… ②陈… Ⅲ.公司－企业管理－研究－中国 Ⅳ.①F279.246

中国国家版本馆 CIP 数据核字（2023）第 064416 号

数字经济时代中国公司治理：理论范式与创新实践
胡　晴　陈德球　著
Shuzi Jingji Shidai Zhongguo Gongsi Zhili: Lilun Fanshi yu Chuangxin Shijian

出版发行	中国人民大学出版社		
社　　址	北京中关村大街 31 号	邮政编码	100080
电　　话	010-62511242（总编室）		010-62511770（质管部）
	010-82501766（邮购部）		010-62514148（门市部）
	010-62515195（发行公司）		010-62515275（盗版举报）
网　　址	http://www.crup.com.cn		
经　　销	新华书店		
印　　刷	唐山玺诚印务有限公司		
开　　本	720 mm×1000 mm　1/16	版　次	2023 年 5 月第 1 版
印　　张	14.75 插页 2	印　次	2023 年 5 月第 1 次印刷
字　　数	205 000	定　价	68.00 元

版权所有　　侵权必究　　印装差错　　负责调换

目 录

第一章 引言 …………………… (1)
  一、公司治理研究对促进经济
      发展的重要意义 …………… (1)
  二、发展数字经济的社会政治
      意义与经济战略意义 ……… (2)
  三、数字经济时代的技术创新、
      业态创新和模式创新 ……… (4)
  四、数字经济时代公司治理实践
      前沿的新趋势与新面貌 …… (5)
  五、本书的定位、特色与创新 … (10)

第二章 公司治理研究传统框架文献综述
  …………………………………… (12)
  一、公司治理问题的起源与演进
    …………………………………… (12)

二、内部公司治理结构：权威的分配 …………………（21）
　　三、外部公司治理机制：权威的实施 …………………（59）
　　四、制度环境与公司治理 ………………………………（84）

第三章　**数字经济时代公司治理研究范式的转变** …………（94）
　　一、传统公司治理研究的两大基石 ……………………（94）
　　二、大数据生态下的公司治理机制动态化 ……………（98）
　　三、公司治理范式转变的逻辑与路径 …………………（103）

第四章　**大数据赋能、生态模式构建与资本市场治理** ……（109）
　　一、大数据赋能治理主体多元化 ………………………（109）
　　二、大数据赋能内部治理结构 …………………………（111）
　　三、大数据赋能外部治理机制 …………………………（128）

第五章　**大数据驱动、决策模式优化与产品竞争市场治理**
　　　　………………………………………………………（141）
　　一、数字经济时代产品竞争市场对企业的重要
　　　　意义 …………………………………………………（141）
　　二、大数据驱动企业产品决策流程优化升级 …………（144）
　　三、大数据驱动内部治理结构调整：信息功能 ………（146）
　　四、大数据驱动外部治理机制转变：监督效应 ………（149）

第六章　**大数据重构、商业模式创新与控制权市场治理** …（152）
　　一、数字经济时代的商业模式创新 ……………………（152）
　　二、商业模式创新重构控制权市场 ……………………（153）
　　三、大数据重构内部治理结构 …………………………（156）
　　四、大数据重构外部治理机制 …………………………（173）

第七章　**研究挑战与前景展望** ………………………………（183）
　　一、数字经济时代公司治理的研究挑战 ………………（183）
　　二、数字经济时代公司治理的研究展望 ………………（185）

参考文献 …………………………………………………………（187）

第一章 引言

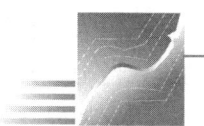

一、公司治理研究对促进经济发展的重要意义

经济增长是经济学研究的永恒主题，追求经济高质量发展是人类社会孜孜不倦的共同追求。在资源总量具有稀缺性的现实制约下，优化资源配置体系、提高资源利用效率成为破解发展难题、实现可持续发展的关键，而这离不开从宏观层面国家治理体系到微观层面公司治理体系的精密布局。推动国家治理体系和治理能力现代化建设，打通政府治理与企业治理互动格局，建立健全与社会经济发展相适应的制度环境与政策体系，极大考验着党和国家的治理能力和治理水平。

良好的微观公司治理体系是国家治理体系的基础要素和基本保障，护航企业能够以一系列的制度安排和机制设计，说服作为物质资本主要供给者的股东克服信息不对称以及契约不完备，向企业提供充分的资本支持，支撑企业发展扩张，为投资者赢得合理的投资回报。同时，公司治理还贯穿公司金融从融资、投资到营运资本管理以及企业风险控制的全流程，确保企业盘活投资者资金，抑制低效消耗甚至恶意浪费。公司治理研究是经济学、金融学领域历久弥新的经典话题，由社会经济发展规律驱动，具有强大的学术活力，又能有效反哺资本市场实践前沿，显示出旺盛的现实生命力。做好契合时代发展需求、引领治理实践变革的公司治理研究，对于推动经济高质量发展、完善我国现代化治理体系具有重要的理论和实践意义。

2020年国家自然科学基金委员会管理科学部正式将公司治理列为工商管理二级学科代码，成为继公司治理被列为MBA、EMBA核心课程及工商管理类本科专业必修课程之后的又一突破，大大提高了学科分量，推动研究领域发展。因此，进一步明确公司治理的学科内涵、研究方向和优先发展领域，对于优化学科布局、助力研究更好地服务于国家重大需求和新兴技术变化具有重要意义。[①]

二、发展数字经济的社会政治意义与经济战略意义

伴随"互联网＋"、大数据、云计算、人工智能、区块链等颠覆性信息技术的跨越式发展，高新数字技术作为全球新一轮技术革命的主导力量，引领数字经济跃升为继农业经济、工业经济之后的新型经济形态。数字经济下不断涌现的新模式、新业态、新场景和新机制，在重组要素资源、重塑经济结构、重建竞争格局方面产生了革命性的影响。大力发展数字经济、不断促进其做大做强做优是我国未来经济发展的重大战略方向。

根据中国信息通信研究院发布的《中国数字经济发展报告（2022年）》，2021年我国数字经济总规模已增长至45.5万亿元，同比名义增长16.2%，高于同期GDP名义增速3.4个百分点，占GDP比重将近40%，是国民经济不可忽视的"稳定器"和"加速器"。从概念上说，数字经济以数字化的知识和信息为关键生产要素，以数字技术为核心驱动力量，以现代信息网络为重要载体，通

---

① 公司治理学科"十四五"发展前沿问题研讨会举行. 南开大学新闻网，2020-12-18.

过数字技术与实体经济的深度融合，不断提高经济社会的数字化水平，加速重构经济发展与治理模式新形态。数字经济具体包括：数字产业化，持续巩固基础信息通信产业实力；产业数字化，加快农业、制造业及服务业的数字化转型；数字化治理，以"数字技术＋治理"为典型模式打造多元治理。①

现有学术研究成果表明，以互联网技术为基础的数字信息技术能有效助推我国数字经济和数字金融快速发展，带动产业转型升级，抑制区域经济不平衡，缩小数字鸿沟，实现经济兼具包容性与普惠性的高质量增长（Luohan Academy，2019；张勋等，2019；张勋等，2021；李三希，黄卓，2022；李彦龙，沈艳，2022）。深入实施数字经济发展策略，以数字经济支撑经济社会的高质量融合发展，成为我国在全球竞争格局中保持优势地位的关键之举。

自党的十八届三中全会提出全面深化改革的总目标以来，大力发展数字经济，推动数字经济和实体经济深度融合，正逐步上升为国家顶层设计中的重要战略部署。2016年，二十国集团（G20）领导人第十一次峰会在杭州举行，峰会把数字经济列为G20创新增长蓝图中的重要议题，数字经济概念开始走进宏观布局视野。2017年，我国政府工作报告首次正式提出数字经济概念。2020年，《中华人民共和国国民经济和社会发展第十四个五年规划和2035年远景目标纲要》（简称"十四五"规划纲要）发布，"加快数字化发展，建设数字中国"单独成篇，进一步强调以数字化转型整体驱动生产方式、生活方式和治理方式变革，激活数据要素潜能。2022年10月，党的二十大再次号召大力发展数字经济，加快构建新发展格局，推动高质量发展，建设数字中国。由此可见，数字经济已经成为包括中国经济在内的全球经济的新动能和新引擎，深度重塑产品创新、过程创新、组织创新及商业模式创新等各个领域，新技术、新业态和新模式竞相涌现，快速变革的社会实践需求成为推动治理模式创新的强劲动力。

---

① 中国数字经济发展报告（2022年）．中国信息通信研究院，2022－07－14．

三、数字经济时代的技术创新、业态创新和模式创新

数字经济时代的数字革命以数据为新型生产要素，以数据信息化培育经济发展新动能，以大数据资源驱动产品、服务、业态以及商业模式发生深刻变革，转变微观企业的发展方式、互动方式和治理方式，对经济发展、社会生活和国家治理产生根本性、全局性、革命性影响。

数智化革命以大数据为基础性关键生产要素，利用人工智能、机器学习、神经网络等新一代信息技术，充分挖掘知识和信息的内在价值，引导企业有效识别市场趋势，敏捷应对环境变化，切实变革生产方式、组织方式和管理方式，最终及时抓住转型发展机遇（Rajan and Wulf，2006；Acemoglu et al.，2007；Bloom et al.，2014；Babina et al.，2020；Obwegeser et al.，2020；Hanelt et al.，2021）。海量的大数据资源是企业宝贵的现代化信息资产，能有效提高企业的精准治理水平，帮助企业以数据为依据，以事实为准绳，充分基于现实依据科学决策，减少主观判断与人为操纵空间，提高决策精细化及精准化程度，抑制有限资源的消耗浪费，提高对资源的利用效率（McAfee and Brynjolfsson，2012；Constantiou and Kallinikos，2015；Farboodi et al.，2019；Simsek et al.，2019）。

从国内的相关研究来看，数字经济时代的技术创新、业态创新与模式创新深度重塑了微观企业管理实践，赋能企业优化生产组织流程，提升运营效率，创造更高的商业价值（刘洋等，2020；陈剑等，2020）。在数字化转型下，用户价值和市场竞争成为驱动企业管理变革的根本力量，推动企业变革内部管理模式，转变组织结构，优化生产模块，升级产品设计，迭代研发模式，影响企业生存发展的关键战略选择（戚聿东，肖旭，2020；姚小涛等，2022）。互联网技术为广大中小企业充分增权赋能，推动企业价值创造的关键生产要素和底层驱动逻辑发生重大转变（杨其静等，2022；张新民，金瑛，2022）。张新民和陈德球（2020）、陈德球和胡晴（2022）等认为，数字经济时代技术变革带动的商业模式革新对现有公司治理模

式及企业管理实践提出了前所未有的挑战，亟须理论界和实务界对新出现的治理需求予以回应。

四、数字经济时代公司治理实践前沿的新趋势与新面貌

事实上，数字经济在高强度转变社会形态和发展方式的同时，也无时无刻不在重构公司治理的主要矛盾和着力方向（Lu et al.，2020；Hacioglu and Aksoy，2021）。在数字经济时代，大数据作为新型生产要素，是影响企业经营环境与发展格局的关键战略性资源。体量大、速率高、多样性强、价值密度低的海量结构化与非结构化数据资源深度改造传统经济的发展基础，挑战现有研究逻辑，重塑未来研究范式（Goldstein et al.，2019；Goldstein et al.，2021；陈国青等，2018；洪永淼，汪寿阳，2021；杨俊等，2022）。

在传统商业社会，数据和信息技术不够发达，数据的产生渠道和产出量级相对有限，而且人们对种类各异、形式多样的结构化及非结构化数据未予足够的了解和重视，导致大量潜在的数据资源白白流失，没有切实转化成企业独有的信息资源。另外，传统技术环境下，人们对数据的分析、处理及解读能力也比较低，尤其是对海量、高维、高频数据，传统技术手段与分析工具大大落后于实践需求，无法有效剥离出信息背后的价值含量，从而辅助行为决策。因此，在传统社会经济环境下，资本市场中的信息不对称问题严重，信息透明度低且流动速度慢，拥有信息便利的参与主体能够凭借信息优势攫取大量不当利益。信息系统的发展不完善严重阻碍整个社会交易及运行秩序，进而制约资源分配效率，拖累经济发展脚步。

传统经营环境下尤为突出的信息不对称问题也严重影响了微观企业的公司治理模式。对于传统企业来说，企业得以顺利创立、正常经营、有序扩张的关键在于能在相应阶段及时获得充足的物质资本支持，资本充裕度是制约企业发展潜力的关键因素。然而，对于所有权与经营权高度分离的现代企业来说，股东为企业提供大部分的资本支持，却无法亲自参与企业的日常经营决策，他们必须委托管理层作为其利益代言人，以股东为中心，从股东利益出发，追求股东利益最大化。然而，在企业内外信息严重不对称的经营现实下，股东无法确信作为企业内部实际控制人的受托者总能遵循保护股东利益原则行事，在扩大注资上会有所顾虑，从而会影响企业顺利融资，不利于企业及时抓住发展机会。在此现状下，一套健全完善的公司治理体系显得尤为重要。公司治理的初衷也是通过一系列完善的机制设计和制度安排说服股东克服信息不对称背景下的投资顾虑，确保股东的资金安全并能如期获得合理投资收益，进而助力企业及时足额地从市场募集资金，进一步发展扩张。

由此可见，信息不对称和委托代理成本是传统公司治理研究范式的两大基石。在物质资本是企业生存发展关键资源的客观现实下，公司治理的主要目标被明确定位在保护股东利益，防范受托管理层在不完备契约下的道德风险，通过完整的内外治理机制设计对管理层施以有效监督，抑制其攫取控制权私利的动机，规范受托权力在正确的轨道上行使。股东与管理层之间呈现较为清晰的雇佣关系，手握资本优势的股东根据自身需求从外部职业市场寻得受托候选人，以资本雇用劳动；管理层才能仅仅被当作影响公司治理水平的一个因素，可以在企业间自由迁移流动，故未被真正纳入公司治理研究范式的核心范畴。

然而，伴随数字经济的高速发展，传统公司治理研究范式的两大基石遭遇严重挑战。以大数据与普惠金融技术为代表的颠覆性技术极大降低了资本市场各参与主体间的信息不对称性，在提高市场透明度的同时加强了社会精准融资能力，更广泛的投资群体借助数字平台参与融资市场，融资门槛降低，融资成本缩减，融资社会化和大众化程度加强，物质资本对企业的重要性减弱，提供物质资本的股东在企业内部的话语权和影响力也相应下降（Luohan Academy，2019；黄益平，邱晗，2021）。伴随物质资本地位下降的是创新资本的崛起。数字化革命催生了大量的新技术、新业态、新场景和新模式，使得新经济企业生存发展的关键掌握在拥有企业核心技术与关键资源的创始人及其业务团队手中，高度依赖熟谙企业创业过程、商业模式与发展路径的创业团队持续进行高质量的人力资本、智力资本、技术资本及管理才能投入。创业团队凭借不可迁移、不可替代的创新资本优势，强势挑选愿意合作的外部资本，让渡相当比例的所有权以缓解企业扩张壮大阶段的融资需求。同时，他们通过新型股权结构、董事会及管理层等途径保持对创业企业的稳定控制，为企业的创新研发营造可预期的发展环境，实现资本与发展的双赢局面。由此可见，在数字经济时代，传统公司治理格局已发生重大变化，公司治理的研究框架由以股东为中心转向以企业家为中心，企业家凭借创新资本优势"雇用"外部资本，并亲自构成管理层主体向企业贡献专用性的高质量人力资本。创业者及其核心业务团队的管理才能和创新资本被纳入公司治理分析范式的核心范畴，管理团队对于创业成功的内在需求同外部股东的投资利益保持高度一致。公司治理的主要目标由防范管理层的委托代理成本变为协同新型内外治理机制保证创始团队控制权稳定，激励其长期投入。拥有企业家特质和企业家精神的企业创始人是新经济企业的灵魂和先驱。企业家与资本在公司治理新模式下实现深度职能专业化分工，从传统雇佣模式转变为平等的事业合作伙伴关系，充分发挥比较优势，护航企业成长。

在公司治理研究范式由传统以股东为中心向现代以企业家为中心转型的逻辑指引下，我们继续结合大数据生态下公司治理机制的动态化，研究公司治理新路径。其中，数字经济时代大数据的精准治理功能为开拓公司治理研究新范式奠定了坚实的基础，是后续一切机制创新的源泉和始点。在大数据的时代浪潮下，在万物互联过程中生成的具有海量异构、动态分布、实时更新、快速生成等特点的各种结构化和非结构化数据大大加强了数据的精准治理能力，从精准融资、精准投资到精准研发、精准生产甚至精准营销，大大提高了生产组织和决策流程的精确度并增强其科学性，缩小了主观判断与人为操纵空间，减少了资源的低效耗用甚至过度浪费，提高了资源配置水平，提升了企业经营效率和绩效表现。以股东、董事会、管理层、企业员工为代表的内部治理主体和以机构投资者、社交媒体、监管者为代表的外部利益相关者都能从加强的数据精准功能中获益，从而提高对企业的精准监督水平。

针对数字经济时代新型公司治理，目前学术界已经取得众多高质量研究成果。大数据能有效整合各种传统及新兴数据渠道，通过更多更为客观的行为表现以及市场交易数据深度挖掘潜在信息，辅助优化行为决策，提高经营效率并增加市场价值（Brynjolfsson and McElheran，2016；Bajari et al.，2019；Berg et al.，2020；Chi et al.，2021；Zhu，2019；张叶青等，2021）。结合快速积累沉淀的大数据资产，企业还可以充分利用与时俱进、快速迭代的数字信息技术，进一步夯实对信息的解析、挖掘能力，提高信息处理水平，加强信息含量指导生产实践的转化效率。具体来说，企业可充分利用人工智能、机器学习、神经网络等颠覆性技术扩大信息的加工处理范围，尤其是对更多非常规信息加以更多关注，提高对信息环境变动的敏锐度，增强决策布局的灵活性，进而提升企业经营表现（Grennan and Michaely，2021；Bertomeu et al.，2021；Cao et al.，2020；Cao et al.，2021；Cong et al.，2020；Erel et al.，2021；Giglio et al.，2021；Leippold et al.，2022）。另外，区块链技术也是改善公司治理的新生力量，它能通过底层加密技术及分布式记账体系进一步提高信息质量，增强信息透明度，遏制信息操纵、恶意欺诈等道德风险，在财务记账、投票选举等治理领域应用前景广阔（Yermack，2017；Ferguson，2018；Lafarre and Van der Elst，2018；Cahill et al.，2020；龚强等，2021）。

在加强数据的精准治理功能之外，大数据及数字技术也极大延伸了信息流通渠道，提升了信息流通速度，驱动信息在更广阔的时间和空间范围内交换传播，大大提升了信息传播的广度、深度和密度，在降低信息不对称、提高信息透明度的同时，将更多市场主体纳入纵横交错的信息网络中，赋能更多利益相关者有条件参与到对公司治理的监督工作中，推动治理向没有地域界限、没有时间界限发展，把治理边界由传统线下扩展至新兴线上，大力构筑起社会协同治理网络，强化多主体参与理念。

在拓展数据信息网络、降低市场信息不对称之外，大数据及数字技术还显著降低了利益相关方获取信息的成本和门槛，激励它们更有动力参与公司治理。传统治理场景下，潜在治理者需要承担大量的人力、物力和财力，耗费相当程度的精力，才能收集到与企业相关的信息，之后依托自己有限的处理分析能力形成监督建议。这种独立承担治理成本、治理成效却被所有利益相关者共同分享的治理局面大大削弱了市场个体的治理积极性，助长了"搭便车"现象。而在数字经济时代，市场各方可以享受数据和技术便利；在统一的信息网络之中，信息获取更为便利，信息收集成本显著降低，信息分析能力在技术加持下呈现指数式上升。故市场各方更有动力主动参与到企业的治理工作中，治理积极性被极大调动，社会整体治理氛围大为改善，督促企业更加注重提高公司治理水平。

因此，本书立足于数字经济与实体产业深度融合的发展实际，将以股东为中心向以企业家为中心转型作为核心逻辑，依托技术嵌入和数据驱动合力打造的动态化公司治理新机制，基于"技术赋能—数据驱动—治理重构"思路提出数字经济时代公司治理研究新范式，具体包括大数据赋能资本市场治理、大数据驱动产品竞争市场治理和大数据重构控制权市场治理，力求为新经济时代公司治理研究创新提供思路和启发。

大数据赋能资本市场治理是指大数据通过加强数据精准治理功能、构建信息传播流通网络、降低信息获取成本等途径推动治理主体多元化。从内部治理结构看，大数据能有效辅助中小股东、董事会及管理层利用数据信息资源提高精准决策、精准治理水平。从外部治理机制看，大数据把更广泛的外部监督力量纳入统一的信息治理网络，拓展数据治理边界，实现股东治理与社会治理的自我调节，建立起以企业内部治理为主，市场中介、社会公众、监管者共同参与治理为辅的协同治理格局。

大数据驱动产品竞争市场治理是指企业利用大数据技术分析消费者的消费数据和投资者对企业的评价，通过改变决策者获得的信息类型驱动企业价值链和业务模式优化，影响企业的决策和战略制定方式。从内部治理结构调整看，大数据及数字信息技术能有效帮助企业广泛收集消费市场数据,以数据驱动的市场需求为导向,再造生产流程,优化业务模式,提高精准生产、精准营销能力,发展个性化产品定制,提高资源利用效率,巩固企业在市场竞争中的优势地位。从外部治理机制转变看,广大消费者群体同时也是资本市场重要的参与者和投资者,他们借助技术优势,以更为积极的姿态参与到企业的公司治理中,充分发挥监督功能,引导公司治理更加规范化和效率化。

大数据重构控制权市场治理是指大数据在重构企业数字化转型过程中的技术模式、生产模式和业务模式的同时,也重新设计了企业的决策模式和治理模式,重塑了内部权威分配格局,使之更加契合数字化转型的内在要求。在创新导向的数字经济下,企业生存发展的关键由掌握物质资本的股东转变为掌握企业核心技术和关键资源的创始人及其业务团队,传统上以股东为中心的治理范式向以企业家为中心的治理范式转变,公司治理的主要目标由防范两权分离下的委托代理成本转向保证创业团队的控制权稳定,激励其长期持续进行人力资本、技术资本、管理才能等创新资本投入。从内部治理结构看,新经济企业应充分发挥以双重股权结构和有限合伙协议架构为代表的新型股权结构优势,推动股东与创业团队的职能专业化分工,使企业权力分配格局显著向人力资本倾斜。同时,创业团队还需重视董事会、管理层及核心员工在公司治理中的上升地位,进一步提高协同治理水平。在外部治理机制上,我们聚焦控制权格局过于稳定的治理风险,从市场机制和公司章程两条路径出发,提醒企业增加对卖空市场以及日落条款的重视,充分发挥它们的治理功能。

五、本书的定位、特色与创新

本书以数字经济推动公司治理观念与公司治理模式创新的需求为导向,立足数字经济时代不断涌现的公司治理创新实践,在系统梳理经典研究脉络的基础上,结合数字经济时代公司治理边界突破的逻辑与路径,提炼归纳新经济下的研究范式和研究框架;从以股东为中心向以企业家为中心转变，聚焦掌握企业核心技术和关键资源的创始人及其业务团队，高度重视人力资本、技术资本及管理才能不可替代的长效价值。本书基于"技术赋能—数据驱动—治理重构"的框架，以大数据构建生态模式、赋能资本市场治理，以大数据优化生产决策、驱动产品竞争市场治理，以大数据创新商业模式、重构控制权市场治理，通过树立共建共享理念，构筑数字经济时代企业的协同生态系统，破解大数据生态下公司治理的现实困境，推进国家治理体系和治理能力现代化建设的微观实现路径，进而更加积极地应对数字经济时代公司治理范式重塑与逻辑转变的机遇和挑战。

相较现有公司治理领域的教材和著作，本书的创新之处主要体现在：首先，本书立足的传统公司治理领域文献不仅覆盖代表性经典研究，更囊括截至本书成稿时发表于中外权威期刊的最新研究成果。本书不仅是了解数字经济时代公司治理研究新范式的前沿窗口，更可作为相关学者梳理公司治理研究脉络的得力助手。其次，本书在文献综述的基础上，扎根数字经济时代公司治理的实践前沿，以治理实践需求推动研究范式创新，从大数据赋能、大数据驱动及大数据重构三方面形成系统性思考成果，并通过丰富的案例研究进一步加深对理论框架的理解。最后，本书在系统梳理公司治理学术前沿以及研究范式创新的同时，结合目前的数据资源和案例素材，总结若干具有先导性、创新性及可行性的未来研究方向，有助于拓展公司治理研究的研究边界和研究深度，推动公司治理整体研究水平再上新台阶。

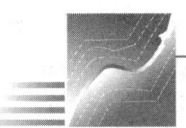

第二章 公司治理研究传统框架文献综述

一、公司治理问题的起源与演进

（一）公司治理概念的内涵与外延

公司治理是一个生命古老而生机年轻的研究领域。伴随 17 世纪初现代公司制在荷兰的出现，公司治理问题应运而生。在企业的三种基本组织形式中，区别于融资规模相对较小的个人独资企业和合伙制企业，公司制企业明显表现为所有权与经营权的高度分离：股东作为公司金融资本的提供者，向公司注入企业发展所必需的物质资本，保障公司顺利组建并展开经营；然而，受制于股东人数、股东精力及股东才能等因素，股东常常无法亲力亲为，参与公司的日常运营活动，他们利用资本雇用专业的管理团队，委托其代为负责公司日常事务的经营管理。由此可见，一方面，公司制的企业组织形式有助于扩大股东规模，为企业发展募集更充分的物质资本，提高企业的融资社会化水平；另一方面，股东虽在产权概念上是公司的所有者，但公司的实际经营权却掌握在

第二章　公司治理研究传统框架文献综述

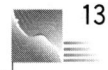

身为其代理人的管理层手中，而所有权比例较低的管理层难以通过股权途径充分分享公司的经营收益，故有强烈的动机以损害股东利益为代价谋求个人私利，最初的公司治理问题由此产生。

根据现代企业理论，在新古典经济学视角下，企业是一系列合约的耦合，股东（所有者）作为委托人委托管理层（经营者）以股东利益为原则，代其行使对公司的经营管理权。然而在具体的公司实践中，委托人（股东）与代理人（管理层）的目标函数并非总是一致，管理层未必总能遵循股东利益行事，股东与管理层之间常常出现严重的信息不对称问题，阻碍完全契约关系的顺利构建。相较于债权人来说，股东虽是公司的所有者，但对企业财产的求偿顺序却排位靠后，只能享受债权人利益之后的剩余价值索取权，是企业经营风险的最终承担者。为了确保企业能够克服信息不对称性、面对外部股东顺利实现融资且不浪费投资者资金，公司治理旨在通过一系列正式或非正式的、内部或外部的制度安排及机制设计，协调包括但不限于股东与管理层之间由信息不对称和不完全契约下的委托代理关系产生的各种利益冲突，从制度上保障公司决策在正确的轨道上进行，以确保投资者能够按时收回投资并取得合理的投资回报，进而推进企业的资本社会化程度，激发金融市场的融资便利和融资效率（Shleifer and Vishny，1997；Vives，2000；Becht et al.，2003；Tirole，2010；Hermalin and Weisbach，2003；张维迎，1996；姜国华等，2006；李维安等，2010）。

综上所述，公司治理问题伴随现代企业制度的产生而兴起，经由叠加的治理实践需求而发展，根植于社会经济发展规律和资本市场实践前沿，具有强大的生命力和学术活力。传统公司治理研究的主要问题是在信息不对称和不完全契约的经济环境下，在企业所有权和经营权高度分离的管理实践下，如何从内部治理结构和外部治理机制上协调委托人与代理人之间的利益冲突，激励管理层勤勉工作，尽职维护股东利益，减少两权分离下的自利行径及其利益损失，提高公司整体的经营效率和绩效表现。现有研究表明，良好的公司治理体系有助于提高企业对资源的利用率，进而提升企业整体价值

（Dittmar and Mahrt-Smith，2007；Harford et al.，2008），缓解企业融资约束，切实降低外部市场融资成本（Wei et al.，2011；Lin et al.，2011），优化在资本市场上的资本运作表现，创造溢出价值（Masulis et al.，2007；Wang and Xie，2009；Albuquerque et al.，2019），甚至可以从公司金融传导至微观家庭金融市场，影响居民市场参与及投资决策（Giannetti and Wang，2016）。

【学术链接1】

经过半个多世纪中外学者的不懈努力，目前公司治理领域已经积累了非常丰富且高质量的学术研究成果，代表性外文文献综述可参考Shleifer and Vishny（1997）、Vives（2000）、Becht et al.（2003）、Denis and McConnell（2003）、Tirole（2010）、Bebchuk and Weisbach（2010）、Fan et al.（2011）、Jiang and Kim（2015）、Hermalin and Weisbach（2017）、Jiang et al.（2016），中文文献综述可参考姜国华等（2006）、郑志刚（2007）、李维安等（2010，2019）。

【学术链接2】

关于度量公司治理的指标选择，一般有两种思路：一是刻画公司治理具体特征的某一方面或某几方面变量，包括股权结构特征（如控股股东性质、控股股东持股比例、两权分离度等）、董事会特征（如董事会规模、董事会的理性、董事长与CEO兼任状况等）、管理层特征（如高管薪酬、高管变更、高管能力等）；二是选择综合的公司治理评价指数，如Gompers et al.（2003）基于投资者责任研究中心（IRRC）的24项公司治理条款（如反绿票讹诈、空白支票优先股、控制权变更补偿计划等）构建的反映公司层面投资者权利保护程度的治理指数（GIM指数），Bebchuk et al.（2009）进一步基于其中6项关键条款（分级董事会、股东对规章制度修订案的表决权、股东对章程修订案的表决权、股东对并购的表决权、"金色降落伞"、"毒丸计划"）构建的堑壕指数（E指数），以及南开大学公司治理研究中心针对中国上市公司开发的中国公司治理指数（CCGI 指数），主要包括股东治理、董事会治理、监事会治理、经理层治理、信息治理、利益相关者治理等六大维度。

（二）公司治理研究问题演进
1. 第一类代理成本

学术意义上的现代公司治理研究一般可追溯至 20 世纪 30 年代 Berle 和 Means 在《现代公司与私有财产》中基于美国公司股权分散化特征的系统性思考与总结，标志着公司治理研究开启新时代。他们发现，美国成熟资本市场上公司的一大显著特征是其股权高度分散，缺乏明显的大股东和控股股东；数量庞大但势单力薄的外部投资者难以有效参与公司的日常经营管理，故委托专业的管理团队以维护股东利益为原则代其行使经营权。然而，委托人与受托人之间天然存在严重的信息不对称及委托代理成本，阻碍公司治理效率最大化。此后，Jensen 和 Meckling 于 1976 年在国际顶尖金融学杂志 *Journal of Financial Economics* 上发表具有里程碑意义的研究成果，系统论述股权高度分散情况下外部股东与内部管理层之间的委托代理成本，具体包括监督成本、承诺成本和剩余损失成本。在信息不对称环境下，分散的外部股东（委托人）常常既无法事前为自己及公司利益选择出最佳的代理人和执行者（逆向选择），也难以通过完备的契约合同全面规范和约束内部管理层（受托人）的一言一行（道德风险）。同时，在所有权与经营权高度分离的现实背景下，持股比例较低的管理层无法通过股权途径充分分享自己的劳动经营成果，转而更有激励攫取大量公司内部控制权，以损害股东的整体利益为代价侵占公司财产，滥用自由现金流，谋求个人私利（如超额薪酬、在职消费、过度投资与帝国构建等），股东与管理层目标出现严重背离。本应实时监督管理层并及时制止其不当行为的公司股东因个体力量过于单薄，一方面难以对内部管理层构成有效威慑，另一方面也不愿为群体牺牲个人的时间成本和监督成本，"搭便车"

意识盛行（Fama and Jensen，1983；Jensen，1986）。学术界一般将此股权高度分散、所有权与经营权高度分离情况下外部股东与内部管理层之间的矛盾冲突和效率损失称为第一类代理成本，此时公司治理的主要目标是通过一系列的制度安排和机制设计调和所有者与经营者之间的利益冲突，缓解委托代理成本压力，保障股东利益。

2. 第二类代理成本

鉴于第一类代理成本的重要原因是公司外部股东过于分散导致的监督缺位，Shleifer and Vishny（1986）提出的一个应对思路是将过于分散的中小股东适度集中形成大股东身份，以集体力量提升对内部人的监督力度和约束效率，具体的股权集中途径包括要约收购、委托投票权等。他们提出的股权集中思路也开启了学者对于股权结构异质性的研究探索。La Porta et al.（1999）基于对全球 27 个富裕经济体境内公司股权架构的细致剖析，发现除非在少数投资者权益保护程度较高的地区（如英美国家）股权分散化盛行，在世界范围内终极控股股东现象普遍存在，公司最终控股权掌握在国家或私人家族手中，控股股东利用金字塔式结构、交叉持股、双重股权架构等方式，谋取超越其实际现金流权的超额控制权。随后，遵循相同的研究思路，Claessens et al.（2000）通过对东亚 9 个国家近 3 000 家公司的股权结构分析，发现股权集中现象同样普遍存在，家族控制盛行。Faccio and Lang（2002）以西欧 13 个国家 5 000 余家公司为研究样本，再次证实大股东通过多种股权架构方式，以较少的资本投入（所有权）撬动对公司整体的有效控制（经营权）；而 Berle and Means（1932）所聚焦的股权分散现象仅在少数制度背景较好的国家比较常见。

股权集中后的大股东角色确实在一定程度上缓解了第一类代理成本：内部管理层出于对自身职位安全的考虑，不得不顾及外部大股东的影响力和决策力，收敛自利行为。然而，控股股东的出现也直接催生了大股东通过金字塔式结构、交叉持股等方式，谋求超越其现金流权的超额控制权，滥用股权控制地位转移掏空公司资产，肆意侵害中小股东的合法权益。学者将此股权集中下大股东与中小股东之间的利益冲突称为第二类代理成本（Johnson et al.，2000a；Claessens et al.，2002）。

在利益侵占手段上，大股东手法花样百出且愈发隐蔽。Jiang et al.（2010）通过对中国上市公司资产负债结构的分析，发现控股股东会利用上市公司的"其他应收款"等科目长期低效地占用上市公司资金，通过关联交易将资源转移到自己手中，在损害上市公司长远发展能力的同时，侵害中小股东的合理收益。此外，控股股东还可以通过与内部管理层合谋，进一步损害小股东利益（Johnson et al.，2000b）。当然，控股股东并非总在"掏空"标的公司。当持股公司陷入经营困境时，控股股东也会给予一定的资金资源支持，支撑公司渡过难关，避免其陷入破产清算的风险（Friedman et al.，2003）。

3. 双重代理成本

除了控股股东、中小股东以及管理层之间的信息不对称和委托代理成本，公司作为整体还面临来自外部政府的行政干预，公司的经营目标与政府的效用函数之间也有利益冲突与对抗。Shleifer and Vishny（1994）通过构建理论模型阐述了政府与管理层之间的互动关系：政府向企业提供补贴的同时从企业寻租，侵占公司和股东利益。Stulz（2005）认为，公司的中小股东既遭受来自控股股东和管理层的利益攫取，又与他们组成整体共同面临来自政府的利益侵占，展现更为复杂的双重代理成本。

诚然，与政府的政治关联能为企业带来诸多现实经济利益。Fisman（2001）以印度尼西亚公司为研究对象的实证研究发现，当社会出现对国家掌权者苏哈托总统个人健康状况的谣言时，有政治关联公司的市场价值显著下跌，市场预期陷入悲观。随后，Faccio（2006）通过对全球47个国家共计2万余家上市公司的细致分析，发现企业的政治关联现象普遍存在，尤其是在更为腐败的国家和地区，政治关联有助于增加企业价值。具体来说，政治关联能为企业带来更充裕的资金支持，缓解融资约束，降低对外源融资的需求和依赖（Leuz and Oberholzer-Gee，2006）；企业也能通过政府的无形背书切实降低融资成本，争取到更优渥的信贷利率和合同条件（Khwaja and Mian，2005；Borisova and Megginson，2011；Houston et al.，2014）。因此，当政治关联搭建（失去）后，市场通常积极（消极）反应强烈，公司价值显著上升（下降）（Goldman et al.，2009；Calomiris et al.，2010）。

我们需要对政府角色的"双刃剑"效应保持足够清醒。企业在享受政府利益的同时，也承担着政治不确定性的风险：正常的现金持有行为及项目投资决策容易被扭曲（Julio and Yook，2012；陈德球等，2016）；被政府干预的企业让渡出程度各异的企业自主经营权，牺牲了部分经营绩效和增长潜力（Duchin et al.，2020）；控制着稀缺资源的政府在向企业伸出"援助之手"的同时，也施加了"掠夺之手"，扭曲市场资源优化配置，阻碍经济健康发展（潘红波，余明桂，2011）。

（三）公司治理的目标

至此我们可以清晰地看到，公司治理概念从诞生之初到后续演进，始终紧密聚焦包括控股股东和中小股东在内的股东利益，研究如何通过一系列正式或非正式的制度安排和机制设计，确保投资股东能按时收回投资并取得合理的投资回报，进而在竞争激烈的资本市场中取得并保持融资吸引力，依托供给充裕的物质资本实现企业长期可持续发展。鉴于资源的稀缺性以及股东资本对企业发展不可否认的贡献，传统公司治理的目标也被定位在以股东价值为中心，股东利益至上，通过公司治理的内外机制协调股东与包括但不限于管理层之间的利益冲突甚至矛盾对抗，处理信息不对称顽疾，减小双方间的委托代理成本，最终实现股东利益最大化。

然而，企业这种组织形式从存在到发展并非只简单地涉及所有者和管理者，事实上还牵扯性质各异的参与者，即利益相关者。1959年，Penrose在《企业成长理论》一书中提出，企业是人力资产和人际观念的集合体，开启学界对于利益相关者的关注和探讨。Freeman（1983）、Williamson（1984，1988）等进一步明确了企业利益相关者的范围边界，包括所有能影响企业目标实现或被企业目标实现影响的个人和群体。利益相关者视角强调，既然企业的经营决策会影响到所有利益相关者，负责企业日常经营管理的管理层和实际控制者就应该对所有利益相关者负责，强调企业的社会责任观，最终推动利益相关者价值最大化的实现（Tirole, 2010; Vives, 2000）。在具体分类上，企业的利益相关者可大体分为以股东为代表的所有权利益相关者，包括债权人、员工、供应商、消费者在内的经济利益相关者，以及以社会公众为代表的社会利益相关者。企业在进行公司治理机制设计时应充分考虑不同利益相关者的核心诉求，进而有针对性地完善对其的权利保护，提高整体公司治理水平。

（四）公司治理典型模式

在回顾公司治理的概念、问题演进以及治理目标后，下面我们来总结归纳当前全球三类主流公司治理模式，具体包括英美公司治理模式、德日公司治理模式和东亚家族治理模式。

1. 英美公司治理模式

英美公司治理模式，也称为市场控制主导型公司治理模式或股东至上的公司治理模式，根植于以美国、英国为代表的公司治理实践。在英美这些法律体系健全、投资者保护完善的发达经济体中，资本市场特别是股权融资市场成熟且活跃，企业融资以股权融资为主，债务融资比重小，银行对企业影响力弱。重股轻债的融资模式叠加活跃的证券交易市场使得英美企业普遍呈现高度分散的股权结构，缺乏优势明显的大股东甚至控股股东，所有权与控制权高度分离，带来以下相对突出的公司治理特征。

首先，股权分散的外部股东势力单薄、影响力有限，单凭个体难以对内部管理层的日常经营决策构成有效威慑，股东与管理层之间的第一类代理成本问题尖锐，管理层谋取私人控制权收益现象严重。

其次，规模庞大的分散小股东本身也缺乏意愿负担股东监督过程中不可避免的时间、精力等成本，"搭便车"做法普遍存在，对管理层的监督干预力度进一步降低。

最后，在众多的分散股东中，依托成熟资本市场快速发展壮大起来的机构投资者力量（如共同基金、保险、信托等）持股比例相对较高，本应承担更多的公司治理责任，却因其固有的资本驱动、投机倾向和短视主义选择消极或被动参与公司的内部治理，加剧公司治理矛盾。

在此治理模式下，仅仅依靠股东、管理层等企业内部力量无法形成有效的公司治理体系，此时完善的投资者法律保护机制和活跃的控制权交易（如企业并购、重组等）及职业经理人候选市场，往往能扮演更为关键的公司治理角色，市场机制在此类公司治理中发挥主导作用。

2. 德日公司治理模式

德日公司治理模式，又称为内部关系控制主导型公司治理模式或网络导向型公司治理模式，源于以德国、日本为代表的资本市场体系。与英美股权融资市场发达不同，德日证券市场发展相对较弱，以主银行、企业集团为代表的债务融资比重更高，企业股权相对集中掌握在银行、法人股东手中，两权分离程度较低。因此，德日公司治理模式更侧重于内部治理机制，强调银行、集团、管理层等内部人在公司治理中的主体作用，强化内部人控制，更加重视来自银行的资本支持及企业间的紧密合作。从治理效果看，虽然股权集中、交叉持股、控制权市场相对稳定的股权结构特征使得相关企业的管理者少受资本市场的压力甚至裹挟，行为决策更能以长期价值为导向，避免短视主义下的低效率投资，但外部中小股东保护性差、内部控制人力量过于主导的模式弊端也使得相关企业在股权融资市场的融资范围受限，后续发展扩张面临资本供给不足的风险。

对此内部关系控制主导型治理模式，由于股权相对集中，股票流动性差，依靠控制权交易市场等外部市场机制可能无法达到治理预期，公司治理的改善更强调以内部治理机制为主导，完善监事会的监督职能以及主银行的深度参与，同时将包括员工、工会在内的利益相关者纳入公司治理框架，形成合力，共同推动公司治理状况改善。

3. 东亚家族治理模式

东亚家族治理模式，又称为家族控制主导型公司治理模式或血缘关系至上的公司治理模式，以东亚韩国及东南亚地区最为典型，受传统儒家文化影响深刻。相对于欧美发展历史悠久的资本市场，东亚、东南亚地区资本市场起步较晚且制度建设不够完善，企业融资以银行间接融资为主，同时受政府干预程度较重。在此发展背景下，东亚地区家族私有企业盛行，企业的所有权和经营权主要集中在自然人或家族成员手中，两权分离程度更低，委托代理成本明显呈现新的表现形式：家族企业天然所有权与经营权高度集中，控股股东、董事会、管理层以家族成员为主甚至身兼数职，家族控股、家长决策、家族成员经营的企业发展模式使得传统股东与管理层之间的矛盾冲突退居次席，管理层在利益和亲情的双重激励与约束下努力工作，提高公司整体价值。同时，虽然企业在发展过程中从银行获取大量资金，但银行对企业的监督约束力度远不如家族控制，治理效应不足。另外，不同于自由市场经济下的自主企业，政商关系与政治关联对东亚地区家族企业影响巨大，双重代理问题严峻。诚如上文所述，政府一方面为关联企业带来更多现实的利益和资源，另一方面也有可能牺牲企业利益谋求政治租金，"扶持之手"与"掠夺之手"并存。

因此，对于家族企业来说，虽然高度集中的家族控股和高度重合的职位设置能规避迎合市场的短视行为，以家族基业长青为导向谋求长期发展，维护家族利益和企业利益实现完美统一，但与此同时外部市场机制常常失效，企业发展寄希望于内部家族治理水平，存在一定的治理隐患和失败风险。除此之外，基于血缘关系的家族传承传统进一步使家族企业放弃更为专业的职业经理人市场，任由企业暴露在任人唯亲、才不配位的继承风险之中，是影响企业长期稳定发展的关键变量。

二、内部公司治理结构：权威的分配

通过上文对三种典型公司治理模式的总结归纳，我们已经窥探到对于不同模式下异质性治理矛盾认识清晰的必要性及其对有针对性开发治理措施的重要价值。接下来，我们将从内部公司治理结构、外部公司治理机制以及制度环境三方面深入剖析公司治理困局的破解机制。面对公司内外错综复杂的委托代理成本，企业各方如何积极行动起来，充分履行咨询、监督、约束等治理职能，合力参与到对企业的共同治理之中？

我们首先梳理关于公司权威分配的内部治理结构，包括股东治理、董事会治理、管理层治理，以及以员工、工会、监事会、内控部门、企业党组织为代表的其他内部治理机制。公司内部治理结构是否完善周全直接关系到公司整体治理水平的高低，良好的内部治理体系是公司治理目标得以顺利实现的基础和保障，"修好内功"至关重要。

（一）股东治理

作为企业权益资本的主要供给者，股东既是公司的所有者，对公司的重大战略决策拥有最终控制权，也是公司经营发展风险的最终承担者，尤其是当公司陷入破产清算境遇时，股东只能位于债权人及员工等之后就剩余财产求偿。因此，为了保证自身投资安全且能按期最大化收回投资回报，股东群体从整体上有充分的动机积极参与投资企业的公司治理，借由资本力量雇用最佳利益代言人，并通过监督与制约职能规范管理层行为，及时识别并处理潜在矛盾与利益冲突，督促管理层以股东利益最大化为原则开展对公司日常事务的有效管理，推动企业长期发展与资本增值。参考现有研究成果，本书将为更好地保护股东利益而进行的制度机制设计称为股东治理。下面将基于股东治理讨论内部治理结构对公司治理的重要意义。

1. 股东治理的积极效应

作为公司最高权力中心，架构完善、运营良好的股东治理体系（包括股东构成、股权比例、股东性质、股东大会的召集程序与议事规则等）是公司内部治理得以顺利实施、高效运行的基石和保障，是公司治理结构的关键环节。多年实证表明，充分的股东赋能有助于提升股东对公司决策的参与度，控制股东权力斗争损耗，提高公司经营效率和优化公司绩效表现，最终促进公司的市场反馈和提升公司的股票价值（Cremers and Ferrell，2014；Denes et al.，2017；Gulen and O'Brien，2017；Albuquerque et al.，2022）。

从关于股东治理效应的跨国证据来看，Iliev et al.（2015）通过对全球43个国家境内公司的股东投票体系展开研究，发现股东投票是行之有效的公司治理路径，有助于规范董事行为，遏制资源低效利用，提高经营水平。Holderness（2018）基于对世界范围内公司权益融资方案股东批准与公告反应关系的研究，发现：未经股东许可、纯粹由管理层推动的募股融资方案，市场对其给予负向反应；反之，若方案得到股东的支持与背书，市场反应积极且正向，说明股东能通过理性行使投票权，有效约束管理层行为，降低代理成本。就中国证据而言，马新啸等（2021）以国有上市公司为研究对象，实证研究发现非国有股东参与国企董事会治理能有效降低企业冗员规模，提升资本密集度，激发企业生产经营活力，优化资本市场表现。

2. 股东积极主义

在参与方式上，以大股东（含控股股东）、中小股东为代表的股东群体可以通过监督与约束、建议与咨询甚至股东诉讼等多种途径参与投资公司的经营决策过程。在探讨具体的参与渠道前，我们有必要明确大股东、控股股东等定义下适用的异质性持股比例，进而针对不同类型的股东角色探索针对性更强的治理方式。

大股东（控股股东）在实践中作为和中小股东（少数股东）相对的概念存在，在持股比例区间上常常需视具体的资本市场情境而定。在以英美为代表的股权高度分散、以大量中小股东参与者为主体的成熟资本市场，我们通常参照La Porta et al.（1999）提出的定义方式，将持股比例在20%甚至10%以上的股东称为大股东。相较于极为分散的中小股东股权，20%（甚至10%）的持股比例足以使权益持有人对公众上市公司经营决策产生重大影响。在我国证券实务当中，投资者通过各种方式持有上市公司已发行的有表决权股份达到5%时即需面向市场和监管机构公开披露，可见5%也是一个重要的持股比例分界点。另外，我国《公司法》规定，连续90日以上单独或合计持有上市公司10%以上股份的股东甚至有权自行召集和主持股东大会，足见持股比例在10%以上的股东在实践中已经具有事实上的重要话语权。

在大股东群体中有一类角色地位更为特殊的存在——控股股东。控股股东指凭借股权或表决权能对股东大会决议产生重大影响的具有控制力的股东。我国《公司法》界定出资比例或持股比例在50%以上，或者所享有的表决权足以对股东大会表决权产生重大影响的股东为控股股东，实务中一般还可细分为持股比例在50%以上的绝对控股股东和持股比例在30%以上的相对控股股东。需要特别注意的是，在控股股东存在的情况下，公司的决策权掌握在控股股东而非管理层手中，大小股东间的第二类委托代理成本不可忽视。另外，公司的第一大股东并不必然是控股股东。第一大股东是在公司所有股东中持股比例最高的股东，更强调相对概念，并不必然形成控制地位。控股股东在概念上也不能与实际控制人混淆：控股股东必须直接持有公司股权；而实际控制人可以不直接持有公司股权，而是通过投资关系、协议或者其他安排实际支配公司行为。最后，我们还需辨别清晰《一致行动人协议》下的一致行动人概念，即股东通过协议、合作、关联关系等合法方式扩大对上市公司股份的控制比例或巩固其对上市公司的控制地位，在行使公司表决权时采取相同的意思表示。上述股东之间的关系称为一致行动关系。

大股东/控股股东地位的战略意义在于，股东大会是公司的最高权力机构，企业一切重大人事任免和重大经营决策一般都需经股东大会批准和认可。根据我国《公司法》，股东大会作出决议，必须经出席会议的股东所持表决权过半数通过（简单多数规则）；对于特殊或重大事项（如修改公司章程、公司合并分立等），必须经出席会议的股东所持表决权的三分之二以上通过（绝对多数规则）。由此可见，大股东或控股股东常常能利用自身的股权和表决权控制公司的经营决策，其权力运用的规范程度直接影响公司治理质量，控制权滥用可能会给中小股东带来灾难，故继续考察股东的治理参与具体途径十分重要。

简单来说，股东可通过"用手投票"和"用脚投票"积极参与公司治理（Admans，2018）。"用手投票"，即股东通过各种途径（如参加股东大会、向董事会派驻董事等）积极发声，建言献策，切实履行监督约束职能。现有研究表明，股东可以通过积极行使投票表决权监督董事履职行为（Chen and Guay，2020）、优化高管薪酬体系（Ertimur et al.，2011）、创造更为积极的市场反馈，进而增加整体市场价值（Cuñat et al.，2012）。股东还可通过委派董事进一步加强对董事会的干预以及对管理层的监督和激励，保障公司日常决策以股东利益最大化为导向进行（孙光国，孙瑞琦，2018）。

"用脚投票"，即退出机制。股东以卖出股票、退出投资人群体为威胁来规范管理层行为，督促管理层专注提升公司业绩表现。Bharath et al.（2013）提出，股东退出威胁而非真正退出本身足以构成另一公司治理新机制，特别是当公司外部股票交易市场高度活跃时，大股东的卖出威胁对管理层的约束力度更强。姜付秀等（2015）基于我国资本市场的公司治理特征的实证研究，指出大股东的退出威胁不仅能降低股东与管理层间的委托代理成本，还能显著减少控股股东的控制权私利行为，再次证明此治理机制的有效性。

除此之外，股东还可通过股东诉讼、股东派生诉讼等方式充分利用法律机制监督管理层行为，保障自身合法利益（Bourveau et al.，2018；Manchiraju et al.，2021）。当然，我们必须认识到，股东特别是普通个人投资者，受制于专业能力和时间精力，其对资本市场的注意力资源更为宝贵；过于分散的股东注意力会显著削弱股东对公司治理的监督能力，给管理层创造投机窗口从事低效、短视的投资行为（如过度薪酬、过度投资、削减股利等），谋求控制权私利，损害公司利益和市场价值（Kempf et al.，2017；Iliev et al.，2021）。

最后，我们还应该注意到，尽管如上所述，股东积极主义有助于改善公司治理，提升企业价值，但股东表决权在实施过程中还可能遭受来自诸方面的现实挑战，突出表现为来自公司内部管理层的抵制和反对。Levit and Malenko（2011）研究发现，有些提案尽管已获多数股东的认可通过，管理层仍有可能动用权力予以否决，激化股东与管理层之间的利益冲突。Bach and Metzger（2019）研究发现，对于投票结果两方接近的股东议案，最终常常是管理层主导的利益方取得胜利，股东力量受到管理团队的钳制。

3. 股东角色的"双面性"

当然，虽然整体而言现有研究证据大多支持股东积极主义有助于公司治理，但鉴于股东持股比例以及角色地位的异质性，我们有必要对大股东（控股股东）和中小股东的治理效应进一步细化剖析：大股东（控股股东）与中小股东之间是否总是利益一致？如何缓解大小股东之间的治理矛盾？已有研究成果表明，过度集中的股权结构所带来的大股东控制可能会诱发十分严重的委托代理成本，如大股东干预甚至扭曲公司的正常经营决策（Kedia et al.，2017），以各种直接或间接方式非法占用、掏空上市公司资金（郑国坚等，2013；窦欢，陆正飞，2016），最终被资本市场感知并标价上升的代理成本、融资成本增加，未来发展潜力受限，公司长期价值受损（Aslan and Kumar，2012）。

在具体的控制方式上，La Porta et al.（1999）、Claessens et al.（2000）、Faccio and Language（2002）等早已建立了一套较完整的分析框架：控股股东利用金字塔式结构、交叉持股、双重股权结构等股权架构方式，以较少的股权资本投入（现金流权）撬动对目标公司的有效控制（控制权），从而攫取到与其风险和责任承担极不匹配的超额现金流量权。在两权高度分离的诱导下，控股股东不惜以损害中小股东甚至公司整体利益为代价，通过各种隐蔽渠道进行隧道挖掘和利益输送行为（Bertrand et al.，2002），具体掏空行为包括侵占现金资产（罗琦，胡志强，2011）、滥用自由现金流低效投资甚至过度投资（俞红海等，2010）、关联占款及关联担保（Jiang et al.，2010；邵帅，吕长江，2015）、超额委派董事（郑志刚等，2021）、股权质押（谢德仁等，2016；谢德仁，廖珂，2018）等。在具体的控制链条构建方式上，除了传统相对外显的股权控制链，终极股东还可以利用幕后的社会资本控制链（如血缘、联姻、同事、同学、同乡等社会网络），以更隐秘的方式强化对其他股东、董事会和管理层的控制，进而方便其对上市公司盘剥侵占（高闯，关鑫，2008；赵晶等，2010；赵晶，郭海，2014）。

当然，大股东也不总是在掏空控股公司、无节制榨取控制权私利，毕竟公司存在是他们利益攫取的前提，因此他们也不会放任公司陷入经营困难和财务危险，会在关键时刻伸出"扶持之手"，通过反向利益输送援助目标公司渡过困境（Friedman et al.，2003；Bae et al.，2008；韩鹏飞等，2018）。

4. 中小股东治理及多个大股东治理

为了降低大股东与中小股东之间的第二类委托代理成本，国家层面有必要从制度建设上重视对中小股东权利的保护，充分赋予其恰当的投票表决权甚至否决权。Fried et al.（2020）以以色列赋予少数股东就企业关联交易行使否决权的权力为研究背景，发现该项改革能显著遏制关联控制人的超额薪酬发放，缓解企业内部控制人对外部小股东的利益侵占。Li（2021）以印度少数股东投票权改革为研究对象，再次证明中小股东权利保护程度的提高有助于遏制对企业的利益攫取行为，增强本地资本市场对外部投资者的吸引力。姚颐和刘志远（2011）及郑国坚等（2016）则立足于中国资本市场，发现中小股东的分类表决权及累积投票权能有效帮助其参与公司治理环节，制约控股股东及管理层的自利行为，维护自身合法权益。

除了在制度设计上继续完善中小股东权利保护、夯实中小股东公司治理，还可以充分利用多个大股东并存形成的力量制衡模式，设计多元化的股权结构提高股东治理质量。Laeven and Levine（2008）在研究中通过对欧洲上市公司股权结构的细致分析，发现其中约1/3的公司存在多个大股东并存现象，启发学者对这种明显区别于分散股权结构或集中控股模式的股权体系加以更多关注。Dhillon and Rossetto（2015）通过模型推导论证出中等规模的大股东能有效运用自身的投票权来协调控股股东和小股东的利益冲突，稳定公司价值。罗宏和黄婉（2020）研究发现，多个大股东的存在能够有效遏制管理层的机会主义行为，缩小内部控制人利用私有信息谋求私利的空间，改善企业的信息环境。当然，也有针对中国资本市场的研究表明，多个大股东的存在在缓解外部股东与内部管理层、控股股东与中小股东之间利益冲突的同时，也可能带来过度监督，抑制企业敢于承担风险的能力，阻碍企业创新进程，从长远看损害企业的长期价值创造，具有一定的负面效应（朱冰等，2018）。

（二）董事会治理

在公司内部治理体系中，股东大会是公司的最高权力机构，拥有最高决策权，但股东大会无法亲力亲为公司的日常具体决策，因此将决议执行权交给董事会。从当今公司治理实践来看，董事会也并非单纯的执行机构。事实上，董事会已在公司的决策体系中逐步演化为对股东大会负责的经营决策机构，而公司管理层才是真正的实际执行机构。作为公司内部治理连接体系中的关键一环，董事会上承股东大会，负责其决策执行；下启管理层，负责对其下达经营决策。董事会治理是指为了有效发挥董事会的治理作用而进行的相关制度安排。下面将对董事会治理研究脉络进行文献梳理。

1. 董事会治理基本概念

在所有权与经营权高度分离的公司架构下，董事会是重要的衔接机构。作为公司最高权力机构股东大会的执行机构，董事会对股东大会负责，其具体职能包括执行股东大会的决议、决定公司的经营计划和投资方案、制订公司的基本管理制度、定期向股东大会报告工作等，可被概括为建议与咨询职能、监督与约束职能以及战略制定职能。董事会的成员称为董事，是董事会职能的具体履行者。我国《公司法》规定，有限责任公司董事会由3～13名董事构成，股份有限公司董事会由5～19名成员构成；董事任期由公司章程规定，但每届任期不得超过3年，可以连选连任。

在董事分类上，根据是否属于本公司管理层，可将董事分为执行董事和非执行董事。执行董事指同时在本公司管理层任职的董事，包括兼任公司总经理、首席财务官等，董事会成员中至少包含一位执行董事；非执行董事指不在公司管理层兼任职位的董事，他们只参与董事会决策而不涉及公司的市场经营，通常以履行咨询、建议及监督职能为主。根据是否属于本公司雇员，董事还可分为内部董事和外部董事。内部董事是公司的正式员工。需要注意的是，内部董事并非都是执行董事，如员工代表董事等。外部董事可进一步分为独立的外部董事（独立董事）和非独立的外部董事（灰色董事），前者不在公司担任除董事以外的任何职务，在经济和人际上均保持较强的独立性，能够更为公正、客观地监督公司行为；后者虽然在形式上与公司无隶属关系，但存在其他隐秘的关系纽带，在履职过程中难以实现完全独立。独立董事可具体包括商业精英型独立董事（如领域内其他公司的高管人员）、专家学者型独立董事（如大学教授、智库成员）以及政治关联型独立董事（如已退休的政府官员），他们在报酬激励、法律约束和声誉机制的共同作用下，向董事会提供优质、专业、高效的监督与咨询服务。我国《关于在上市公司建立独立董事制度的指导意见》明确要求上市公司董事会成员中应当至少包括 1/3 的独立董事，独立董事原则上最多在 5 家上市公司同时兼职，以确保自己有足够的时间和精力有效履行独立董事职责。

2. 董事会职能

股东充分撬动资本的力量以"资本雇用劳动"为自己寻得最佳利益代言人，通过组建一支背景多元、专业过硬、优势互补的董事会队伍，激励其以忠诚、勤勉的执业态度认真履行对公司日常经营的决策咨询建议职能以及对高管团队的监督约束职能，协调外部股东与内部管理层之间的委托代理成本，进而维护股东利益最大化。Hermalin and Weisbach（2013）在其文献综述中回顾了董事会的职能及其对公司治理机制的重要意义。Adams et al.（2010）进一步在世界顶级经济学杂志 *Journal of Economic Literature* 上发表理解董事会治理在公司治理中的角色地位的逻辑框架，为深化董事会研究奠定更为扎实的理论基础和模型基础。

在具体的经验证据上，Faleye et al.（2011）以美国资本市场 S&P 1 500 上市公司为研究对象，综合 RiskMetrics、Compustat、CRSP、ExecuComp、SDC 等多个主流优质数据库，研究董事会在公司治理中的监督及咨询职能。他们研究发现，当董事会下设的专门委员会有较强的独立性时，董事会的监督质量显著提高，相关公司 CEO 职位对企业绩效的敏感度提高，超额薪酬现象减少，盈余管理行为受到明显遏制，公司治理水平提升。当然，过度的董事会监督有可能引发管理层的保守主义、短视主义，影响企业及时捕捉投资发展机会、提高研发创新能力，可见力度恰到好处的董事会监督十分重要，故董事应努力提高自身的监督建议水平，做好企业腾飞的助推器而非绊脚石。Cornelli et al.（2013）研究发现，对董事会的充分激励有助于其为公司任免最合适的管理者并切实履行对管理层的监督约束职能，进而提高企业经营效率和业绩表现。Schwartz-Ziv and Weisbach（2013）通过对董事会会议记录数据的细致分析，再次支撑董事会的积极监督者角色。他们指出，相较于直接参与企业经营，董事会将更多的时间及精力投入到对管理层工作的监督和建议上。众多本土及跨国企业证据表明，良好的董事会独立能力及治理水平能有效夯实企业的长期经营导向，帮助企业扩大高效率投资，积极从事研发创新，进而提升企业市场价值，维护包括股东在内的利益相关者的权益（Cremers et al.，2017；Fauver et al.，2017）。

当然，董事会监督对企业来说并非没有成本，更不太可能自然实现。除了上文已提及的董事会监督压力下的管理层短视和保守主义（Faleye et al.，2011），董事会监督效率还依赖于其对公司信息的获取成本。当信息获取成本过高时，个体董事未必有意愿投入足够的时间和精力成本收集和分析信息，并以信息为依据提出行之有效的监督建议（Duchin et al.，2010）。因此，理想的董事会治理秩序还离不开完善的董事会激励机制，尤其是薪酬激励机制和声誉激励机制。Yermack（2004）以福布斯 500 强公司为研究对象，实证研究了董事薪酬体系对董事会顺利组建和高效运行的重要意义。Ghannam et al.（2019）研究发现，在足够的薪酬激励下，富有法律、财务经验的合格董事候选人甚至愿意加入背负财务丑闻的公司。当然，在这种非常规的行为决策的背后，除了直接的物质刺激，高难度、高挑战下的自我价值实现和在外部职业市场的声誉效应通常也是其重要的考虑因素（Dou and Zhang，2022）。

3. 董事会的代理成本

即使在体系健全、激励得当的董事会治理结构下，外部股东与内部董事会之间也有可能存在利益冲突和委托代理成本。董事会受股东委托代其对公司行使日常经营决策权。一方面，二者之间依旧存在信息不对称，股东无法用完全契约规范和约束董事行为的方方面面，有可能滋生事后道德风险。另一方面，董事对公司的所有权相对有限，在股权和控制权高度分离的情况下，董事通过正常途径，大多需以合同约定的薪酬、奖励等方式分享自己劳动投入的经营成果，故可能有动机攫取控制权私有收益，以损害股东和公司整体利益为代价为自己进行资源财富转移。同时，董事会成员本身也可能具有时间、精力、专业技能上的局限性，抑或存在对职业生涯的考量和顾虑，或者单纯缺乏积极工作的热情，最终阻碍董事会决策效率的正常发挥，削弱董事会的监督建议职能。

在关于董事会代理成本的经验证据上，Malenko（2014）通过理论模型架构和推导，提出时间约束、管理层权力及声誉顾虑等压力途径会阻碍董事充分发表异质性观点，影响董事会沟通效率，进而影响董事会决策效率。在高度流动、激烈竞争的外部职业市场中保持声誉是考察个体董事行为不可忽视的驱动因素。Gow et al.（2018）研究发现，公司董事有强烈的动机维护其任期内的职业声誉，甚至不惜有选择性地向资本市场披露信息或者故意隐瞒不利信息（如会计重述、法律诉讼、公司破产等），为自己争取更有利的任期合同。Dou（2017）研究发现，董事也有可能利用内部信息优势在公司负面新闻被曝光前先行抽身离开公司，但这些投机行为最终会被外部劳动力市场发现并给予惩罚，使董事失去后续职业发展机会。Fos et al.（2014）、Huang and Hilary（2018）等研究发现，董事并不总是在任期内以相同的工作态度努力工作、履行好监督建议职能，任期届满事件也会对董事行为产生影响，企业的决策质量（如并购决策、财报质量、高管薪酬等）和整体价值与董事任期存在倒 U 形关系。他们指出，成员个体在入驻董事会伊始积极学习，建言献策，向董事会贡献人力资本及智力成果；之后，随着董事任期进入后期，董事可能出现懈怠、倦怠甚至开始"掏空"行为，损害公司利益。除此之外，董事会内部的非正式层级结构也会隐秘地影响董事行为。董事会非正式层级规则越清晰，董事个人发表负面意见的可能性越低，内部地位较低的董事越有可能屈从于地位较高的董事，其监督职能受到遏制（陈仕华，张瑞彬，2020）。同时，中国儒家传统下的论资排辈文化也会抑制董事成员的直言进谏行为，且公司 CEO 任期越长，论资排辈文化对董事行为的抑制作用越明显（杜兴强等，2017）。

4. 董事选聘

由以上分析可见，作为公司内部治理结构承上启下关键环节的董事会，其治理能力的实现结果与外部治理环境、内部治理规则甚至个人职业操守密不可分，因此对于股东委托人来说，选择优质、专业、忠诚、勤勉的董事成员至关重要，董事选聘质量直接关乎董事会治理及股东委托成败。整体而言，组成结构多元化的董事会更有助于保障企业在决策上的连续性和在执行上的稳定性，抑制企业从事高风险行为，增强经营稳健性，提高企业经营水平和市场表现（Ahern and Dittmar，2012；Bernile et al.，2018）。因此，在董事选聘上，决策者除了要考虑董事的实际位置、地理距离等客观因素（曹春方，林雁，2017），更需要审慎评估其专业素质、能力技能、性格特质、经历阅历、社会关联等各个维度，作出正确且最优的聘任选择。

在专业性上，资本市场通常要求上市公司充分披露对董事任命起决定作用的主要人力资本，包括过往经验经历、执业资质、特性特质以及专业技能等。决策者在选聘过程中不仅要考虑候选人个体的技能特征，还需结合现有的董事会结构，选择有区分度、能互补的合作成员，为企业输送更多新鲜的智力资本（Adams et al.，2018）。Giannetti et al.（2015）以中国上市公司为例，发现有海外经历的董事能有效将国外先进的经验、技术引入在职公司，提升企业的公司治理水平和经营绩效水平。Field and Mkrtchyan（2017）研究发现，有丰富并购经验的董事会成员能显著帮助企业优化并购决策，提高定价效率，并获得可观的后期经营回报。然而，经验固然可以创造价值，却也可能助推认知偏误。Gopalan et al.（2021）发现，在职董事过往的破产经历反而会诱发企业从事更多激进冒险的经营行为，特别是当破产周期短、成本不高时，相关董事更有可能高估个人能力、低估破产影响，进而行事风格更为冒险。

在网络社会高度发达的今天，除自身专业素质过硬外，董事的社会关联也是事实上的重要考量因素。发达的人际网络和关系链条不仅能为董事个人带来更多职业机会，还能为入职企业争取更多社会资源。早期研究相对集中于更为外显的社会关系，如政治关联、工作经历等。Goldman et al.（2009）通过对美国 S&P 1 500 上市公司董事会成员社会关系的考察，发现市场普遍预期董事的政治关联能为企业带来更多政治资源和发展资本，进而给予超额的市场收益反应。Fahlenbrach et al.（2010，2011）研究发现，任命有过 CEO 工作经历的董事有助于为聘用企业带来更多背书收益，加强对管理层的监督，优化财务投资决策，改善会计信息质量，最终提高公司治理水平，创造更多企业价值。当然，不恰当的关系网络尤其是私人关系网络可能会损害公司利益。Huang and Kim（2009）研究发现，董事成员与 CEO 间的财务、亲属或社会关系会严重影响董事会的独立性，削弱董事会对管理层的监督约束力，导致高管超额薪酬、低薪酬-绩效敏感性、低 CEO 变更-绩效敏感性等治理问题，激化企业内的委托代理矛盾，损害股东及公司利益。Lee et al.（2014）同样发现董事与 CEO 间的政治趋同会显著降低企业估值，削弱盈利能力，增加内部代理成本（如不易解聘劣绩 CEO、低 CEO 薪酬-绩效敏感性、高会计造假概率），研究支持打造多元化董事会的治理意义。总而言之，股东应该根据企业的经营环境、组织环境以及竞争环境，动态调整董事会的成员构成，适时引入更多具有新技术、新经验的新鲜血液，增强董事会的多元化和专业性，促进组织协作，减少代理成本。同时，决策者可以根据经营实际适度引进社会关联及人力网络，进一步夯实在市场中的竞争优势，实现既能取得股东支持又能收获市场好评的双赢局面（Cai et al.，2022）。

然而，在董事候选人的搜寻、权衡及聘用过程中，我们必须清醒地认识到，优质的董事会成员在外部职业市场中是毋庸置疑的稀缺资源，是各大企业竞相争取的热门对象，导致多重董事任职现象普遍存在，这是学术界的重要研究分支。关于"繁忙的董事是好董事吗？"的回答，一方面，多重任职的董事能凭借其在工作中不断积累完善的经验、关系、资源、信息等优势，为企业带来更多的切实利益。Masulis and Mobbs（2011）研究发现，现有内部董事的外部市场董事任职是个人监督能力及专业声誉的有力证明，多重任职经历有助于促进知识在企业间的传递和流动，帮助董事高效积累更丰富的实践经验，相关董事会的监督及建议职能履行也更为理想，企业的主要经营决策（如投资决策、现金持有、财务报告等）更加科学规范，进而实现更好的经营业绩和更高的股东价值。Cai and Sevilir（2012）基于美国资本市场上企业间的并购交易，发现当收购公司与目标公司之间直接存在共同董事或其董事间接在第三方公司共事时，收购方能利用关联关系带来的内部信息优势获得更大的价值创造。Field et al.（2013）实证证明，繁忙的董事虽然牺牲了一定的监督力度，但也为公司带来了诸多切实收益，他们凭借丰富的业内经验在公司内更好地发挥咨询建议职能，特别是在迫切需要资本市场运作经验的 IPO 公司，有多重任职经历的董事能通过充分施展咨询才能为公司创造更多价值。当然，在董事监督与咨询职能的权衡与选择中，决策者必须充分考虑公司特定的发展阶段。如对于创业公司来说，董事由经验而来的咨询功能可能更重要，但对运作成熟的大企业来说，董事切实履行监督职能将对企业发展更为关键。

另一方面，也有研究发现，当公司董事会的多数董事有多重任职现象时，董事有限的注意力资源被过度分散，董事会的治理效应削弱，相关企业的盈利能力下滑，CEO 变更-绩效敏感性下降，市场价值降低。这些繁忙的外部董事之后更有可能因为业绩表现不佳而被董事会解聘，且解聘决策受到市场欢迎（Fich and Shivdasani, 2012）。Bouwman（2011）发现，公司治理在共同董事关联公司之间存在趋同和传递效应，公司倾向于从相似公司选择董事并受相关公司的影响。令人遗憾的是，这种趋同性并非总是积极正向的。Chiu et al.（2013）研究发现，公司的盈余管理行为会在有多重董事任职的关联公司间传染，且这种负面效应在共同董事处于领导位置或财务相关位置（如审计委员会主席或成员）时更为明显。Falato et al.（2014）以董事及高管的意外去世事件为公司的外生冲击，研究发现董事会及管理层成员的意外损失将增加董事会原有成员特别是多重任职董事的工作量，占用其更多的注意力和精力资源，降低他们的监督能力和约束质量，进而损害公司治理和股东整体价值。

5. 董事会独立性

董事会独立性表现为在公司董事会中独立董事的人数占比。在董事会组建过程中，决策者还需要为独立董事设计足够的席位和话语权，确保其监督功能得以充分发挥。我国《关于在上市公司建立独立董事制度的指导意见》明确要求上市公司董事会成员中应当至少包括1/3的独立董事，独立董事原则上最多在5家上市公司兼任独立董事，并确保有足够的时间和精力有效地履行独立董事的职责；独立董事任期届满可以连选连任，但连任时间不得超过6年。由此可见，独立董事的选聘、激励、监督等各项机制在设计上呈现较强异质性，这也是学术界热衷的研究方向。

目前已有大量研究成果支持独立董事对改善公司治理的重要意义。独立董事的席位比例通过影响董事会的独立性影响董事会对公司事务及其管理团队的监督约束力度，充分的董事会独立性能有效遏制内部人控制现象，缓解股东与管理层之间的委托代理成本问题（Balsmeier et al.，2017）。在因果关系确认上，Nguyen and Nielsen（2010）以董事的意外离世为外生冲击，证明独立董事对公司价值的因果效应，即当企业突然失去独立董事时，公司股价下跌，股东财富受损。在具体的作用途径上，Knyazeva et al.（2013）、Guo and Masulis（2015）研究发现，董事会独立性有助于优化高管薪酬结构，增强CEO变更-薪酬敏感性，通过激励和监督并行的方式提高公司管理水平，进而提升企业价值。Armstrong et al.（2014）研究发现董事会独立性越强，公司内外信息不对称性越低，企业信息披露就越多，公司透明度也就越高。Banerjee et al.（2015）研究发现，独立董事能提供更高质量的内部控制和专业意见，有效约束管理层的过度自信，控制管理层低效投资及过度风险暴露行径，增加股利发放，降低容易成为高管代理成本重灾区的自由现金流量水平，进而提升企业经营绩效和市场表现。

当然，专业再精进、素质再突出、执业态度再端正的独立董事也并非没有能力缺陷及人性弱点。一方面，作为个体的独立董事，其对资本市场及具体公司的注意力和关注度终归是有限的，由多种主客观原因引发的注意力过度分散（如外部市场的意外变动、多重独立董事任职等）极易干扰专业独立董事本该具有的敏感度和判断力，造成决策失误，监督和咨询功能削弱，甚至为公司带来额外损失。Masulis and Zhang（2019）研究发现，当分散独立董事注意力的外生事件（如包括重大疾病、荣誉/奖项授予在内的个人事务，以及包括多重任职的其他企业突发状况在内的专业事务等）突然发生时，独立董事在外显行为上表现出显著降低董事会出席频率、减少公司股票交易甚至直接从董事会辞职，可见外生冲击着实为企业带来了实质性的人力资本损失和知识资本损失，引发公司经营表现和市场估值变差；当被分散精力的独立董事在董事会中的监督功能更重要或者公司之前从该董事处获得大量关注时，外生事件的冲击作用更明显。另一方面，独立董事作为独立的理性个体，受股东大会委托代表股东利益行使对董事会和管理层的监督建议职能，然而其个人利益与股东利益及公司整体利益未必总是一致，利益冲突甚至利益攫取现象仍然有可能发生，特别是当掌握公司日常决策控制权的独立董事手握大量内部信息，有极强的信息优势时。Ravina and Sapienza（2010）研究发现，独立董事有可能利用其有利地位和内部信息攫取股票交易时机便利，为自己谋求超额私利。

面对不称职甚至不合格的独立董事，公司解聘或者督促其主动请辞固然是一条解决思路，但人事变动在资本市场上传递的信号有可能被投资者误解，存在一定的价值损失风险。Fahlenbrach et al.（2017）通过大样本实证研究，发现独立董事的突然离职通常伴随之后的公司股票下跌、绩效下滑，公司更有可能出现财务重述，股东诉讼风险增加，投资效率降低，经营风险增加；市场通常预期独立董事突然减少之后的负面信号效应，并及时内嵌在公司股价反馈上。由此可见，审慎组建董事会并保持相对稳定的结构对稳定资本市场预期十分重要，因此对董事会成员的激励应更加侧重于激励手段而非惩罚手段，充分利用董事自身对个人声誉的珍惜爱护引导董事在正确的轨道上行使职能。Masulis and Mobbs（2014）研究发现，独立董事十分重视其在外部职业市场中的形象、声誉以及竞争优势。Jiang et al.（2016）以中国上市公司的独立董事群体为研究对象，同样发现独立董事对职业声誉给予足够的关注和重视，合理履行自身职能。

就我国资本市场上的独立董事实践看，我国自2001年正式确立独立董事制度，且明确规定独立董事连选连任时长不得超过6年，导致独立董事在两个换届期前的行为动机有所不同，该政策合理性有待进一步论证（陈冬华，相加凤，2017）。虽然独立董事在中国经常被调侃为"既不独立也不懂事"，但从资本市场的经验证据看，独立董事能够积极发挥治理作用，有效缓解委托代理成本问题，提高盈余质量及财务信息披露质量。特别是当公司面临危机时，独立董事更能通过自身监督职能的充分发挥帮助公司渡过难关，稳定股价，防范股票崩盘风险（叶康涛等，2011；梁权熙，曾海舰，2016；黄海杰等，2016）。独立董事也会发挥个人职业、身份、经历等综合优势，为公司争取更多的优惠和资源（叶青等，2016）。公司在选聘董事成员时，除了考察必要的能力、经历、专业水平、人格品行等因素外，还需特别注意独立董事常住地与公司间的惯常地理距离。独立董事距离太近，有可能与公司管理层间存在隐性的社会关系链条，影响独立性的充分发挥；独立董事距离过远，其获取公司信息的能力降低且成本提高，监督动力削弱（罗进辉等，2017）。当董事会顺利组建完毕后，考虑到董事会稳定性对资本市场的信号意义，企业应该为董事提供充分且合理的薪酬激励，在调动独立董事履职积极性的同时避免过度激励下的独立性削弱（张天舒等，2018）。

6. 董事的责任承担

通过以上分析我们可以看出，董事会受股东大会委托，代表股东利益负责公司的日常经营决策，是公司常设的最高权力机构；董事会由包括执行董事和独立董事在内的董事成员构成，董事以积极、忠诚、勤勉的职业态度认真履行对管理层的监督和建议职能，协调委托人与受托人之间的委托代理成本，减少公司资源的损耗浪费，提高企业整体经营水平和治理水平。我国《公司法》规定，董事会决议的表决，实行一人一票制，必须经全体董事的过半数通过。然而，虽然董事会决议最终是在尊重多数原则下的集体意思表达，但法律允许持有异议董事的存在，且明确规定董事对最终决议承担的个人责任，以鼓励董事的直言进谏行为，防止董事会成为大股东和董事长的"一言堂"附庸机构。根据我国《公司法》，董事应当对董事会的决议承担责任；董事会的决议违反法律、行政法规或者公司章程、股东大会决议，致使公司遭受严重损失的，参与决议的董事对公司负赔偿责任，但经证明在表决时曾表明异议并载于会议记录的，该董事可以免除责任。

然而，即使董事保持必要的职业谨慎充分收集信息、认真履行监督咨询职能，也有可能因主观疏忽或客观环境变化等因素出现判断失误进而决策错误，给公司及他们自己造成损失，承担个人赔偿责任。为了避免个人忌于责任承担而不愿投身董事会治理，资本市场建立了董事高管责任保险（简称董责险）制度，加强对董事正常工作的职业保障。董责险是由公司购买或者由公司与董事、高管人员共同出资购买，以在被保险董事及高管人员履行公司管理职责过程中，因被指控工作疏忽或行为不当（其中不包括恶意、未履行忠诚义务、信息披露中故意的虚假或误导性陈述、违反法律的行为）而被追究其个人赔偿责任时，由保险人负责赔偿该董事或高管人员进行责任抗辩所支出的有关法律费用，并代为偿付其应当承担的民事赔偿责任的保险。董责险起源于美国，于2002年引入中国。我国《上市公司治理准则》明确规定，上市公司可以为董事购买责任保险，但董事因违反法律法规和公司章程规定而导致的责任除外。

在关于董事责任的学术研究中，Naaraayanan and Nielsen（2021）实证研究发现害怕承担个人责任是阻碍人们入职董事会的重要考量因素，特别是当公司的诉讼风险及监管风险较大、监督成本较高、金钱激励较低以及个人声誉风险是重要顾虑时，个人责任对董事席位选择的威慑作用更大。此时，完备健全的董责险是破解此困局的重要机制保障。然而，对内部董事及管理层的过度保护也会诱发新的治理问题。当内部控制人在董责险的保护下通常不再对决策错误承担个人责任时，他们有可能在行为偏好上更趋向激进冒险，牺牲必要的谨慎稳健来博取高风险的经营成果，以公司和股东的整体利益为代价换取个人职业生涯可能的高光时刻。资本市场也能及时捕捉到董责险保护下董事及高管的行为变化及其对企业风险的影响，并适时体现在对企业的定价过程中。Lin et al.（2011）研究发现，能帮助董事和高管逃脱股东诉讼的董责险容易诱发以道德风险为主的治理成本问题，如过度投资、低效投资等。当收购公司董责险保护程度较高时，市场对相关的并购交易反应消极，并购公告的超额回报率低，相关收购交易的溢价水平高且协同效应低。Lin et al.（2013）研究表明，董责险覆盖程度越高，贷款人出于信息不对称下的道德风险顾虑对企业信贷风险的感知程度越高，施加的贷款溢价就越高；董责险在传递公司治理质量信息上具有一定的信号作用。就中国资本市场上的董责险而言，赖黎等（2019）研究发现，当上市公司购买董责险后，公司的经营风险更高，信用贷款和短期借款减少，公司从事更多的短贷长投活动；董责险在我国未起到预期的公司治理作用，反而诱使内部人在行为上更为冒险激进，增加更多企业经营风险。

（三）管理层治理

董事会受股东大会委托，利用股东资本选聘管理团队，组建公司管理层，由公司管理层负责企业经营目标以及日常业务的实际执行，因此，公司管理层是公司内部治理体系中的权力执行机构。管理层的独立存在充分体现在传统公司的治理体系中。在公司所有权和经营权高度分离的经营实际中，负责筹集资本的股东以"资本雇用劳动",与提供人力资本和管理经验的经理层之间形成清晰的专业化职能分工,彰显现代公司治理的实现路径。

1. 管理层治理基本概念

管理层治理指公司内部一整套对管理层的激励和监督体系,用于规范管理层以股东价值最大化为中心,以忠诚、勤勉的专业态度切实履行工作职能,遏制其作为经营权实际控制人的自利欲望,降低内外信息不对称情况下的委托代理成本,维护股东利益和确保股东回报顺利实现。从概念上说,管理层具有不同情境以及表达习惯,也可称为经理人、经营者等,最初主要指公司的CEO、总裁、总经理,后也泛指以CEO为代表的高管团队。我国《公司法》明确界定公司的高级管理者(简称高管)包括公司经理、副经理、财务负责人、上市公司董事会秘书以及公司章程规定的其他成员。总经理由董事会任免并对董事会负责,总经理招揽其他成员组建管理团队。以职业经理人为代表的管理层负责企业日常生产经营管理工作,组织实施董事会决议,并凭借劳动经营成果获取物质报酬奖励,还在外部经理人市场积累充分的职业经历和管理经验,实现股东与管理层专业分工基础上的共赢局面。

管理层治理对公司治理到底有何作用?Bamber et al. (2010)研究发现,异质性的高管个体特征(如专业背景、工作经历、行为偏好等)能显著影响公司的信息披露方式和公司经营结果,具体表现在有从军经历的管理层更偏好稳健的披露风格,而财会背景的管理层在信息披露上会更加精确,可见管理层个人特征是影响公司经营方式的重要因素之一。Baik et al. (2020)聚焦企业业绩平滑管理水平,研究发现管理层能力越高,越能有效提高企业盈余信息的信息含量,将更多关于未来现金流的前景信息价值以平滑方式嵌入当前盈余,提升公司股价现时表现,为股东创造更多的投资价值。Jenter and Lewellen (2015)则把目光转向企业控制权争夺市场,发现一般来说公司CEO出于个人职业发展私利考虑,会尽量避免本企业被兼并,甚至不惜以股东利益为代价错失发展机会。从证据支持上,他们发现当CEO临近退休年龄时,企业被成功并购的概率显著提高。罗进辉等（2016）利用高管突然离世这一外生事件，建立高管对企业价值的因果关系，发现相关高管权力越大、地位越重要，其对企业的人力资本价值越高，其突然离世引致的市场震动越强，相关公司的市场损失就越大。事实上，在管理层治理领域，我们经常能看到视角新奇、主题有趣、结论有启发性的研究成果，它们围绕管理层充分挖掘信息含量，并开展科学严谨的量化研究。Mayew and Venkatachalam（2012）利用声音情绪分析软件对管理层在盈余电话会议中的音频文件进行分析，发现管理层陈述内容之外的语气语调对掌握企业基本面状态及预测企业未来发展前景具有额外的信息含量，市场投资者及分析师可利用管理层报告中的正面或负面情绪状态辅助判断企业的经营情况，进而调整投资建议策略。

2. 管理层的代理成本

在传统公司治理研究体系中，管理层治理的另一重头领域是经典的股东与管理层、委托人与受托人之间在信息不对称和不完全契约条件下的矛盾利益冲突和委托代理成本。管理层是公司内部事务的实际控制者（经营权），却通常只占有极小比例的公司股权（所有权），严重的两权分离导致公司管理层在自身效用函数的支配下，滥用超额控制权谋取个人私利，背离股东价值最大化的行为准则，使得委托代理成本高昂。管理层与股东间的利益冲突主要体现在：一方面，管理层持股比例低，诚然他们作为第一线实际执行者为公司的绩效改善贡献了大量的时间、精力、经验、智慧等人力资本和管理资本，但其从企业经营成果和价值增值上能真正分享的投资回报非常有限，因此他们可能更有动机采用更直接的利益侵占方式，将公司资源转移到自己手中，超额薪酬、过度激励、盈余管理等自利行为层出不穷。在管理层薪酬体系设计上，Faulkender and Yang（2010）研究发现，管理层有强烈的动机游说公司选择薪酬水平较高的同行可比公司作为参照对象，以此获得超越行业平均水平的超额薪酬；当公司CEO与董事长两职合一、CEO任期更长或者董事会存在多重任职董事时，董事会对管理层的监督约束功能越弱，投机性选择行业参照系、为个人争取额外收益的现象就越严重。Bebchuk et al. (2010) 研究发现，除基本薪酬外，管理层还有可能操纵股权激励部分。他们发现公司会"恰巧"在市场流通股价最低的时候有意识地向高管授予股票期权激励计划，以更为隐蔽的方式向其输送更多利益。同时，此类择时期权发放常常伴随着公司治理体系的缺陷，如董事会缺乏独立性、薪酬委员会中大股东力量缺失、CEO 任期更长等。除了操纵公司向自己发放更多的薪酬、激励，管理层还可能通过扭曲绩效考核目标来为自己谋求更大的私利空间。Bennett et al. (2017) 通过对高管激励合同中的经营考核目标数据展开分析，发现有显著更多的公司"恰好"实现略高于考核目标的经营成果；当考核指标为相对更易操纵的盈余指标、考核要素单一等时，目标两侧分布不对称性尤为突出；未达到考核要求的公司 CEO 将面临被更换的职业风险。在指标操纵的具体途径上，管理层可以通过调整应计项目、降低当期研发支出等方式达到每股盈余目标，通过削减营销管理支出来追求利润达标。除了在显性的薪酬体系上谋求控制权超额利益外，管理层还可能利用以非正常在职消费为代表的隐性薪酬对己输送更多利益（刘少波，马超，2016）。在企业薪酬管理上影响更为恶劣的情形还包括管理层"宽于律己，严以待人"，为自己设置丰富的奖励回报，却削减各类员工福利及培训支出，损害企业经营表现进而影响股东利益（钟宁桦，2012）。除了在高管薪酬上的自利行为外，管理层还有动机为了维护自身利益，不惜以损害公司整体利益为代价从事违法违规行为。Biggerstaff et al. (2015) 研究发现，有期权倒签违规记录的 CEO 更有可能在公司内部涉入其他违规行为（如盈余管理、财务报告质量等），助长滋生不道德的企业文化。同时，不适宜的社会网络关系也可能诱发管理层不当行为。Khanna et al. (2015) 研究发现，CEO 与企业高管及董事间的社会关联会显著增加公司的财务欺诈风险，原因包括在人际关系的额外加持下，CEO 违规行为更不易被察觉，也不易因此被更换，故违规成本低，而股东与管理层之间的委托代理成本提高。

另一方面，管理层还有强烈的动机出于主观故意或纯粹的过度自信而将更多资源控制在自己手中，构建手下执掌的商业帝国体系，以增加对股东和董事会的谈判筹码以及在外部经理人市场上的威望和声誉。正如 Jensen（1986）指出的，管理层的实际控制力越大，越有可能滥用企业内部积累的自由现金流量进行低效投资、过度投资或帝国构建，从而降低企业的经营效率。Pan et al.（2016）通过实证研究发现 CEO 投资周期的存在，支持自由现金流假说下的帝国构建理论，即伴随 CEO 任期的推进，企业投资数量明显增加而投资质量却呈现下降趋势，特别是当 CEO 攫取更多对董事会的实际控制权时，管理层与股东之间代理成本下的帝国构建趋势更加显著。在控制权交易市场上，Yim（2013）发现管理层有强烈的财富动力带领企业尽早开始收购兼并行为，因为并购交易通常伴随 CEO 薪酬的显著大幅增加，特别是当 CEO 能够正确预期甚至有效控制并购后的薪酬奖励水平，或者企业同期的其他投资机会无法为 CEO 带来薪酬效益时，CEO 对企业并购的驱动力更明显。Harford et al.（2012）则从控制力视角研究 CEO 过度投资背后的原因，即贪图控制权私利的管理层更有可能进行低效并购交易，不惜以过度投资为代价盲目扩大企业规模，以避免在外部控制权争夺市场上成为兼并对象，失去职业地位。同时，当他们作为收购主体时，他们有可能选择协同效应低的标的公司，或支付过高的收购溢价，引发市场负面反馈，从而导致股东价值受损。就中国经验证据而言，陈仕华等（2015）以国企高管为研究对象，发现当他们面临较大的政治晋升机会时，他们进行并购扩张的可能性显著提高，并在并购交易中支付相对更高的溢价；相关交易在短期并无明显绩效改善，而长期表现却显著较差，证明管理层投机下帝国构建的成本损失。对于管理层在日常经营管理中表现出来的短视主义、机会主义等委托代理成本，企业债权人能合理预期超额收益、过度投资等高管自利可能为企业带来的经营风险和绩效损失，进而将相关风险溢价内嵌在债务合同中，规定更为严格的契约条款，力求加强对管理层对于企业自由现金流资源的滥用行径的制约（Chava et al.，2010）。

另外，虽然管理层由董事会聘任组建，执行董事会的日常决策，但在企业管理实践中，作为实际内部控制人的管理层常常反向干预决策机构董事会的正常运行，阻碍其充分发挥对管理层的监督建议职能。Hermalin and Weisbach（1998）发现，虽然在法律上董事会拥有对公司 CEO 的任免权，但在实践中 CEO 却常常能凭借其个人能力带来的议价优势，反向干预董事会成员的选聘过程，影响董事会充分发挥对包括 CEO 在内的管理层的独立监督建议职能。Fracassi and Tate（2012）以美国 S&P 1 500 公司为对象构造面板数据，发现公司 CEO 权力越大、风格越强势，公司越有可能任命与 CEO 有社会关联（具体包括职业经历、教育经历及社会活动经历等）的董事会成员；而 CEO 干预下的董事会独立性缺失会显著损害公司价值（如从事低效率投资），这一负面效应在公司缺乏其他有效替代董事会监督的机制途径时将更加突出。近年来，Graham et al.（2020）研究发现，CEO 任期越长，董事会独立性越低，CEO 更可能被提名董事长，两职合一概率增加；当 CEO 变更时，董事会独立性显著提升。除此之外，强势的 CEO 还可能干扰董事会对其薪酬激励体系的正常制定过程，争取更有利的绩效考核标准及激励支付计划，引发市场的负面反应。在度量 CEO 控制力的指标上，Morse et al.（2011）选择 CEO 与董事长两职合一情况、内部董事比例以及在 CEO 任期内聘用的董事比例三大指标来衡量 CEO 之于董事会的强势程度。

最后，过度激进的管理层诚然可能将企业暴露在较大的经营风险中，但与之相反，消极被动的管理层也会妨碍企业正常的成长进步效率。Yermack（2014）研究发现，当 CEO 开始公司休假后，CEO 对企业经营事务的时间及精力投入明显减少，企业的信息披露频率显著降低，强制性披露时间延迟。企业这种控制人缺位下的"稳定"状态传导至资本市场即表现为公司股票波动性显著降低，而当 CEO 回归工作、重新开始日常经营管理后，股票波动性开始恢复。他还发现，在两权分离的架构状态下，对公司经营业绩无直接回报权的管理层可能会按部就班享受假期，但当高管持股上升、所有权与经营权分离程度下降后，CEO 休假时间显著减少，享受生活的动机降低，转而愿意在工作和企业绩效改善上投入更多时间，以通过股权途径分享更多劳动经营成果。Bandiera et al.（2018）通过对全球六大代表性国家（巴西、法国、德国、印度、英国和美国）数千位家族成员 CEO 与职业经理人的调研访谈，发现 CEO 的公司投入时间与企业绩效显著正相关，而家族成员 CEO 相较职业 CEO 有更多的娱乐休闲时间，这些时间差异是构成两群体在职表现差异的重要因素之一。

3. 高管选聘

通过以上分析可以看出，一个架构健康、运转良好的管理层治理体系对公司治理质量具有重要意义。而在管理层治理框架中，从公司内外选择出最优质、最匹配、最有责任心的管理团队是事关治理成败的核心环节，管理层的管理风格、管理理念、管理目标认知等因素对企业的公司治理结构具有重大影响（Mullins and Schoar，2016）。现有学术界也在高管选聘领域积累了大量的优质研究成果。Hambrick and Mason 提出的高阶理论认为，高管特质（如价值观、认知模式、个性偏好等）显著影响管理层的战略决策，进而影响高管的战略选择和绩效。而高管的人口统计学特征（包括年龄、教育背景、职业背景、社会经济学基础、财务状况等）能从侧面反映高管特质，进而有效解释高管绩效表现。企业通过对高阶理论的系统掌握，能更加有针对性地选择与培养适合的管理层队伍，进一步提高人力资本和智力资本对组织绩效的预测能力。

Hayes and Schaefer（1999）聚焦高管离职对原公司的影响，实证研究由高管能力构成的人力资本对企业价值创造的重要意义。事实上，企业管理层在品格行为上的不当的确能通过影响市场和投资者对管理层个人的信任及印象水平，对公司经营和企业价值产生切实影响（Cline et al.，2018）。于是，我们不禁要问：如何为企业寻觅到最优管理者？优秀的管理者是天降英才吗？Adams et al.（2018）基于对瑞典含 CEO 以及其他职业在内的个体层面的大样本分析，发现 CEO 与其他高技能行业从业者相比在非认知能力上呈现显著优势。Kaplan et al.（2012）通过对 200 余家公司的 300 多位 CEO 候选人展开背景分析，发现 CEO 的通用能力以及执行能力与企业绩效显著正相关。随后，Kaplan and Sorensen（2021）基于对2 600余名高级管理者的评估，探究CEO与其他高管人员尤其是CFO在能力、特质等维度上的差距。他们比较了通用能力、执行能力和人际关系能力、人格魅力和分析能力、战略能力和管理能力这几大关键维度，发现平均而言CEO有相对于CFO更好的特质表现，扎实的通用能力以及出色的人际沟通能力能为CEO候选人赢得更多受聘机会。在具体的性格特征上，Green et al.（2019）研究指出，人格外倾性是事关个人领导力的关键特质，高外倾性的CEO更易获得事业成功，包括薪酬奖励更高、被解雇概率更低、在职任期更长、被邀请为外部董事的概率更高、在更大型企业有多重董事任职等。CEO外倾性的提升有助于为企业赢得更多市场认可以及业绩增长，帮助企业在资本市场实现更好的投资收益。

除了基本的能力、特质、性格特征等个体差异外，个人独特的成长环境、社会经历、实践经验等因素同样对塑造成功的管理层有重要影响。Bamber et al.（2010）研究发现，异质性的管理层个人特征对于包括公司信息披露在内的公司决策有重大影响，管理层独特的披露风格与其经历背景紧密相关，即有财会、法律、从军经历的CEO相对偏好更加成熟、稳健、准确的信息披露风格，可见CEO经历对其企业管理实践具有潜移默化的影响。Custódio and Metzger（2013）研究发现，CEO的行业工作经历能显著帮助其优化企业的投资并购决策，尤其是当业务双方信息不对称矛盾严重时，CEO的专业行业背景能有效为任职公司挑选更优质的投资标的，争取更低的并购溢价，创造更大的协同价值。他们还关注了企业的财务政策领域，发现CEO的财务工作经历能显著提高企业的财务管理水平，帮助企业根据不断变化的应用场景灵活调整财务政策，为企业争取更宽松的融资条件及发展环境。Benmelech and Frydman（2015）通过实证研究发现，管理层的从军经历能显著提高企业的合规经营水平并增强企业的财务稳健性，帮助企业投资更谨慎，更不会涉入违规经营活动，在行业经济下行期有更加从容的经营表现。在相对容易观察的教育、工作经历之外，也有学者聚焦更为独特的个人生活体验，开辟了一个极具特色且富有潜力的研究领域。Malmendier et al. (2011) 发现，CEO各异的背景特征能显著影响企业的公司金融政策，例如在经济大萧条时期成长起来的CEO更抵触债务融资方式而过度依赖内源融资途径，有可能对企业正常的经营扩张效率构成阻碍。Bernile et al. (2017) 科学量化了CEO成长时期对灾难事件的经历强度，发现有过极端灾难经历的CEO在包括融资决策、现金持有以及并购活动的公司经营上更加谨慎，而童年未经历过大灾难的CEO将相对更趋于乐观，因而在公司管理风格上偏好激进。Sunder et al. (2014) 则从CEO的个人爱好——具体来说是飞机执照获得状况——透视CEO的冒险主义倾向，他们发现持有飞机执照、热爱冒险的CEO更注重激发调动企业的创造能力和创新精神，能帮助企业取得更好的创新研发成果。

最后，人具有社会属性，身居企业高位的管理层同样置身于纵横交错的社交网络中，在被关系网络塑造的同时也影响着网络的延伸拓展。因此，管理层的人际网络关系也应当是高管选聘过程中不可忽视的考量因素。Hacamo and Kleiner (2022) 研究发现，社交网络能有效通过对外信息传递帮助企业雇用到合适的管理人员，特别是对处于信息劣势的外地企业或者当关系联结强度充分时，社交网络在高管选聘环节中的支持效应更加显著。El-Khatib et al. (2015) 借鉴网络分析方法下的网络中心度概念，度量CEO在人际关系网络中的地位和强度。他们发现，网络中心度越高，CEO对各网络节点的作用和贡献越大。他们继而通过实证研究发现，高网络中心度能有效为CEO创建更多私有信息的收集、控制优势，增强并购决策的科学性。然而，高网络中心度同样是把"双刃剑"，相关CEO可能滥用对网络的影响力和控制力，逃避公司控制权市场及职业经理人市场的监督约束，牺牲企业利益以攫取更多控制权私利。除人际网络外，基于文化背景的文化身份认同网络也会对管理层观念以及公司行为决策产生影响。Pan et al. (2020) 研究发现，代际传承的文化传统对管理层的风格理念有深刻的塑造作用，在不确定性规避文化背景下成长起来的CEO显著较少参与不确定性较高的企业并购活动,即使参与其中也更倾向于选择来自熟悉产业的并购对象或者更易整合的标的企业,体现出文化烙印对个体行为决策的深远影响。

4. 高管治理机制之薪酬激励

面对两权分离、专业化分工下股东委托人与管理层代理人之间的经典委托代理冲突,如何规范和约束管理层行为,科学引导其与股东利益走向一致?除在高管选聘环节对候选人充分考察、审慎选择外,在公司内部设置合理恰当且有足够激励效应的薪酬体系和股权计划也十分关键。理想的薪酬激励体系能有效使管理层通过合法渠道获得与自己的劳动投入和管理才能相匹配、足补偿的成果回报,进而降低其冒险谋求控制权私利、非法侵占股东利益的经济动力。公平高效的管理层激励体系应该兼具以下三个公平特征:个体公平,即管理层薪酬与其个人能力和贡献成正比;内部公平,即同一公司内部的管理成员薪酬水平与各自对公司的贡献成正比;外部公平,即不同公司间能力和贡献相近的管理层薪酬水平基本可比。管理层薪酬体系通常包括由基本工资、年度奖金构成的短期货币薪酬,以及由股票期权、股票增值权、限制性股票构成的中长期期权激励。当然,除了上面列举的显性薪酬外,管理层还能通过各种寻租方式享受以在职消费为代表的隐性薪酬。由此可见,管理层薪酬激励计划是事关管理层治理成败的基础性机制,值得我们重点关注并单独成节。

在关于管理层薪酬体系在公司治理中的重要角色的研究中,Bolton et al.(2006)通过模型推导提出,高管股权激励计划更强调短期股票市场表现,诱使管理层牺牲企业的长期基本利益来追求短期股价提升以及激励尽快实现。Coles et al.(2018)通过比较企业CEO薪酬与可比行业内公司的最高薪酬差距,发现当外部行业薪酬差距加大时,管理层不惜通过额外增加企业经营风险、投资风险和融资风险的方式力求快速缩小自己与行业领军者之间的差距,在获得职业成功带来的心理满足的同时提升自己在职业经理人市场中的声誉和竞争力。在货币薪酬与期权激励比例设计上,Jayaraman and Mibourn(2015)研究发现,CEO薪酬回报中的股权激励部分可能加大管理层与股东之间利益不一致下的代理成本,推动企业铤而走险,通过扭曲财务信息披露欺骗市场、收割股价便利。而当企业的外部审计师的专业水平不足以支持其及时发现这种财务违规操作时,这种现象更严重。对于股权期权激励下的利益冲突与管理激进,Brockman et al. (2010) 提出短期债权是约束此类代理成本的有效途径之一。

理论上,高管薪酬体系在制定过程中应主要参考公司需求、人员能力、行业水平等因素,但实务中的计划制定更为复杂,存在多种因素影响甚至扭曲正常的激励体系。作为针对人力资本设置的激励体系,高管薪酬在设计过程中首先应充分考虑管理层的专业水准、性格特质、管理才能等硬性指标,制定切实可行、有一定挑战性但又在其能力范围内的考核目标,引领管理层积极施展才能并收获与个人付出相匹配的劳动成果。Graham et al. (2012) 研究发现,公司层面和管理者层面的异质性是影响高管薪酬的重要因素,以个人管理风格为代表的管理层固定效应对高管薪酬以及公司政策有显著的解释效力。Custódio et al. (2013) 细化了对管理层通用才能和专用才能的区分,发现通过持续工作经历积累的通用管理才能能显著增强 CEO 跨企业、跨行业的流动性,为 CEO 赢得更高的薪酬回报。同时,工作职责越复杂(如工作内容包含大量并购重组业务),薪酬溢价越高。DE Angelis and Grinstein (2020) 建议企业有效利用相对绩效评估体系科学量化 CEO 的外显管理才能,在留住人才的同时有效激发管理活力。当然,相对绩效评估体系通常更适用于能找到可比对象的管理者,而对技术具有专用性、不易跨企业迁移的管理者、创始人 CEO、退休年龄 CEO 等则应谨慎使用。

在基本考量因素之上,公司与管理层之间的谈判能力以及强势对比也会显著影响高管薪酬合同设计。Focke et al. (2017) 发现,知名企业常常向 CEO 支付相对较少的薪酬奖励,而 CEO 也愿意为其对身份地位的偏好以及对职业发展前景的考虑在当下牺牲一定的物质回报。Cronqvist (2013) 以由股权分散化的公众公司向私募主导的私有公司转型的企业为研究对象,发现强势股东入驻通常会带来CEO合约的调整，如设置更明确可量化的业绩目标、不因为在行业内的相对表现放松行权条件等。Humphery-Jenner et al.（2016）研究发现，公司能利用CEO过度自信的特征设计激励导向型薪酬契约，以充分发挥CEO对企业未来正向预期的积极引导作用。与此同时，乐观的CEO在薪酬上的谈判力越强势，越能为自己争取更多的期权激励奖励。当然，面对高度活跃的外部经理人市场，公司也面临被竞争公司"挖墙脚"的风险，因此为了留住管理人才，维护管理团队的稳定性以及管理方式的连续性，公司也会相应提高在职经理人的薪酬回报特别是股权激励，建设稳定且高效的管理团队，支撑企业长远发展。

在高管薪酬设计中，决策者还需关注同行企业以及社交网络可能带来的负面效应。强势的管理层有可能向企业施压，为其有意选择规模雄厚、薪酬水平较高的同行可比公司以合理化自身的薪酬收入，当然，这其中有一定的高管自利动机，但也有可能是为确实存在却无形的管理才能支付才能溢价（Bizjak et al.，2011；Albuquerque et al.，2013）。不过，行业竞争的确是激发高管管理才能的重要因素，外部经理人市场上的竞争锦标赛显著影响管理者的风险偏好、行为决策以及薪酬回报（Islam et al.，2022）。除行业联结外，企业间的利益关系网络以及社会资本网络也会对管理层薪酬产生显著影响。Duchin et al.（2017）基于企业集团下的分部经理数据，发现某一分部的涨薪会对同企业其他分部的薪酬调整产生显著的溢出效应，特别是当企业有超额现金储备、管理层权力更大、公司治理机制薄弱时，这种企业内部的传导效应更明显，且通常伴随后续的绩效下滑和市值受损，影响企业整体价值以及股东价值。Hoi et al.（2019）则发现，企业所在地的社会资本储备（如文化、秩序、规则意识等）有助于约束管理层的寻租空间，缓解委托代理矛盾，具体包括控制高管超额薪酬，减少期权授予中的机会主义行为（如择时授予、奖励倒签、临时奖励等），降低CEO对薪酬体系的控制力。

最后，我们还有必要对管理层以及员工薪酬管理中都会遇到的薪酬黏性问题保持敏锐，在薪酬体系的初始建立环节保持足够的灵活弹性以及调整空间,避免之后薪酬难以适时合理下调以及降薪行为容易诱发的负向反应,让企业蒙受额外价值损失。Shue and Townsend(2017)基于对高管股权激励的分析,发现公司受限于财务管理能力不足,在高管期权授予上表现出简单的数量黏性趋势,有损企业整体利益。

5. 更多管理层治理机制

在管理层治理框架建设以及委托代理成本防范中,除了上文已回顾的谨慎选聘高素质管理者、设立行之有效的薪酬激励体系外,还有其他多种治理渠道可供企业灵活选择使用。首先是高管变更机制,利用职位丧失威胁对管理层施加威慑效力。Weisbach(1988)研究指出,当公司业绩持续下滑时,独立外部董事能及时更换不合格的管理层,聘任更尽职的利益代理人。Denis and Denis(1995)、Jenter and Lewellen(2021)也发现高管被迫辞职现象在企业绩效大幅下滑后显著增多,尤其当管理团队面对更大的外部压力时(如大股东施压、控制权市场威胁)。企业管理层调整后,经营活动调整,内部控制改善,公司绩效表现回升。Parrino et al. (2003)研究发现,当机构投资者对企业管理层的经营行为不满时,会积极利用"用脚投票"的退出威胁影响公司管理层职位调整。除了实际的绩效变化,高管解聘的概率和速度还与企业盈余管理行为显著相关。面对管理层激进的盈余管理行径,公司董事会会积极行使监督职能甚至解聘相关人员,以防管理层的操纵倾向为企业带来其他更加严重的后果成本(Hazarika et al., 2012)。当然,有时管理层被解雇也并非完全由于自身的管理水平和管理能力,管理层控制范围之外的市场行情、行业变幻等因素也会将管理层暴露在失去职位的风险之中(Jenter and Kanaan, 2015)。

其次,还应充分利用活跃且高度竞争的外部经理人市场。除了已经提到的及时更换绩效表现不佳的管理层,增强雇佣-绩效敏感性,企业还需时刻提醒管理层对职业保持必要的敬畏,尽职尽责做好本职经营管理工作,维护自己在职业市场上的声誉和形象。Eckbo et al. (2016)研究发现企业破产对涉事高管的职业生命有显著冲击，直接压缩其未来的发展机会以及薪酬空间，提醒管理层务必审慎经营，避免因为个人一时私利而让企业陷入破产清算困境，最终自食其果。许言等（2017）以中国上市公司为研究对象，发现企业管理层对职业生涯的忧虑会显著影响公司的盈余管理及信息披露行为，尤其是坏消息。CEO在任职初期和离任前一年有极强的动机通过人为操纵隐瞒坏消息，以便在职业市场上谋求更多升职发展机会。

最后，善于利用管理层的股权持有。管理层自利行为的一种驱动力是管理层空有控制权却只享有极低的持股比例，难以通过股权路径正大光明地分享自己对企业的经营管理成果。在两权分离的不平衡心态下，他们可能转而通过其他隐蔽方式直接侵占公司利益，为自己谋求更多即时实现的控制权私利。由此可见，增加管理层在公司的股权比例、提高所有权和经营权的统一程度、增进股东与管理层之间的利益趋同是缓解公司内部经典委托代理成本问题的又一有效思路。提高管理层的现金流权大体分为两条途径：一是通过股票、期权等激励计划增加管理者持有的公司股份。Kim and Lu（2011）研究发现，CEO所有权与企业价值密切关联且呈现驼峰形曲线分布，并受外部治理强度差异影响，即当CEO股权比例处于低水平区间时，适度增加CEO持股有助于促进管理层与股东之间的利益一致，提高企业价值，此时CEO持股发挥改善企业公司治理的替代性功能；然而当CEO股权比例过高时，CEO的管理风格会明显趋于保守（如削减研发支出），反而损害企业的长期发展利益，因此合适的管理层持股水平对企业发展前景影响显著。Lilienfeld-Toal and Ruenzi（2014）聚焦股票市场表现，研究发现当公司缺乏有效的外部治理、产品竞争市场较弱、管理层自由裁量权较大时，适度增加CEO持股有助于缓和代理冲突，减少管理层的过度投资和帝国构建行为，提高企业经营效率，增强股票市场表现。与此同时，管理层还对企业拥有以养老金收益及递延薪酬为代表的隐性"债权"，作为实质上的债权方与外部债权人利益一致。现有研究发现，CEO的隐性债权持有水平越高，CEO的管理风格越倾向于规避风险、趋于稳健，虽然这在一定程度上降低了企业的经营风险，遏制了违规经营和违规操作，减少了股票、债券等证券在市场上的价格波动，但过于保守的发展模式也使得企业牺牲了很多投资机会和发展机会，如适度扩大融资规模、提高杠杆水平、积极参与研究开发等，从长期看并不利于企业价值积累（Wei and Yermack，2011；Cassell et al.，2012；Chi et al.，2017）。

（四）其他内部治理机制

1. 监事会治理

监事会治理指企业内部关于监事会结构、权力与责任配置的一系列制度安排。我国的监事会机构从存在上说具有鲜明的借鉴国外先进实践背景下的中国色彩。从世界范围内公司治理监督模式的发展脉络看，主要存在两大典型模式：以英美为代表的独立董事监督模式和以德日为代表的监事会监督模式。我国最早效仿德国引入监事会制度，于1992年发布《股份有限公司规范意见》，并在1993年《公司法》中再次强化监事会的重要性。我国《公司法》规定公司在股东大会下设董事会和监事会两个平行机构，形成"双层治理模式"；监事会作为公司常设机构，负责监督公司的日常经营活动以及对董事、高管等人员违反法律、行政法规、公司章程的行为予以指正，履行监督建议职能。

在我国公司治理实践中，早期监事会主要由公司员工或股东代表组成，在业务关系上隶属和受制于董事会及管理层，导致其在实际履行职能过程中流于形式、形同虚设。之后，2002年《上市公司治理准则》颁布，独立董事制度正式建立，独立董事成为公司内部在监事会监督之外的公司治理力量。由此可见，我国的内部监督体系事实上形成了独立董事监督与监事会监督并行的格局，混杂了英美与德日经验，二者之间的职能界限不够清晰，容易出现监督资源的重叠和浪费。

监事会治理在国际学术圈的尴尬地位还可以从现有论文存量窥探一二。英美学术圈是国际金融学研究的传统主流阵地，然而英美公司内部实行主要依靠独立董事监督的"一元制"模式，股东大会下设董事会监督管理层，直接跳过监事会，完全不存在开展实证研究的样本数据。以德日为代表的大陆法系国家虽然存在并列型或双层型监事会结构的研究样本，但高水平的代表性学术成果仍然相对缺乏。Lin et al.（2018）以德国通过立法强制要求企业监事会中股东代表与员工代表比例相同为研究背景，运用断点回归法实证研究监事会治理对企业行为决策的因果效应。他们发现，由于员工对公司的利益诉求与债权人高度一致，因此当企业监事会中员工代表比例增加后，员工对公司决策的话语权增强，无形中也加强了对债权人利益的保护，企业的外部融资环境得以改善。从我国学术领域主流期刊看，关注监事会研究的优质研究也不太常见。周泽将等（2019）基于企业违规视角实证研究监事会的存在意义。他们发现，当监事会保持较高的独立性、能切实履行监督职能时，企业违规行为的发生概率及影响后果都显著降低及减少；当企业内部控制有效性较差或所处地区的制度环境较弱时，监事会治理的替代效应发挥得更加明显，可见在中国治理实践下，监事会还是能发挥一定的监督建议职能的。

2. 员工及工会治理

员工是企业最底层的人力资本，他们既是企业组织生产发展的一线建设者，也是企业内部公司治理体系中不可或缺的中流砥柱。相对外部市场和投资者而言，员工作为企业内部经济利益相关者通常有更便利的信息收集和信息流转优势；同时，作为雇员，他们也有强烈的动力监督企业合法合规经营，避免经营风险下可能发生的失业风险。因此，建立完善的员工治理体系是企业内部治理结构设计中的重要环节。Dyck et al.（2010）通过研究 1996—2004 年间美国大公司公开通报的欺诈案例，发现这些欺诈行为之所以能被市场和监管者发现，不仅因为依靠了标准的传统治理主体（如投资者、证监会、审计师等），还因为充分调动了包括员工、媒体在内的其他新兴治理力量。Call et al.（2017）发现，企业员工群体质量越高，越能在公司内部监督中展现重要作用，相关企业的经营规范度越高，具体表现在应计项目质量更高、内控失灵更少、会计重述概率更低、管理层预测质量更高。Huang et al.（2020）基于美国企业点评网站

Glassdoor 上雇员对公司未来 6 个月的发展预期展望数据，研究社交媒体上员工披露的信息含量。他们通过实证研究发现，整体而言，员工披露对于企业未来经营状态有额外信息含量。企业社群里聚集的员工数量越多，员工背景越多元，员工对企业了解越多，员工披露的信息含量就越高，就越能展现群体智慧；特别是在坏消息预警上，员工嗅觉十分灵敏，能对分析师和投资者的信息池形成有益补充，值得资本市场给予关注和重视。

为了激励员工更加积极地参与到为企业建言献策、对企业监督规范的环节中来，调动最基础、最广大力量的工作积极性，企业在员工薪酬体系设计中，一方面需对员工的劳动成果给予足够的物质薪酬回报，充分展现对员工贡献与价值的认可和肯定，激发员工对企业的责任心及主人翁精神，反馈至正常的生产经营和行为监督活动，构成良好循环；另一方面，除基本工资和奖励外，企业还可以合理利用员工持股计划，增加员工在企业中的实际股权，使其更加有动力基于企业所有者身份充分发挥内部参与者优势，认真履行对企业的对内监督建议职能。Hochberg and Lindsey（2010）研究发现，员工持股计划与企业绩效显著相关，对于员工的期权授予能显著增进员工激励，调动员工合作和共同监督，进而支撑企业绩效改善。企业应该建立一套合理的员工持股计划体系，给予高质量员工以优惠价格获得公司股份的机会，在分配人力资本物质收益的同时提高企业的治理水平和经营效率，实现双赢（Babenko and Sen, 2014）。Gulen and O'Brien（2017）发现，员工持股计划能有效为员工股东增权赋能，激励他们以股东身份增强对企业行为决策的监督约束职能，提高公司治理水平。Aldatmaz et al.（2018）发现，员工持股计划还能显著降低员工离职率，提高员工资产池的稳定度，为企业建设营造良好、可预期的发展环境。就中国经验来说，陈大鹏等（2019）研究发现员工持股计划与企业应计盈余管理水平显著正相关，在企业中员工地位较高、企业资产透明度低、企业股权集中度低等情境下，员工持股计划的治理效应更加明显。当然，管理层也会相应考虑员工股东的需求，甚至进行正向盈余管理以使员工在股权解禁时套现更多，降低财务信息质量。沈红波等（2018）通过对国有企业和民营企业员工持股计划的对比，发现相对于民营企业，国有企业实施的员工持股计划并未有效为其降低代理成本、提高投资效率抑或减少冗余雇员，员工持股计划的公司治理效应未得到充分展现。

员工除了以个人身份参与企业公司治理，还能联合起来组成工会，以工会集体的力量对企业发声，增强对企业经营治理的话语权和影响力。Agrawal（2012）发现，员工代表及工会力量在企业公司治理实践中日益重要，来自工会的反对声在资本市场中具有明显的负面信号效应。Chyz et al.（2013）通过实证研究发现，企业工会组织力量越大、风格越强势，企业的税务激进程度就越低。而且工会能有效介入企业日常经营实践，充分发挥监督职能，遏制管理层的税务违规动机。市场也能及时接收工会力量变更的信息效应，并传导至资本市场，嵌入企业估值和流通表现中。

3. 内控部门治理

除员工外，企业内部控制体系也可以被开发成行之有效的内部治理机制。Acharya et al.（2011）通过理论模型与实证检验，提出健全有效的内控体系有助于制衡约束管理层的利益攫取空间，减少高管自利行径，缓解传统委托代理成本问题。企业的内部报告通道是重要的内部治理机制，员工通过信息通道及时向高层传递企业内部的违规违法行为，提高企业治理水平，降低被监管机构处罚或深陷法律诉讼的风险（Stubben and Welch, 2020）。Goh and Li（2011）研究发现，提高企业的内部控制质量有助于增强其会计稳健性，及时确认损失并向市场披露。Lin et al.（2011）研究发现，企业的内部审计部门有助于化解重大运营缺陷风险，并通过内外审计团队合作进一步提高企业财务质量，加强对公司治理的监督。而这也会为企业在资本市场融资争取到更有利的融资环境以及更优惠的融资成本，健全完善的内控体系能有效增强外部债权人对企业发展路径和管理模式的信心，进而以更低成本提供企业发展扩张所需的物质资本（Dhaliwal et al., 2011）。

就中国企业实践来看，毛新述和孟杰（2013）发现企业的内部控制系统越有效，涉及诉讼风险的概率和金额就越低，其中内部监督和内部环境建设对诉讼风险具有显著影响，内部控制对担保合同、借款合同纠纷导致的诉讼风险具有显著的控制作用。陈红等（2018）关注在创业创新的宏观政策背景下企业内部控制对政府研发补贴绩效的影响，研究发现内部控制质量能够显著提高政府对企业研发补贴的执行效率，切实促进企业创新能力的提高以及创新绩效的改善。当然，严肃认真的内控体系也可能具有"双刃剑"效应，刘浩等（2015）研究指出：一方面，健全的内控体系能够通过改善信息以及增强履约能力，减少现代公司制下各经济主体由于信息不对称和不完全契约衍生的代理成本，提高企业经营效率；另一方面，执行严格的内控体系也在无形中降低了代理人的事后谈判能力，反而激发他们在事前采取机会主义行为的动力，取得过犹不及的实际执行效果。李世辉等（2019）从内部审计经理职能视角，通过实证研究发现企业内部审计经理的监察能力与企业违规之间呈显著负相关关系，当内部审计经理在监事会任职时，违规抑制效应更加明显。在具体路径上，内部审计经理通过提升企业内部控制水平发挥对企业的监督约束效应。

4. 企业内部党组织及纪检部门治理

在中国特色社会主义现代化建设道路上，国有企业内部设立的党组织及纪检部门也是规范企业内部治理的重要力量。把党的领导融入国有企业公司治理体系，完善党的领导和国有企业公司治理有机融合，以高质量党建推动国有企业高质量发展是建设中国特色社会主义经济的重要指导思想。坚持党对国有企业的领导是重大政治原则，必须一以贯之；建立现代企业制度是国有企业改革方向，也必须一以贯之，要把加强党的领导与完善公司治理有机统一起来，把企业党组织内嵌到公司治理结构中，建立中国特色现代企业制度，全面深化国有企业改革，为破解全球国有企业治理难题贡献中国智慧。2017年4月，国务院办公厅发布《关于进一步完善国有企业法人治理结构的指导意见》，明确要求将党建工作纳入国有企业章程，明确党组织在国有企业中的领导核心和政治核心地位,鼓励党组织成员通过"双向进入、交叉任职"的领导体制参与公司决议,增强国有企业的政治大局观和社会责任感。2017年10月修订的《中国共产党章程》,明确确立了党组织在国有企业中"把方向、管大局、保落实"的核心职能。2021年5月,中共中央办公厅印发《关于中央企业在完善公司治理中加强党的领导的意见》,要求中央企业进一步把加强党的领导和完善公司治理统一起来,明确中央企业党委(党组)在决策、执行、监督等环节的权责和工作方式。

在代表性学术研究成果上,马连福等(2013)以已披露党组织中的党委会成员在公司董监高中任职信息的国有上市公司为研究对象,发现国有企业党委会对公司治理过程的参与,一方面增加了公司冗余雇员规模,一定程度上将政府稳定就业等政策性目标嵌入企业行为中;另一方面也降低了公司高管的绝对薪酬,抑制了高管攫取超额薪酬的行为,缩小了高管与普通员工间的薪酬差距,减少了内部人控制的代理成本。陈仕华和卢昌崇(2014)基于卖方为国有上市公司的并购交易数据,研究发现国有企业党组织的治理参与能显著提高国有企业在出售国有资产或股权时索要的并购溢价水平,特别是当国有企业党组织成员参与董事会或监事会治理,将国有资产或股权出售给私企及异地国企时,党组织治理参与对并购溢价水平的正向影响更加明显。该研究为国有企业党组织参与有助于抑制国有资产流失、保护国有资产在合理估值区间流转提供了扎实可靠的微观经验证据。柳学信等(2020)围绕国有企业党组织与董事会"双向进入、交叉任职"的公司治理制度设计,通过研究董事会成员在历次董事会会议中的投票情况考察了国有企业党组织治理对董事会决策过程的影响,研究发现国有企业党组织与董事会"交叉任职",尤其是在党委书记与董事长两职合一的情况下,党组织更能在董事会决策中发挥治理效应,进而促进企业绩效提升,此种效应对位于市场化程度较高区域的国有企业而言更加显著。除党组织外,纪检部门也能在国有企业治理中发挥积极的监督治理功能。陈仕华等(2014)研究发现国有企业内部的纪检部门能有效抑制国企高管的非货币性私有收益,减少管理层对企业利益的侵占和攫取,特别是当国有企业纪委参与监事会治理、国有企业总经理是中共党员、企业为中央国有企业时,纪检部门抑制私利的治理效应更强。

三、外部公司治理机制:权威的实施

在明确公司治理的第一道防线——内部治理结构在企业权威配置安排(股东大会、董事会、管理层及其他内部主体的治理权力分配)中的基础性作用后,我们由内向外继续拓展,探索活跃于公司外部的经济利益及社会利益相关者在公司治理中的角色和贡献,探索如何调动更广泛的利益主体参与到对公司治理事业的健全完善中,监督各项治理机制最终落地实践,与内部治理结构相互配合,共同推动企业整体治理水平的提高。具体来说,企业外部公司治理机制主要包括:以控制权争夺市场、代理权争夺市场、卖空市场为代表的市场机制治理,无时无刻不在警醒企业股东及其管理层对市场规则保持充分敬畏,规范约束自身言行;以机构投资者、服务机构(含分析师、审计师、咨询公司、信用评级机构等)为典型的市场中介治理,以高度专业的市场分析视角提高其对企业日常经营的监督力度;包括传统媒体和新型社交媒体在内的新闻媒体治理,它们通过更加广泛的信息收集行为显著减少经济主体间的信息不对称,在践行监督职能的同时提高市场整体的运行效率;伴随市场经济发展而加剧的产品市场竞争为检验公司治理效率提供了足够客观的实践场景,如何提高经营效率、通过市场检验成为摆在公司股东和管理层面前的重要课题;以银行为主体的债权人治理,它们作为公司外源资金的重要供给者,有强烈的动机监督约束公司的日常经营决策,在维护自己资金安全的基础上确保合理的投资回报;以证监部门、证券交易所、税务机构为代表的监管者治理,它们通过密切关注市场参与者的遵纪守法状况,在打造健康资本市场环境的同时,有力保障国家的政治经济利益。遵循上述分析框架,我们将继续对目前聚焦公司外部治理机制的代表性学术成果进行系统总结。

(一) 市场机制治理

市场作为"看不见的手",在资源配置中起到基础性作用,市场机制也是最基础的外部治理机制。市场通过价格发现、资源调配等路径约束规范企业的经营决策方向,引导企业尊重市场规律、敬畏市场力量,否则企业恐怕难以在激烈动荡的市场竞争环境中生存发展。

1. 控制权争夺市场

控制权争夺市场又称为控制权转移市场,广义的控制权转移包括兼并收购、公司重组等。投资者通过股权的友好协议转让抑或二级市场敌意收购等路径更换对公司的实际控制权,进而通过改组董事会、变更管理层等方式深度重塑企业的经营决策。以大股东、董事会和管理层为代表的内部控制人忌惮于外部高度竞争且充满活力的并购市场,为了防止控制权转移旁落,他们将更有动力规范自身行为,以忠诚、勤勉的专业态度履行好股东利益代言人职能,从而在保证既有主要股东继续稳定持有股权的同时避免因业绩下滑而在二级市场被敌意捕获的风险,最终捍卫自身的职业生涯和权力稳定,实现代理人利益与委托人利益的协同统一,使传统的委托代理问题在市场的威慑力面前得以缓解。在我国资本市场发展日益完善的大趋势下,企业间的股权转移、兼并收购等资本运作愈发频繁,控制权争夺市场将在公司治理中扮演更加重要的角色。正如 Morck et al. (1989) 指出的,虽然在传统上董事会被认为是公司治理体系中制约监督管理层经营行为及绩效表现的核心力量,但当行业整体受到外部冲击、陷入发展困境时,董事会职能可能会部分失灵——它无法再通过比较自身公司与行业水平之间的差距来及时调整管理层,此时外部敌意并购市场将上升为替代性公司治理机制,对董事会的监督角色构成有益补充。外部"捕食者"善于利用目标企业的内部控制效率漏洞,及时抓住市场机会变更控制权,这一现实能有效督促相关企业的董事会及管理层认真履行本职工作,健全完善公司治理体系,提高企业经营效率和市场表现,避免企业成为资本市场垂涎的对象,甚至最终因个人职位替换而失业。

第二章 公司治理研究传统框架文献综述

学术界通常从并购市场实践角度探索控制权争夺市场环境变化对微观企业公司治理的影响。一方面，活跃的外部敌意并购市场被认为是制约管理层全局观的存在。管理层为了避免企业因短期业绩下滑、股价下跌而在资本市场上被恶意收购股份、改变控制权格局，在并购市场的施压下将更有动力更专注于短期经营变化，从事大量短期投资（如削减研发支出、短期盈余管理等），损害企业的长期发展潜力。另一方面，从积极效应角度来说，并购市场对管理层的实时压力也能有效督促其规范自身行为，控制私利攫取，降低代理成本。由此可见，并购市场对公司治理的具体效应是一个视具体应用情境而定的实证问题。

Masulis et al.（2007）以美国上市公司为研究对象，通过构建公司层面的反并购指数，研究发现市场上更不易遭受并购风险的并购方更有可能出现过度并购投资、帝国构建等现象，相关并购交易的市场反馈消极，股东权益受损。Cain et al.（2017）则基于美国各州的反并购法律体系（如《企业合并法》《公平价格法》等）构建州级层面的反并购指数，研究发现政府对企业的反并购保护程度越高，企业的治理水平越低，代理成本越高，市场价值越低。Giroud and Mueller（2010）以美国各州的《企业合并法》通过为因果识别策略，发现当外部并购威胁降低时，企业公司治理水平下降，管理层明显更加懈怠。此时，外部竞争市场的存在能在一定程度上代替并购市场继续督促管理层积极勤勉地做好企业的经营管理，维护市场份额及业绩表现。事实上，正如 Bertrand and Mullainathan（2003）研究指出的，当管理层的外部监督压力减轻时，他们未必必然从事传统观念上的利益侵占、帝国构建等行为，相反，他们还有可能在管理风格上转变为更加消极懈怠，安于现状，而这种"享受生活"的不思进取同样损害股东和企业的长远利益，阻碍股东获得更高的投资回报，值得加以警惕。另外，Atanassov（2013）以美国各州分批通过反并购法案为外生冲击，发现在已通过反并购法案的州，当企业面临的外部并购威胁削弱时，企业的创新动力降低，企业绩效下滑，管理层的道德风险上升，可见并购市场并不必然与企业长期利益冲突。同时，替代性的外部治理机制（如大股东、机构投资者、债权人、产品竞争市场等）可以在一定程度上起到调节作用，降低负面效应的程度。

从跨国经验证据看，Lel and Miller（2015）利用全球范围内并购法案的时间交错，研究发现并购市场有助于加强管理层监管。当并购法案通过后，表现不佳的企业更容易被资本市场并购消化，接管方继而及时更换不称职的董事会及管理层，扭转公司治理劣势局面，提高企业经营管理水平。Khurana and Wang（2019）基于国家企业并购法案，研究发现跨国控制权转移市场能有效发挥积极作用，改善公司财务决策，加强董事会治理，进而增强企业会计稳健性。特别是当本土投资者权益保护程度较差时，并购市场的替代治理功能更加显著。

在控制权转移的经济后果上，Wang and Xie（2009）研究发现当公司治理较差的企业被公司治理较好的企业收购时，收购方能有效提高被收购方的公司治理水平，产生积极的利益协同与溢出效应。Albuquerque et al.（2019）通过对全球 64 个国家的大样本分析，发现投资者保护水平高的国家对投资者保护水平相对较低国家的跨国并购活动能产生良好的溢出效应，提高被并购方所在国家辖区内其他公司的治理质量、投资水平和企业估值。

2. 代理权争夺市场

从广义上说，代理权争夺也可看作控制权争夺的一种特殊形态。在不改变公司现有股权结构的前提下，持有异议但又无足够表决权的股东，通过宣传自己的态度和理念获得其他股东的支持，向其公开征集股票委托表决权，最终临时性获得足够的投票权以获得对董事会的控制，从而实现推行自己意志、更换公司管理层或者改变公司现行战略的目的。我国《公司法》允许不能亲自出席股东大会进行投票的股东委托代理人出席股东大会，由代理人向公司提交股东授权委托书并在授权范围内行使表决权。在此政策下，当公司存在多个不同股东利益集团尤其是这些利益集团之间持股比例相差无几时，公司内部独立于这些利益集团的股东意向将对公司重大决策及

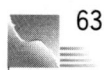

发展战略的走向至关重要。有影响力的股东利益集团通过征集甚至争夺独立股东的股票委托表决权，进而在股东大会表决时获得优势，实现在原有股权结构下成为实际控股股东的目的。因此，代理权争夺可看作公司内部较有影响力的大股东与公司管理层或实际控制人之间争夺控制权的行为。同时我们也要注意到，法律通常禁止使用有偿或变相有偿的方式向市场公开征集股东代理投票权。

在关于代理权争夺的学术研究上，Fos and Tsoutsoura（2014）发现公司股东之间的代理权斗争显著影响现任董事的职业生涯发展，董事在公司内外失去更多席位和机会，在股东斗争中的职业损失巨大。Zhang（2021）以连锁董事为研究对象，发现当连锁董事所在公司遭遇代理权争夺后，关联企业将以此为戒，显著提升公司治理水平，避免成为下一个矛盾焦点，具体措施包括降低超额现金持有、增加股利分配、缩减CEO薪酬、减少盈余管理等。由此可见，代理权争夺不仅能有效约束本公司董事会及管理层的代理成本，还能在公司治理网络中显示出有力的溢出效应。

3. 卖空机制

卖空机制，也称为做空机制，指市场投资者在预期未来股票价格会下跌即看空股价时，借入证券并在公开市场上先卖出，后在价格低位买回还给借方平仓以获利。由此可见，卖空交易向市场传递出了强烈的股价下跌的信号预期，极易引发公司股东对现有管理层经营管理能力及公司治理质量的怀疑和不满，管理层的职业安全受到严重威胁。同时，卖空压力往往是空穴来风，常常伴随事实上的未来股票价格下跌，股东利益受损，股权结构不稳定性增加，甚至给外部敌意竞争者制造空间，趁机从市场上低价掠夺大量股权，改变公司的控制权格局。因此，公司管理层及其他内部控制人为了避免被资本市场捕获、成为卖空标的，有强烈的动机认真组织企业生产，合法合规经营管理，提高企业内外信息透明度，夯实公司治理质量，提升业绩表现，在支撑股价的同时避免给卖空机构留下把柄，进而获得长期稳定的发展环境。

就经验证据而言，Massa et al.（2015a）通过收集全球33个国家的公司股票卖空交易数据，发现卖空机制能够有效通过市场控制权变化威胁发挥对管理层的监督制约作用，抑制包括盈余管理在内的违规违法行为，是行之有效的重要外部公司治理机制。实际上，来自卖空市场看空公司未来发展前景和股票表现的压力不仅能传导至内部实际控制者的经营决策，甚至还能影响具有信息便利的内部人的股票处置交易，即当面临充分竞争的卖空交易市场以及公司具有负面预期时，具有信息优势的内部人可能赶在卖空者出手前更早把股票脱手，此时内部人的交易动态对于资本市场来说有了更强的信号效应（Massa et al.，2015b）。由此可见，如果董事会和管理层怠于履行经营管理职能，他们不仅要面对来自外部市场的抛售风险，甚至对公司内部人也无法妥善交代。Fang et al.（2016）利用美国证监会随机抽取实验对象放松卖空管制这一变革为外生冲击，从因果关系上量化卖空机制的经济效应。他们发现相关入选公司操纵性应计项目余额更低，盈余管理行为更少，内部违规造假行为更有可能被市场捕捉发现。

有时，专业的做空机构不仅自己从事卖空交易，还会向市场公开发布针对目标公司的卖空报告，进一步推动负面信息发酵，甚至故意引发市场恐慌，以使股价如期下跌。因此，企业在面临卖空压力时通常也不会坐以待毙。当卖空报告陈述合理、相关负面事实确乎存在时，企业决策机构会及时行动起来积极整改，扭转不利舆论；当卖空报告涉嫌恶意扰乱股价时，企业也会予以有力反击。Brendel and Ryans（2021）基于美国资本市场上的卖空报告，研究发现其中大约只有1/3的目标公司会给予回应。当公司股价显著下跌或卖空报告里有新的信息含量时，公司会更积极地回应。而当公司在卖空压力下启动内部调查后，相关公司退市或遭受证监会处罚的概率更高，说明卖空机构的做空交易有一定的合理性，有利于肃清资本市场，提升整体规范水平。当然，虽然专业卖空者通常更擅长发现价值被高估的股票，但当企业自身对卖空者的价值判断并不认同，特别是管理层有更多关于公司未来发展预期的内部信息时，他们可能会通过股票回购这一行为信号向市场传递管理层态度及其对支撑股价的信心（Bargeron and Bonaime，2020）。另外，当企业面临卖空威胁时，管理层除了积极反击以外，也可能及时采取措施保护个人利益，如重新设计薪酬激励方案、增加企业反收购条款等，力求稳固内部控制权，抵消卖空交易给个人劳动报酬及职业生涯带来的风险（DEAngelis et al.，2017）。

就中国资本市场实践来看，我国于2010年3月底正式启动融资融券试点，通过7轮扩容，共有2110只标的股票，为学术研究提供了必需素材。在金融政策对实体经济的传导效应上，权小锋和尹洪英（2017）研究发现卖空机制能够显著提升公司的创新产出和创新效率，具体机制是：卖空机制提高了公司内外信息透明度，规范了管理层权力运行，也缓解了市场垄断对企业的负面效应，最终促进企业整体创新效率的提升。围绕卖空机制对公司治理的影响，张璇等（2016）利用我国A股上市公司数据，发现卖空交易能显著降低标的公司财务重述的可能性，卖空市场的存在激发了管理层的紧迫感和危机感，督促其优化对公司的经营管理，同时进入融券目录的股票也吸引更多分析师跟踪关注，这两条路径共同驱动企业减少财务重述行为，提高财务报告水平。顾乃康和周艳利（2017）则从卖空机制的事前威慑角度出发，发现允许卖空的企业新增外源融资（包括权益融资和债务融资）均显著减少，整体财务杠杆下降，企业融资行为受到影响。孟庆斌等（2019）基于上市公司样本，利用Bivariate Probit估计方法发现卖空机制通过提高公司违规行为被稽查的概率形成有效的事前威慑力，最终减少公司的违规倾向。其中，卖空机制对信息披露违规和公司经营违规的约束效力更大，且伴随时间的推移而愈发加强。马云飙等（2021）以我国放松卖空管制为切入视角，发现卖空机制能够显著缓解股权高溢价，压缩内部人（如大股东、董事和管理层）减持的获利空间，进而抑制他们的减持行为，提高股票定价效率。

与此同时，我们还需认识到，我国的融资融券制度并非标准的卖空机制，能入选融资融券标的股票的往往集中在业绩优良、实力稳定的成熟企业，而更容易成为做空对象的ST股票却常常不被允许开展融券业务，制约了市场卖空机制监督功能的发挥。

(二) 市场中介治理

资本市场的高效运营还离不开以庞大机构投资者为主体的专业投资者和以分析师、审计师、咨询公司、信用评级机构等为代表的服务中介力量。他们凭借自身优质的专业能力及端正的职业态度，在资本市场中积极发挥信息收集传播、咨询建议和监督约束职能，共同助力打造更加规范、透明、开放、有活力、有韧性的资本市场，大大提高了市场运行效率，是资本市场不可或缺的重要参与者。

1. 机构投资者治理

机构投资者指相对于个体普通投资者而言，拥有更高的资产管理水平、更加雄厚的资金实力储备以及相对较大持股规模的专业投资者，通常包括证券投资基金、社保基金、养老基金、证券公司、保险公司、信托公司以及合格境外投资者等参与主体。对于股权高度分散的公司来说，持股比例相对较高的机构投资者甚至可以成为公司重要的外部大股东，并通过派驻董事等方式深度参与对参股公司的经营管理以及公司治理流程，影响企业的发展方向和未来规划。

总体来说，机构投资者可以通过"用手投票"和"用脚投票"两条路径进行直接干预抑或施以退出威胁，进而推动机构意志的实践落地，维护自身投资权益（McCahery et al., 2016）。进一步地，在积极治理路径上，机构投资者通过集中投票权为其话语权增加筹码，以便充分践行咨询、建议及监督职能，提高对公司治理的参与度和影响力（Aggarwal et al., 2015）；在消极治理路径上，对企业经营不满的机构投资者直接通过市场交易卖出所持股份、退出标的企业，管理层忌于机构清仓在资本市场传递的负面信号效应，进而规范自身行为，维护好与机构股东之间的力量分配格局。

在具体的治理路径上，Aggarwal et al. (2011) 通过对全球 23 个国家的机构投资者持股组合的大样本分析，发现机构投资者能显著提高参股公司的公司治理水平及实体经营表现，特别是当机构投资者来自制度背景较好、投资者权利保护意识更强的区域时，机构投资者的治理效应将更加明显。在治理渠道上，首先，机构持股比例较高的公司能更加及时强势地更换不称职 CEO，扭转经营不利的局面，保护企业价值和股东利益。Bena et al.（2017）同样通过跨国大样本研究，发现外国机构投资者能全面促进企业在有形资产、无形资产以及人力资本上的有效长期投资，鼓励研发创新，夯实企业长期发展的潜力。其次，机构投资者能有力约束以大股东、董事会及管理层为代表的内部人控制问题，抑制盲目过度投资，减少控制权私利攫取及利益侵占行为，保护企业自由现金流，提高企业经营效率，创造更多股东价值（Boyson et al.，2017；Gantchev et al.，2020；梁上坤，2018；曾志远等，2018）。再次，机构投资者还能充分发挥其信息收集、处理、分析与解读优势，挖掘更多内外部信息，降低企业与市场之间的信息不对称性，提高企业透明度，增强会计稳健性及提升财务报告质量，进而有助于优化企业的融资环境，扩大融资渠道，降低融资成本，为企业的发展扩张奠定良好的资本基础（Ramalingegowda and Yu，2012；Sunder et al.，2014；Tsang et al.，2019；代昀昊，2018）。最后，具有社会责任感的机构投资者还能有效地把企业社会责任理念传递至参股企业，产生良好的溢出效应，打造以企业社会责任形象促进投资回报的良性循环（Dimson et al.，2015；Dyck et al.，2019）。

实际上，机构投资者的公司治理效应不仅仅停留在相关性上，Appel et al.（2016，2019）基于美国 Russell 1000 指数与 Russell 2000 指数的构建过程开发出对机构投资者参与效应的因果识别策略。美国基金按投资理念可大体分为主动型基金和被动型基金，主动型基金以寻求并取得超越市场的业绩表现为目标；被动型基金一般选取特定的指数成分股（如 Russell 1000 指数、Russell 2000 指数等）为投资对象，复制指数的市场平均收益水平即可，不主动寻求超越市场的表现，以指数型基金为代表。Russell 指数主要指由美国 Frank Russell 公司推出的美国指数系列，用以衡量、跟踪美国大型股和小型股的表现。其中，Russell 3000 指数指覆盖在美注册的总市值最大的 3 000 家上市公司的资本加权股票指数，Russell 1000 指数是 Russell 3000 指数中市值最大的前 1 000 只股票的股票市场指数，而 Russell 2000 指数是 Russell 3000 指数中排名后 2 000 名股票的股票市场指数。按照指数型基金的投资策略，追踪 Russell 1000 指数的被动型基金应根据 Russell 1000 指数赋予各股的权重将更多投资份额分配在该指数的头部股票上，而追踪 Russell 2000 指数的被动型基金则相应地应将更多资本分配在 Russell 2000 指数的头部股票上，不论此时的头部股票在规模上都整体小于 Russell 1000 指数里尾部股票的事实。由此可见，每年排名中的 1 000 名都是区分指数型基金持股比例的显著断点，断点左右两侧公司在规模、市值等其他指标上都极为相似可比，不同的是因其在各自 Russell 指数中的权重差异而导致的指数型基金机构投资者持股比例差异，进而受到机构投资者的关注度有高有低，而机构投资者有限注意力资源的配置将直接影响其公司治理效果（Fich et al.，2015；Liu et al.，2020；Iliev et al.，2021）。学者利用此断点两侧股票分配上的随机性构造识别策略，从因果关系上量化机构投资者持股比例的经济后果。现有基于此实证策略的因果性研究成果表明，机构投资者持股比例越高，企业董事会中独立董事比例越高，反收购限制越少，同股同权越普遍，内部人权力范围受到越多约束（Appel et al.，2016）；现金股利派发越多，管理层对自由现金流的超额控制行为越受到抑制，控制权私利越减少（Crane et al.，2016）；企业的会计政策和财务政策更加规范，信息披露更加及时，企业透明度提高（Khan et al.，2017；Lin et al.，2018；Chen et al.，2019）；企业社会责任承担越多，社会效应越显著（Chen et al.，2020）。综上所述，机构投资者确乎在诸多公司治理领域发挥咨询、建议和监督职能，是重要的外部治理力量。

在对机构投资者异质性的深层剖析上，根据投资目的和持股期限差异，我们可将机构投资者划分为专注型机构投资者、准指数型机构投资者以及短暂型机构投资者三类。其中，短暂型机构投资者的股权比例过高，可能导致公司经营以牺牲长远发展利益为代价换取短期利益，过度短视主义反而损害公司可持续发展能力（Bushee，2001）。Borochin and Yang（2017）研究发现，相较于短暂型机构投资者，专注型机构投资者能有效优化公司未来的治理能力，提升公司的估值水平。

我们也可根据机构投资者的主动性和活跃程度，将其划分为积极型机构投资者和消极型机构投资者，前者以公募基金和对冲基金为代表，后者主要包括各类指数型基金尤其是被动型基金。积极型机构投资者有充足的意愿、精力和能力投入企业的战略制定和资源配置工作中，提高长期生产效率和资源利用率（Brav et al.，2015）。它们为企业的投资扩张建言献策，协助挑选优质标的以撬动协同效应，提高并购价值（Boyson et al.，2017）。同时，它们还会通过与被并购公司董事会之间签订协议的方式，影响目标企业的 CEO 流动、股利派发、经营政策等，帮助目标企业提高绩效表现（Bebchuk et al.，2020）。积极型机构投资者还可以有效缓解公司的内部人控制和代理成本问题，控制 CEO 的过度激励和帝国扩张倾向，提高企业经营效率（Gantchev et al.，2020）。与此相对，消极型机构投资者通常不会直接干预持股企业，但它们的存在也会起到一定的监督作用，包括独立董事任免、反收购条款去除、平等投票权设定等（Appel et al.，2016）。它们的存在还会激励积极型机构投资者更为主动地参与到对企业的管理干预中，减少"搭便车"现象，在良性互动中推高公司价值（Appel et al.，2019）。当然，消极型机构投资者的持股比例和监督激励毕竟有限，在发挥外部公司治理作用上常常面临来自控股股东、董事会及管理层的阻碍（Schmidt and Fahlenbrach，2017；Heath et al.，2022）。

机构投资者除了作为独立个体对持股企业的公司治理发挥作用外，还可能依托纵横相连的社会网络在更广的范围内产生效应。诚然，机构投资者与标的公司之间的关系网络有可能损害其以股东身份投票时的独立性和公正立场，包括对管理层的故意偏袒（Butler et al.，2012；Cvijanović et al.，2016）。但从主流来说，机构投资者之间的关系网络有助于将分散个体联合起来，聚集投票权协同发声，作为整体强化外部治理功能（Crane et al.，2016）。另外，机构投资者作为投资主体的共同持股有助于促进信息在多个持股标的间流动分享，推动相关企业的战略合作，共同提高产品市场占有率（He and Huang, 2017)。通过多重持股积累丰富经营经验的机构投资者还能参与到企业管理层任免、行为决策、信息披露等事务中，提高企业的经营管理水平，增强市场流动性（Kang et al., 2018；He et al., 2019；Park et al., 2019）。

当然，机构投资者之所以如此积极地参与企业的监督治理工作，背后离不开即时的经济激励驱动。Lewellen and Lewellen（2022）聚焦机构投资者参与企业监督治理工作背后的财务利益，研究发现持股企业质量会影响其资产配置决策以及资金流动状态，进而影响其管理费等收入的收取。除此之外，如果机构投资者持股公司被曝光财务违规行为，市场会质疑其专业操守和监督能力，进而调整对其名下其他资产组合的价值评估，甚至抽离资金，给机构投资者的资本运作造成实质性影响（Let et al., 2022）。因此，在经济利益及市场惩罚的额外推动下，机构投资者也会积极在资本市场中做好外部治理工作。

2. 服务机构治理

资本市场的健康有序发展还离不开以分析师、审计师、咨询公司、信用评级机构等为主体的市场服务人员和机构。他们以更为客观公正的独立第三方视角，向市场提供咨询建议、核查鉴证、信用增级等服务，进一步消除市场参与者之间的信息不对称，营造更为透明、健康的公司治理外部环境。

在企业的公司治理实践中，相对独立于公司之外的外部专业市场分析师常常扮演着重要角色，他们基于大量的信息收集和实地调研工作，积极向市场提供高质量的分析报告，指导投资者优化交易决策。分析师通过信息中介职能和外部监督职能的发挥，有效约束内部人的盈余管理等自利行为，提高公司透明度，降低市场主体间的委托代理成本（Yu, 2008）。

为了科学量化分析师角色对公司行为的因果效应，以 Hong and Kacperczyk（2010）为代表的研究人员开发了一个对于分析师覆盖相对外生的冲击事件为因果识别策略，即伴随券商合并及关闭，分析师队伍裁汰整合，企业的分析师覆盖减少。他们研究发现，伴随分析师覆盖的减少，市场竞争减少，分析师报告预测偏差显著提高。基于同样的识别策略，Irani and Oesch（2013）研究发现分析师覆盖减少会导致企业财务报告质量下降，信息含量减少，且在股东权利保护水平较低的企业中此负面效应更加明显，显示出分析师治理与其他公司治理机制之间存在替代效应。Derrien and Kecskés（2013）考察了分析师覆盖对企业实体运营的冲击，发现外部分析师追踪减少后，企业与市场的信息不对称程度加剧，企业的融资成本上升，融资规模及投资水平下降，企业未来发展空间受到影响，更易错失市场机会。Chen et al.（2015）从股东权益和代理成本视角，研究发现分析师对企业保持关注能有效抑制企业内部管理层对股东利益的侵占行为，具体表现在自由现金持有、CEO超额薪酬、过度投资与盈余管理等。当企业失去分析师监督后，市场会及时调整对其代理成本预期，并嵌入股票价格中，最终影响股东利益。

为了提高企业透明度、提升市场价值，管理层会主动对外披露更多高质量信息，在弥补分析师关注不足的同时，与外部信息中介形成合力，减少企业与外部资本市场的信息不对称性，增强股票流动性，拉升公司的市场估值（Kelly and Ljungqvist，2012；Balakrishnan et al.，2014）。从分析师角度，现有研究发现分析师与目标企业之间的地理距离是影响企业分析师覆盖度及市场可见度的重要因素，分析师更偏好对本地企业施以更多的追踪关注，并能充分利用地缘优势下的信息便利，在分析报告披露上更加灵活（O'Brien and Tan，2015）。同时，他们也可以借助飞速发展的交通运输网络增加对目标公司的实地调研走访，更为积极主动地收集更多企业软信息，增强信息生产、分析能力，在提高分析报告准确性和投资建议质量的同时进一步加强对目标公司的监督约束（Cheng et al.，2016；Chen et al.，2022）。从业界实践角度，我们还可以观测到专业公司治理分析师的存在，他们充分发挥专业优势，更加专注于企业的公司治理问题，向市场传递高质量的公司治理分析报告，监督约束企业改善公司治理，进而收获更广阔的融资市场和未来发展机会，在提高投资者认可度的同时提升企业价值（Lehmann，2019）。

除分析师外，审计师也是资本市场中必不可少的服务中介组织。值得一提的是，在公司治理领域提到的审计机构一般指会计师事务所，此时审计师即是事务所里由注册会计师领衔的审计业务团队。我国《公司法》规定，公司应当在每一会计年度终了时编制财务会计报告，并依法经会计师事务所审计；公司应当向聘用的会计师事务所提供真实、完整的会议凭证、会计账簿、财务会计报告及其他会计资料，不得拒绝、隐匿、谎报；监事会（监事）发现公司经营情况异常，可以进行调查，必要时可以聘请会计师事务所协助其工作。由此可见，以主持审计项目、发表审计意见、签署审计报告为核心要务的审计师（注册会计师）以独立、客观、专业的视角对企业财务报告进行信息鉴证，确保企业真实、准确、完整、及时地向外部投资者披露企业的财务状况和经营成果，在完善资本市场和改善公司治理中发挥重要作用。

在审计研究领域，DeFond and Zhang（2014）围绕审计质量进行了非常系统全面的文献综述。他们将审计质量定义为财务报告质量的更高鉴证程度，主要受企业内在特征与财务报告体系质量影响。审计质量的度量指标一般包括基于产出的审计质量指标和基于投入的审计质量指标两大类，前者主要包括重大错报、审计意见、财务报告质量、政府监管等，后者主要指事务所资质及实力、审计费用、审计时间投入等。在此分析框架指引下，学者们对审计师与公司治理研究做了很多有益的探索，为业界实践贡献了大量的经验启发。

蔡利等（2015）指出，审计师能够有效识别企业的真实盈余管理，并将其作为风险因素在审计业务承接和审计定价决策中加以考虑。当事务所对企业真实盈余管理下的审计风险评估为可接受时，事务所更倾向于保留客户并通过额外增加审计时间、更换审计团队等策略来降低审计风险。Lennox et al.（2016）研究发现，年末审计调整有助于平稳盈余水平，增强绩效表现的持续性，提高整体盈余质量。当然，管理层也有可能利用自身的财务会计知识储备鼓励扭曲企业信息披露、降低财报质量、增加财务风险（Albrecht et al., 2018）。因此，在审计质量提升上，我们必须加强对事务所质量、声誉、地理距离、在任期限等因素的综合考虑，始终关注审计师的独立性地位，确保其能以专业、严谨的职业态度切实履行对受托企业的监督、鉴证职能（Beck et al.，2019；Patterson et al.，2019）。

知识经济时代，资本市场上不断涌现的各类专业咨询公司也是企业公司治理的重要外部参与者。Malenko and Shen（2016）、Malenko and Malenko（2019）研究发现，投票咨询公司能通过对公司及行业信息的充分收集和专业分析，为股东投票决策建言献策，帮助股东为管理层定制效率更优的薪酬激励体系，在帮助企业节约管理成本的同时提高管理层的积极性和工作效率。Murphy and Sandino（2020）考察了公司薪酬顾问对 CEO 薪酬设置的话语权，通过实证研究发现，股东会充分重视薪酬顾问的专业建议，基于薪酬顾问的专业建议优化 CEO 薪酬的规模和结构，特别是当薪酬顾问具有更强的独立性和更高的可信度时，其影响效应更明显。

最后，信用评级机构也是资本市场上重要的服务中介机构。信用评级也称资信评级，是由独立的评级机构对影响债务工具发行主体和债务工具（即受评对象）的信用信息进行采集、加工、处理和分析研究，并就受评对象的债务偿还能力和意愿进行综合性预测和评价，用简单明了的符号表示其信用风险的大小。信用评级机构是信用评级的主体，在进行信用评级业务时具有独立性和专业性，有助于缓解参与主体间的信息不对称，揭示受评对象的信用风险，提高市场交易效率，促进公平交易，在完善社会信用体系建设的同时起到改善微观企业公司治理的作用。Caton et al.（2011）、李琦等（2011）等研究发现，信用评级机构能有效"刺穿"企业的盈余管理行为，震慑企业放弃无效的误导企图，把时间和精力投入切实改进公司财务质量的工作中。

（三）新闻媒体治理

以电视、报纸、杂志等为代表的传统媒体和以微博、微信、公众号等为代表的新型社交媒体通过对信息的采集、分析、披露及传播，来影响、协调公司治理框架下各参与主体间的相互关系，在发挥降低信息不对称性、提高市场透明度的信息中介职能的同时，践行对市场主体的监督约束功能，并通过自身引导舆论走向的可能性进一步加强对企业管理层等内部控制者的有效威慑，是重要的外部公司治理力量。

媒体对资本市场的作用主要通过自身发挥信息中介职能进行传导。媒体通过广泛的新闻报道活动收集、加工并传播信息，提高信息传播效率，塑造资本市场赖以生存的信息环境，降低由信息不对称导致的效率损失（Bushee et al.，2010）。媒体还可以通过为信息知情者（如内部员工、外部分析师等）搭建信息中转平台，充分挖掘集体智慧，在提高信息含量的同时进一步促进特质性信息的传播，提高资本市场的定价效率（Huang et al.，2020；于李胜等，2019）。Peress（2014）基于跨国研究，以报刊媒体罢工为外生事件，实证媒体在金融市场中扮演的重要角色，即媒体罢工后，股票交易量显著下降，股价内嵌的信息含量减少，市场效率受损。

媒体报道能吸引甚至有意识地引导投资者有限的注意力，进而影响其投资分配的行为决策，拉升股票交易量，增强市场流动性（Engelberg and Parsons，2011；张圣平等，2014）。媒体报道还可以将好消息的价值迅速嵌入股票价格中，提高定价效率，减小盈余惯性。具体来说，媒体报道通过向市场释放定价信息，调整投资者对企业会计信息质量以及未来盈利能力的预期，并及时将其反馈到股票价格中（Drake et al.，2014；汪昌云等，2015）。同时，媒体将更多公司层面的特质性因素嵌入股票价格中，降低流通市场上的股价同步性，进一步提高资本市场的定价效率（黄俊，郭照蕊，2014）。在实现途径中，媒体通过调整其遣词造句、语气语调、报道倾向等方式，潜移默化地影响信息受众对企业基本面的认知以及对经营风险的感知，进而影响股票价格及交易量（Tetlock，2007；Tetlock et al.，2008；Ahern and Sosyura，2015）。

除对个人投资者有影响外，媒体报道同样会影响专业机构投资者的交易行为。Huang et al.（2020）将美国机构投资者的高频交易数据与新闻报道数据库相结合，发现机构投资者擅长迅速从媒体报道的语气语调中提取关键信息，并相应调整投资策略，以取得良好的预期回报。机构投资者也在反应敏捷的信息处理过程中促进价格发现，提高市场运行效率。事实上，在人工智能与大数据科技蓬勃发展的时代背景下，不仅是传统媒体从业者，新闻机器人同样能通过处理、编辑并发布标准化的新闻报道，促进信息传递，提高市场交易水平（Blankspoor et al.，2018）。智能机器人将解放记者，使之专注于更复杂、更有技术含量的报道工作，提高新闻传播效率，促进数字媒体的跨越发展。当然，我们也必须认识到媒体报道的"双刃剑"效应，特别是对于信息甄别能力不足的个人散户来说，缺乏实质信息的新闻报道反而会扰乱行为决策，阻碍投资效率最优化（Bushee et al.，2020）。

媒体在尽职尽责对市场信息进行收集与传播的过程中，同时践行着对市场主体的监督职能。从公司内部监督看，媒体的尽责调查与深度曝光能有效遏制公司的徇私、欺诈、舞弊等违规操作（Miller，2006；李培功，沈艺峰，2010），规范高管薪酬设置（Core et al.，2008；杨德明，赵璨，2012），提高董事会运作效率（Joe et al.，2009），约束内部人交易（Dai et al.，2015），优化包括现金持有与投资决策、兼并收购、税收筹划在内的资源配置行为（Liu and McConnell，2013；Chen et al.，2019；Ang et al.，2021；罗进辉等，2018）。

在对外部第三方服务中介的监督上，媒体报道通过提高目标企业的公众曝光度对外部审计师产生执业压力，促使其更加考量审计失败的风险成本，收取更高的审计费用以纳入更多的审计程序，并采取更稳健的审计方式，谨慎发表审计意见（Wu and Ye，2020）。尤其是当审计客户遭遇媒体负面报道时，审计师易调整对企业破产及诉讼风险的预期，发表更为保守的审计意见，变更审计师，甚至解除业务关系（Joe，2003；刘启亮等，2013）。除会计师事务所外，信用评级机构也会动态评估声誉风险，更为及时、准确、稳健地发表客户单位的评级等级和违约风险（Bonsall IV et al.，2018）。

受益于媒体监督下的信息透明度提高与公司治理改善，企业能在资本市场上获得更优越的融资成本，增强发展竞争力（Gao et al.，

2020），同时在媒体压力下承担更多企业社会责任，如增加环保投资、加强环境治理（王云等，2017）。但媒体压力也可能扭曲企业正当的长期发展规划，迫使管理层顾忌即时业绩表现而滋生短视行为，如操纵应计项目的盈余管理、减少企业创新研发投资，从长远角度看损害企业的可持续性发展能力（于忠泊等，2011；杨道广等，2017）。

世界范围内，绝大多数媒体的最终控制权都掌握在政府或私人家族手中，媒体因其特殊且高度集中的所有权属性天然易遭受政治压力，弱化本应发挥的监督职能，扭曲市场运行效率（Djankov et al.，2003）。除政治压力外，媒体还会受到来自企业的压力。企业为了维护自己的声誉资本，极有可能在重要时点积极向媒体施压，以推迟甚至封锁负面新闻的披露，阻碍媒体在资本市场上充分发挥信息中介和市场监督职能（Baloria and Heese，2018）。举例来说，上市公司在并购交易中，为了操纵股价以攫取谈判优势，可能会驱使媒体在交易公开披露日前加大新闻报道力度，在鼓吹造势中达到抬高股价的目的（Ahern and Sosyura，2014）。上市公司还有可能在再融资前夕与媒体合谋炒作推高股价，获得额外收益后，公司股价回落，损害市场效率（才国伟等，2015）。

与此同时，媒体记者、主编等从业者也有可能不顾职业素养与道德操守，从事不正当行为，如向公司威逼利诱、索要贿赂，甚至明目张胆地敲诈勒索（Li，2013）。2014年，21世纪报系特大新闻敲诈案曝光，21世纪网被指通过指使旗下媒体记者刻意挖掘企业的负面新闻，敲诈威胁对方以"合作费"方式支付高额媒体封口费，对投资者信心以及公众对媒体的角色认知造成极为恶劣的影响（金宇超等，2018）。

从概念看，媒体偏差指媒体从业者在从事实到新闻报道的加工过程中施加的足以影响读者事实判断的系统性偏差（Gentzkow et al.，2015），具体形式上包括从遣词造句、语气语调、情感倾向等方面对客观事实施以主观影响（Puglisi and Synder Jr，2015）。从报道质量看，相较于以政治导向为主的官媒，市场化程度较高的商业媒体更能充分发挥对资本市场的外部监督功能（You et al.，2018）。

关于媒体偏差的影响因素，除了相对外显的因素，比如媒体为了竞争市场份额而迎合读者需求（Gentzkow and Shapiro，2010），为了提高广告收入而与利益相关方合谋（Germano and Meier，2013），或是受政治压力驱使等，还存在一条更为隐蔽的关系链，包括资本市场大鳄收购媒体集团形成"股权链"（Ru et al.，2020）、媒体与企业通过信息披露等业务关联形成"业务链"（薛健，汝毅，2020），以及媒体与企业管理层之间存在私人社会关联（Ru et al.，2020），这些更为隐蔽复杂的关系链同样能对关联媒体报道的信息含量、态度倾向以及可靠程度产生重大影响。综上所述，我们在关注新闻媒体的公司治理功能的同时，必须高度认识到媒体角色的复杂性甚至双重性，去伪存真、去粗取精，引导媒体充分发挥其积极治理作用。

（四）产品竞争市场治理

作为自主经营、自负盈亏、独立核算的法人组织，公司能长久存续发展的关键在于最终能顺利通过市场检验，完成与消费者的成功对接，并形成稳定牢固的生产销售闭环。产品竞争市场不仅能帮助企业动态调整经营方向，探索出最符合企业实际且利益最大化的商业模式，维护市场份额和市场地位，还为检验企业经营效率与治理质量提供了绝佳的客观场景。以大股东和管理层为代表的内部控制人通常无法隐瞒市场竞争失败下的企业价值损失，他们必须努力勤勉地工作，一方面带领企业在竞争市场中生存并发展，避免自身因企业经营失败而被解聘辞退丧失工作机会；另一方面，来自市场的实际经营业绩对比也能客观传递管理层的职业能力和业务水平信息，直接影响管理层在外部职业市场的声誉和发展机会。由此可见，产品竞争市场是另一行之有效且鲜受内部人操纵的外部公司治理机制，特别是当公司内部治理结构尚未建立完善时，来自产品竞争市场的监督约束力量将实际扮演更为重要的公司治理角色。

现阶段就产品竞争市场治理效应的研究主要集中在行业层面。Giroud and Mueller（2011）研究发现，行业竞争环境可以有效督促企业时刻保持警醒，提升生产效率，降低成本费用，增强投资有效性，创造良好的经营绩效，以在激烈的市场竞争中生存发展，维护良好的市场形象。他们指出，充分的外部行业竞争生动诠释了物竞天择、适者生存的商业文化，驱动管理者始终保持危机意识和战斗姿态，提高企业的经营管理水平，因而是切实有效的替代性治理机制。对此，Dasgupta et al.（2018）也提供了支撑性经验证据，他们发现当行业竞争加剧时，企业 CEO 的变更概率提高且对绩效的敏感性增强，尤其是在公司治理质量较差的企业；新进 CEO 通常拥有更优的从业背景，能为企业的生产经营改善贡献力量。当然，产品竞争市场也有可能对公司治理产生负效应。王红建等（2015）研究发现，当管理层预期公司盈利水平低于行业平均盈利水平时，特别是当企业面临更大的产品市场竞争压力时，管理层更有动机进行正向盈余管理，美化自身业绩。曾伟强等（2016）对行业竞争程度进行更为细致的划分，发现当行业竞争程度较低时，行业竞争与企业盈余管理呈现负相关，体现出外部治理效应；但当行业竞争程度较高时，行业竞争将诱导企业进行正向盈余管理，在处于竞争劣势的国有企业中诱导效应尤为明显。另外，在对行业竞争程度及竞争对手的识别刻画上，除了传统的赫芬达尔指数等，Hoberg and Phillips（2016）通过对企业公开信息披露中主营产品的文本分析构建了产品相似性指数，进而更为科学地确定了企业的竞争对手和竞争优势，量化了行业竞争对企业经营政策的影响。

　　当然，对产品竞争市场的关注不应仅仅局限在行业层面。实际上，行业层面的竞争态势在整体商业周期中已经是最后一环的竞争结果，我们更应该把注意力前移，探索竞争局面背后的深层驱动因素：企业为何选择该竞争市场，又为何在商业竞争中居于优（劣）势？此时，消费者及潜在市场的重要性便凸显出来。在市场经济中，顾客资本是企业赖以生存的基础性无形资产，客户关系是企业在市场竞争中保持优势地位的关键，对现存及潜在消费群体的高度重视贯穿企业从创业到守业的全生命周期（Gourio and Rudanko，2014；Dou et al.，2021）。在创业伊始，创始人及其合作团队亟须敏锐把握消费者需求，找准赛道，选择最具比较优势的产业及行业方向。在创业过程中，企业更需实时跟进消费市场上的需求动态，根据消费者反馈及时调整生产计划，改进产品设计，深耕功能创新，以更符合用户需求，进而在市场竞争中居于优势地位。同时，企业还需高度重视消费者关系维护。企业与消费者之间高质量的互动关系不仅有助于保持客户基础持久稳定，还能为企业收集更为积极且富有建设性的用户反馈，帮助企业进一步改善产品研发，提高服务质量，在瞬息万变的市场中巩固并扩大竞争优势。由此可见，消费者是企业不可忽视的驱动力量，通过消费者群体收集、积累的大数据资源就构成了企业不可复制的专用资产。

受限于大样本及度量维度的可得性，现有公司治理研究中聚焦消费者治理的学术成果还相对有限。Huang（2018）基于从亚马逊网站上收集的 2004—2015 年间共计 1 450 万条顾客产品评价数据，通过科学严谨的数据挖掘和数据分析，发现消费者评价对于资本市场来说具有额外信息含量，消费者评分对于企业未来的营业收入及利润状况具有显著预测力，值得市场在做企业基本面分析及股价走势展望时加以重视。Dai et al.（2021）研究发现，消费者在企业及其供应链系统中扮演重要角色，注重企业社会责任的顾客群体能显著影响企业对包括供应商在内的合作伙伴的选择过程，进而使得社会责任观沿企业供应链传播扩散，在提升整体社会责任承担水平的同时改进经营绩效表现，共同提高企业价值。虽然目前关于消费者治理效应的大样本实证研究相对缺乏，但我们可以预期，伴随数字技术的崛起，会有越来越多的企业、机构、中介组织参与消费终端信息的挖掘开发，来源各异的结构化和非结构化数据将被更为高效、高频、高质量地捕捉收集，为未来学术研究奠定扎实的数据基础和提供充分的研究条件。

（五）债权人治理

企业主要的外源性债务融资渠道一般包括向银行申请的中长期贷款，以及以企业为主体面向市场发行的各类公司债券，约定在一定期限内还本付息。因此，以银行、机构投资者为代表的债权人同样是企业资金的重要提供者，他们既是企业经济利益的分享者，也是企业经营风险的共担者。当企业因经营不善陷入重组或破产清算困境时，债权者的资金安全和合理回报同样未必能得到足额保障。因此，债权人虽然一般无权直接干预企业经营，但也是公司治理质量改善的重大受益者，在公司治理体系中扮演重要角色。他们通常在与企业签订债务契约时即明确自己介入公司治理的时机、方式和程度，并通过各种保护性条款（具体包括肯定条款、消极条款和财务条款）对内部控制人施以必要限制，减少后者对企业自由现金流的低效滥用甚至挥霍浪费。

就治理矛盾来说，不仅债权人需面对传统股东与管理层之间的委托代理成本，而且管理层有可能以损害企业利益为代价攫取控制权私利，随意支配企业自由现金流量，过度投资甚至进行帝国扩张，在损害股东与公司整体利益的同时也在侵害债权人利益。同时，他们也面对着自身与股东及管理层之间的新型利益冲突，即债务代理成本，具体包括两种典型形式：一是当企业股东与债权人之间存在利益冲突时，管理层代表股东利益选择高风险的投资项目，特别是当企业陷入财务困境（如高杠杆）时，股东甚至有动机投资于净现值为负的高风险项目，这就提高了债务资金的实际风险水平，把债权人的财富转移到股东手中；二是当公司债务比例很高，尤其是债务中附带优先获得现金流权的条款时，股东常常会放弃净现值为正的无风险或低风险项目，由债务悬置引发的投资不足矛盾就会产生。

当然，整体来说，来自债权市场的债权人监督仍然是一种行之有效的约束机制，在公司治理中发挥重要作用。债务合同下相对严格的本息按期偿还压力能有效发挥硬预算约束功能，约束管理层的利益侵占和过度投资，减少对自由现金流的浪费，以防企业因无法按期还款而面临债权人接管控制权的风险。同时，债务合同中的各种一般性及特殊性保护条款也能通过对借款企业提出一些有助于保证借款按时足额偿还的条件（如流动资金保持量、限制其他长期债务、定期提交财务报表等），起到对其经营行为的监督制约作用。最后，债权人还能充分利用破产清算机制及时收回对举债企业的实际控制权，解散不称职的管理团队，尽可能减少投资损失。

从学术研究视角看债务违约的经济后果，Roberts and Sufi（2009）基于对美国上市公司债务合同条款违约数据的研究，发现当企业违反债务合同条款规定时，企业控制权将依据信贷合约向债权人转移，债权人权力加强，采取包括加速贷款收回、提前终止信贷合同等在内的应对措施。企业后续在债务资本市场上的融资能力下降，贷款利率上升，资金来源减少，新增净债务水平下降，由此，企业信贷违约会加剧企业与其债权人之间的利益冲突，进而影响未来公司金融及公司治理政策。Vig（2013）以印度证券化改革为背景，发现当债权人权力加强时，企业将相应调整投融资政策，尤其是减少担保贷款及降低总负债水平，缩短负债到期日，缩小企业扩张规模，同时在企业内部增强流动性，以避免流动性危机下企业控制权向债权人倾斜的可能。Ersahin（2020）则发现，强劲有效的债权人保护能显著帮助关联企业放松融资约束，扩大融资渠道，缓解企业对陷入财务困境可能性的忧虑，进而鼓励企业适度承担经营风险，积极更新生产技术，提高全要素生产率。当然，对债权人的权利保护必须坚持适度原则。债权人天然具有突出的投资谨慎、风险规避特征，其过于稳健保守的行事偏好可能会抑制勇于冒险、创业创新的精神风貌，创业者不愿利用债务融资为企业成长提供更加充分的资金支持，企业的发展潜力及上升空间就会受到限制，这不利于社会创新文化的培育发扬，对经济结构的转型升级也具有一定的制约（Ersahin et al.，2021）。由此可见，我们应深刻认识到债权人治理机制的两面性，在实践过程中通过对信贷合约的优化设计扬长避短，激发债权人治理的积极效应。

在债权人治理的具体路径上，控制权转移背景下债权人对企业日常经营决策的深度参与有助于加强对管理层的监督约束，控制管理层自利下的委托代理成本，增强企业会计稳健性和提高企业财务报告质量，限制内部控制人的投机行为及其对债权人利益的侵占剥削（Nikolaev，2010；Aier et al.，2014；Balsam et al.，2018）。此外，在公司投融资政策上，债权人涉入威胁能显著降低公司投资决策的风险承担水平，甚至导致公司盲目从事低价值收益的分散化投资（Acharya et al.，2011）。企业会显著降低并购、资本支出等的投资规模，调整负债水平及股利发放政策，必要时更换CEO以扭转经营局势（Nini et al.，2012；Chu，2018）。除此之外，Ersahin et al.（2021）利用美国统计局的微观企业数据，发现企业在债务违约后会及时调整经营政策，优化企业资源配置，关闭非必要生产线，裁汰冗员，收缩过度投资，提高生产经营效率，逐步修复企业价值。由此可见，债权人治理可以作为企业传统委托代理成本的替代性治理机制。

银行信贷在企业债务融资中的比例举足轻重，以银行为代表的金融机构也在债权人治理中扮演重要角色。银行在其信贷资源发放过程中，通常会在事前全面评估拟授信对象的基础信息、股权情况、经营模式、财务状况、重大事项、资金需求等各项指标，全面、动态地判断借款人的还款能力及还款意愿。在贷款发放后，银行会继续积极参与信贷管理，要求企业定期报送财务信息，及时与第三方审计师、分析师等沟通交流，并适时开展现场调查和实地分析，切实履行监督职能，提升企业财务质量和经营表现，确保自己能按期收回本金并取得合理投资回报（Shan et al.，2019；Gustafson et al.，2021）。除此之外，银行关联董事也能从个体层面积极履行监督建议职能，特别是在产业政策不支持行业的企业中，银行关联董事能更加有效地发挥监督作用，通过对董事会的重大投资决策投非赞成票的方式阻止企业过度投资，进而促进企业价值提升（祝继高等，2015）。当然，银企信贷关系在建立过程中离不开人的参与，而关系网络下的人际关系有可能诱发新的委托代理成本，扭曲正常的资质审查、信贷发放流程。对此，Hertzberg et al.（2010）提出，在银行内部建立信贷专员定期轮换制度对于遏制信贷决策中的道德风险具有重大意义，能有效规范和约束信贷专员以专业、客观的职业态度从事贷款审批工作，遏制他们利用职位便利向资质不够的贷款人发放人情贷款、关系贷款等行径，维护银行的贷款利益。他们还发现信贷专员轮岗前的信贷审核报告描述更为精确，披露风格更为稳健，具有更高信息含量，表明来自岗位轮换的压力能有效规范信贷专员的工作流程，以免留下职业污点而被继任者发现，影响自己的职业声誉和职位安全。

(六) 监管者治理

最后，我们还需认识到，由于信息不对称以及市场外部性的存在，市场失灵现象时有发生。同时，在快速发展创新的资本市场实践下，法律体系可能会落后于社会实践，表现出不完备性，因此，引入政府权威、加强政府监管是不可或缺的外部公司治理机制。政府监管通常包括法律监管、行政监管、市场环境监管以及信息披露监管。从政府监管的经验证据看，Kedia and Rajgopal（2011）研究发现，在监管力度上，受时间、精力等资源约束限制，美国证监会（SEC）对距离较近的上市公司更能施以包括实地调查在内的有效监管，相关企业在会计政策上风格更为稳健，财务重述明显减少，以免成为监管机构的关注对象。Bens et al.（2016）研究发现，证监会发放的公允价值问询函能有效降低企业在公允价值披露时的不确定性程度，增强会计稳健性，帮助市场投资者建立合理预期。Kubick et al.（2016）聚焦企业税务筹划，发现监管机构能有效识别高税务筹划企业，并以向企业发放问询函的方式警示其遵纪守法、合规经营。实际上，监管机构的有效监管不仅发生在企业成功上市后，还贯穿于拟上市企业的准备工作期间。Lowry et al.（2020）研究发现，证监会在企业上市前夕即已密切关注其关键信息披露质量，尤其是关乎企业长期经营发展潜力的收入认定部分。监管者的充分关切有助于提高企业信息披露透明度，但同时也可能延迟企业的上市进程。

近年来，基于中国资本市场监管环境的研究发现，对上市公司违规情况的监管有助于提升公司透明度，降低市场不对称性，将更多高质量的企业异质性信息嵌入公司股票价格中，提高市场定价效率（顾小龙等，2016）。收到交易所财务报告问询函的上市公司显著减少其盈余管理行为，减少幅度与收函次数呈正相关（陈运森等，2019）。此外，被问询公司事后还会更为积极地向市场披露预测精确度更高、文本质量更好的业绩预告,特别是当问询内容越严肃、回函措辞越详细时,提升效应越显著(李晓溪等,2019)。

四、制度环境与公司治理

良好的企业经营发展和公司治理成果还根植于具体的制度背景及发展环境(North,1991;Xu,2011)。借鉴前人研究思路,我们将宏观层面的制度环境分为正式制度环境与非正式制度环境,前者包括国家(地区)层面的法律体系以及产权保护水平,是一套强约束性的契约规范;后者以文化、社会资本、价值观等为主要构成要素,践行力度依赖于社会整体的认知水平。正式制度环境与非正式制度环境相互刺激并互为补充,共同指引国民经济及微观企业发展路径,是重要的公司治理机制。

(一)正式制度环境

1. 法律机制

公司治理是一整套确保投资者的资金安全并能按时收回合理回报的基础性制度安排,除了前文已系统梳理的企业内部治理结构及外部治理机制,一个国家(地区)对投资者权利的法律保护体系毫无疑问也是影响微观企业公司治理质量的关键要素和重要环节。法律制度是界定及保护投资者权利最基本、最重要的实现手段,完善的法律体系为公司治理的各个利益相关者设置了明确清晰的行为边界,确保各主要参与者在法律框架内行使投资者权利。从概念定义上说,法律机制指对投资者利益进行保护的所有法律法规以及政府监管的统称,在实践中更多称为投资者保护,具体体现在立法和执法两大环节。自20世纪末以来,以La Porta, Lopez-De-Silanes, Shleifer and Vishny(简称LLSV)为代表的"法与金融"学派创造性地在金融学研究领域引入法律元素,指出国家(地区)的投资者保护程度是决定区域金融发展水平的根本因素,由此开启了学术界从制度层面探索公司治理机制的研究道路(La Porta et al.,1997;1999;2000;2002)。

LLSV研究体系的突出贡献主要是对国家(地区)投资者权利

保护程度的衡量以及对其法律体系的界定。首先看国家（地区）对投资者权利的保护程度，主要包括股东权利保护、债权人权利保护、法律实施质量以及股权集中度。其中，股东权利保护侧重于《公司法》《证券法》《接管法》《反不正当竞争法》等法律制度；债权人权利保护则更为复杂，有担保债权人和无担保债权人同时存在，更加考量国家（地区）关于《银行破产法》《重组法》等法律的立法水平。

就股东权利保护而言，LLSV选择三大类指标进行量化，具体包括是否实行风险与责任相匹配的一股一票原则和同股同权，否则享有超额控制权的大股东将有额外动机侵占、损害享有普通表决权股东的合法利益；是否明确规定强制分红权，作为股东权利保护不足时的替代机制与保护手段；是否明确设置对抗董事的权利，允许股东在参与公司经营决策的过程中可以顺利运用法律武器对抗来自内部人的控制与侵害。其中，对抗董事的权利具体包括六项明细：是否允许股东邮寄表决结果，这直接关乎股东个体出席股东大会、行使投票权的便利性；在召开股东大会前是否需要把股份托管至银行或其他金融机构集中保存，强制托管有可能减弱股东的参与激励；在股东投票时是否设置累积投票制或比例代表制，中小股东是否有发声渠道选出自己的利益代表参与董事会决策；是否存在中小股东对抗董事欺压的法律机制，如公司层面对异议股东的股票回购行为、分散股东的集体诉讼制度；是否允许股东对公司的新发行股票享有优先购买权，以防止自身股票份额被稀释带来的话语权及影响力削弱；召开临时股东大会要求的最低持股比例，过高的持股比例将无形中抬高中小股东积极参与公司治理的门槛。

在债权人权利保护程度度量上，LLSV选择了四个具体指标以便进行跨国分析比较，分别为：该国法律是否要求公司在进行重大重组时必须征得债权人同意，该国法律是否规定公司在进行破产重组时需要冻结抵押资产，该国法律是否规定有担保的债权人在企业启动破产重组时享有第一顺位的求偿权，该国法律是否规定原管理层不得在企业破产重组期间继续经营管理公司。

国家（地区）对投资者权利的保护程度固然扎根于法律条文规定的完善健全，但具体实践落地的法律实施质量也至关重要。在跨国执法质量量化对比上，LLSV 选择了五个衡量指标，具体包括：司法系统的效率，强调司法机构执法的及时性、可预测性和可达性；区域法治水平，用法制化指数构建衡量变量；腐败水平，腐败程度越高，法律实施质量越低；政府剥夺风险，主要侧重于被政府以直接罚没或强制国有化方式进行剥夺的风险；政府毁约的可能性，衡量政府的契约精神，契约精神越强，法律实施质量越高。

在具体的经验证据上，La Porta et al.（1997；2000）通过对全球 49 个国家经济金融发展数据的深入分析，研究发现国家（地区）投资者保护水平越高，公司治理水平越高，包括股权市场和债权市场在内的资本市场在深度和广度上得以充分发展，企业的外部融资渠道更通畅，金融和经济发展水平更高。随后，La Porta et al.（2002）继续对全球 27 个发达经济体的 529 家大公司展开分析，发现：对中小股东的保护程度越高，控股股东的两权分离度越低，中小股东的合法权益越能得到保障，企业估值就越高，市场运行效率就越高。

为什么不同国家（地区）的投资者保护水平参差不齐？La Porta et al.（1999）从法律渊源视角给出了十分富有启发性的解读。他们将法律体系大体分为大陆法系和普通法系，通过实证研究发现普通法系国家（地区）的投资者保护水平明显高于大陆法系国家（地区）。当然，受限于当年的数据处理能力，LLSV 的研究样本并不够充分。2020 年，Aminadav and Papaioannou 整合当今更先进、覆盖面更广的 Orbis、Datastream 以及 Compustat 数据库，追踪全球 127 个国家 4 万余家上市公司的股权结构特征，以大样本分析再次验证法律起源与投资者保护之间的强相关性。从原因看，包括法国法系、德国法系和斯堪的纳维亚法系在内的大陆法系一般可上溯至古罗马成文法，大多为条文形式的规范性法律文件，因此存在极大的"法无禁止则可为"的风险。具体到公司治理来说，大陆法系国家的企业实际控制人可能利用法律体系和法律规定的迟滞或漏洞在为己谋求切实私利的同时又能逃脱法律制裁与惩罚，极大地侵害投资者权利。而以英美法系为代表的普通法系属于判例法，大多基于以往法院的审判判例。在普通法系国家，法律能同社会实践与时俱进，及时对违法犯罪行径的具体内涵做出迅速反应，从而能更好地遏制公司内部控制人利用法律空白实施违法犯罪行为，因而对投资者有更强的法律保护效力。在经验证据上，Friedman et al.（2003）研究发现，法律体系越弱，大股东掏空行为越泛滥。Djankov et al.（2008）通过对全球 72 个国家的大样本研究，再次证实普通法系国家的投资者保护水平特别是对中小股东的保护程度更高，抗自我交易机制越完善，金融市场发展越充分。

从支撑"法与金融"分析框架的更丰富的跨国证据看，Foley and Greenwood（2010）通过对世界范围内 34 个国家的企业的所有权结构样本数据分析，发现尽管新企业在上市之初通常呈现较为集中的股权结构特征，但投资者权利保护较好国家的企业能在上市后更好地抓住资本市场上的发展机会，享受更完善的融资环境，扩大资金募集渠道，进而降低股权集中度，促进股权分散化，缓解大股东与中小股东之间的代理成本问题。Mclean et al.（2012）通过跨国研究发现提高投资者保护水平有助于增强企业的投资-市值敏感性，提高投资效率，缓解外部融资约束，提高市场定价能力。国家（地区）间投资者权利保护水平的对比还会影响其对外资的吸引力，尤其是当两者之间的信息不对称性强及其监督成本高昂时，健全的投资者保护体系有利于减少外资顾虑，扩大融资渠道（Aggarwal et al.，2009；Leuz et al.，2009）。Aragon et al.（2021）以美国对冲基金为研究对象，发现对冲基金在不同国家间的资金流动趋势与国家投资者权利保护的强度及执行力度显著相关，高水平的投资者保护有助于弱化资金流动对基金业绩的敏感性。在投资者保护机制较差的国家，基金经理更有可能从事收益管理，恶化的业绩表现在弱投资者保护的加成下，把投资者暴露在更大的资金风险中，引发资金外流。

伴随"法与金融"学派的发展壮大，更多学者加入并将更广泛的法律体系纳入研究视角，考察法律保护对微观企业行为的影响。

Khurana and Wang（2019）研究发现，国家层面的并购法案显著增强了个体企业被外部市场争夺、控制权转移的威胁，督促企业调整资本结构、优化投资决策、提高董事会监督力度，进而夯实会计稳健性，提升财务管理质量。Huang et al.（2020）基于对企业面临的诉讼风险的外生冲击，发现外部诉讼风险能有效制约管理层的真实盈余管理行为，限制其短视和机会主义行为，促进高质量的信息披露，降低内外信息不对称性，提高公司治理水平。在对中国政策法规的研究上，陆瑶等（2017）研究发现劳动法及最低工资水平提高显著增加了企业的用工成本，进而降低其账面利润，驱动管理层提高公司的盈余管理水平。王兰芳等（2019）也发现，在法制环境较差的地区，企业研发"粉饰"概率显著提高，企业不惜代价维护其在资本市场及投资者眼中的形象。

实际上，中国发展的法律制度背景更为复杂。Allen et al.（2005）、Xu（2011）等相继提出发人深思的"中国经济增长之谜"，即为何中国在法律体系不健全、法律执行力度弱、金融体系不完善的背景下，仍能实现国民经济的快速发展？如何调和"法与金融"学派经典理论在中国的"水土不服"？Xu（2011）从中国特殊的行政管理体系视角解惑，他指出在中国"中央集权、地方分权"的行政体系下，地方政府有充分的能动性推动地方经济发展，以谋求更进一步的职业上升渠道。Allen et al.（2005）则从非正式的制度安排入手，提出在正式制度相对不完善的中国，非正式制度可以发挥替代性和补充性作用。尽管国家经济金融资源显著向国有企业和上市公司倾斜，但基于声誉和关系等的非正式制度在公司金融和公司治理中发挥重要作用，有力支撑了民营经济的发展，为国民经济腾飞贡献了巨大力量。Long（2010）研究指出，尽管中国整体的法制环境还有待完善，但发展中的法律体系还是优于之前关系主导型的治理体系，为企业之间的争议提供了更多依法处理渠道，有助于推动企业充分运用法律武器保护自身合法权益，进而增加投资，鼓励创新，促进商业模式升级。

2. 产权保护

除法律制度外，产权保护水平也是影响公司治理的重要因素。我国自 2007 年推出并施行《物权法》（于 2021 年废止，被《民法典》取代）。Berkowitz et al.（2015）研究发现，《物权法》引入后，债权人及民营企业的财产保护权得以加强，进而提升了企业价值，拓展深化了企业发展潜力。

在当今时代背景下，对产权保护概念的重视与强化更具深远意义。(1) 目前我国国有企业混合所有制改革已进入三年"攻坚期"，"产权明晰、权责分明"是推进股权多元化的基础和保障。充分保护非国有投资者特别是民营投资者的合法财产权益，既是我国法制建设的重要环节，也是时代发展的迫切需要。(2) 伴随《证券法》修订与上市制度改革，科创板已正式推出并蓬勃发展，允许不同股权结构公司上市是其相较主板、中小板及创业板的显著特征。如何在双重股权结构或有限合伙架构下保护各参与主体的合理权益，如何协调特殊股权架构下的委托代理问题，成为急需研究者充分关注的现实课题。

(二) 非正式制度环境

1. 文化

文化，从概念界定上指通过教育和模仿实现代际传播的影响行为的知识、价值等因素，包括人们在社会交往过程中自发形成的、无法依靠权力结构等正式制度实施的、用以约束组织或个体自利行为的非正式社会规范，是重要的行为"软约束"，进而成为影响微观企业公司治理的又一力量。文化会影响经济发展水平吗？Guiso et al.（2006）对此提出问题并加以解答。文化通过塑造个体的信念、偏好、价值观等思想认知影响其目标函数、激励驱动及执行能力，进而对社会整体的经济生活面貌产生广泛而深刻的影响。此后，以异质性文化为核心要素的非正式制度环境如何影响微观企业公司治理方式逐渐进入学者的研究视野。Guiso et al.（2015）基于员工问卷调查企业文化是否会影响企业绩效表现，发现当员工认为公司高管值得信赖且道德操守强时，他们更有内驱力努力工作，进而推高公司发展水平。在政策启示上，管理层需注意健全公司治理机制，将正直、守规等价值观内嵌到企业文化中，并被广大员工认同、遵守和分享，通过提升企业文化软实力提高企业的核心竞争力及经济表现。Graham et al.（2022）通过向数千位北美公司高管发放问卷，探索企业文化的核心内涵及其对企业经营表现的影响。他们从七大维度度量企业文化：灵活性、团队合作、社会性、顾客导向、细节导向、诚实正直以及结果导向；从三大层次量化企业经营表现：道德准则（包括遵纪守法、税务合规、财报质量等）、创新性（包括创造性、冒险性）、生产经营结果（包括企业价值、利润水平、生产率）。调研结果显示，在1 348位高管中，92%的受访者认为提升企业文化有助于增加公司价值，79%的受访者把文化摆在驱动企业价值的关键要素位置，84%的受访者认为其公司需要在文化领域有所转变突破。由此可见，塑造企业文化在企业实务中同样具有重要意义。

在具体的公司经营及公司治理实践上，Ahern et al.（2015）研究国家文化（信任、等级及个人主义）对跨国并购交易的影响，发现两国之间的文化距离越近、文化认同越一致，跨国并购交易越密集、协同效应越显著。Fisman et al.（2017）通过对企业信贷合同的深入解剖，发现借贷双方的文化认同度能有效缓解交易中的信息不对称，促进融资市场的发展，为资金需求方争取更优惠的借款成本和更充裕的资金支持。Pan et al.（2020）则将研究对象聚焦于CEO个人特质，发现随时间代际传承的文化影响并塑造了CEO的观念认知及风险偏好，即CEO于潜移默化中受规避不确定性文化传统的影响越深，工作过程中主持并购交易的可能性越低；即使发起此类交易，他们也更倾向于选择自己更为熟悉、被并购方更容易被整合的标的。在重视无形资产价值的今天，文化传统对公司治理乃至对实体经济的影响，将继续吸引学术界的研究目光。

我国拥有源远流长的文明和地区差异显著的文化，为文化的治理效应提供了良好的研究土壤。郑志刚等（2012）研究发现，上市公司任人唯亲的董事会文化会加剧管理层超额薪酬问题，损害公司和股东利益。杜兴强等（2017）则转向我国根深蒂固的集体主义文化，关注论资排辈的传统儒家文化如何影响独立董事的谏言行为，研究发现公司 CEO 的任期越长，独立董事发表异议的频率则越低，这说明论资排辈的文化观念会损害独立董事积极发挥监督和咨询职能，阻碍公司治理水平的提高。胡珺等（2017）从我国深厚的乡土依恋和家乡认同角度，研究发现高管对家乡的认同感能显著影响公司的环境治理行为，即当董事长和总经理在其家乡地区任职时，公司的环境投资显著更多。

2. 社会资本

社会资本理论是非正式制度环境研究下另一个正在兴起的学术派别（李维安，齐鲁骏，2017）。社会资本的强度依赖于由血缘、关系或共同经历（如同事、同学、朋友等）交织成的社会网络，以及个人在此网络中具体所处的位置；个人能从社会关系网络中撬动或挖掘的人际资源越多，其社会资本水平就越高。社会资本通过非正式的契约关系促进资本市场及国民经济的发展，特别是当正式的制度环境发展尚不完善时，非正式的社会资本能形成良好的替代和补充（Guiso et al.，2004）。公司所处的社会资本环境能有效限制管理层的自利空间（如管理层薪酬规模、股权激励结构等），降低委托代理成本，提升并维护公司整体价值（Hoi et al.，2019）。

关于同事型社会联结资本的经济后果，Khanna et al.（2015）研究发现，CEO 基于聘任合同与公司高管及董事之间架构的社会联结会显著提高其欺诈行为概率，帮助其隐瞒不法行为，降低被及时发现的风险，甚至在被发现时也不会被轻易解雇，这就证实工作伙伴关系可能会削弱委托人的监督约束效力。Lennox（2005）以会计师事务所审计师为研究对象，发现当企业高管曾经在审计企业的会计师事务所任职时，关联高管所在企业更可能收到标准无保留审计意见，其个人的离职概率显著更低，企业和个人都能从工作经历的关联关系中切实受益。吴溪等（2015）聚焦我国上市公司的独立董事聘请过程，发现当公司聘请来自主审会计师事务所的职员担任独立董事时，现任独立董事与审计师之间的合作程度更高，但独立董事的独立性受到影响；当公司聘请有过事务所从业经历的专业人士担任独立董事时，独立董事与审计师的独立性明显增强且合作程度较高，审计过程最严格；当公司聘请主审事务所以外的正在从业者时，由于此时独立董事对现任审计师的业务构成竞争威胁，审计师对客户的审计过程最为宽松。由此可见，基于工作关系架构起来的社会资本会通过影响利益主体的独立性产生真实的经济后果，值得资本市场多加关注。

关于同学型社会联结资本的经济后果，Cohen et al.（2010）研究发现卖方分析师与公司高管之间共同的教育背景有助于其在信息收集及解读上建立更多私人渠道优势，获得更多关于目标公司的关键内部信息，进而给出更高质量的推荐评级和分析报告，这彰显出校友关系的巨大溢价。Guan et al.（2016）通过研究公司高管与审计师之间的校友关系网络，发现受校友关系影响，关联审计师更可能出具对管理层更有利的审计意见，但相关公司的财务会计质量显著更差，具体表现在企业可操纵性应计利润水平更高、更可能出现财务重述、盈余反应系数更低。与此同时，关联审计师的服务报酬更高，公司利益进一步受损。李莉等（2020）则关注董事长与高校独立董事之间的"类血缘"师生关系，发现此关系能够促进董事长与高校独立董事之间的互相信任，增强交流沟通，降低信息不对称，最终缓解代理问题，降低企业代理成本。

关于朋友型社会联结资本的经济后果，Hwang and Kim（2009）研究发现公司董事与CEO之间的经济利益关系或社交关系会显著损害董事会独立的监督建议职能，而关联CEO薪酬水平更高，薪酬-绩效敏感性以及职位变更-绩效敏感性更弱，说明不合时宜的社会关联抬高了企业的委托代理成本，损害了公司整体利益。Bruynseels and Cardinaels（2014）发现，当公司的审计委员会成员与其CEO之间存在私人朋友关系时，相关企业外聘的审计服务项目显著减少，企业盈余管理行为增多，审计师较少出具对管理层不利的审计意见，审计委员会的独立监督职能大为削弱。

综上所述，社会资本和人际关系网络对企业经营决策能产生切实的经济后果，也是企业公司治理中不可轻视的重要因素。例如，传统对公司治理实际控制权的研究主要集中于依托资本投入和经济利益产生的股权结构，然而，除显性的股权控制链外，大股东还可以通过隐性的社会资本及关系网络达到即使明面上退居幕后，实际上也能对企业形成有效控制的目的。大股东通过构筑社会资本控制链，以更为隐蔽的方式强化其对公司的控制，甚至操纵企业违规经营，谋求控制权私利，损害公司的整体利益（高闯，关鑫，2008；赵晶等，2010）。进一步研究发现，企业所处的具体经营环境越以非正式的制度环境为主，大股东越有空间通过社会资本控制链加强控制权（赵晶，郭海，2014），提醒研究者需高度重视基于社会资本操控形成的新型两权分离，在此基础上思考如何通过相关机制设计完善公司治理体系。

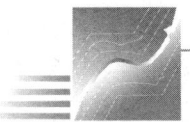

第三章　数字经济时代公司治理研究范式的转变

一、传统公司治理研究的两大基石

通过前面的梳理可以看出，传统公司治理研究起源于内部信息不对称背景下的委托代理成本，而后将外部更广泛的信息劣势相关方纳入分析范畴，探索内外信息不对称交织下的代理成本升级及其经济效率损失。由此可见，信息不对称和委托代理问题是支撑传统公司治理研究的两大基石。然而，伴随数字经济的发展，作为传统两大基石的主体逻辑和研究思路正逐步落后于快速发展的社会变革实践。新经济背景下，公司治理研究新范式的开发势在必行。一方面，数据作为与土地、劳动力、资本、技术并列的新崛起的生产要素，正在成为影响宏微观竞争格局的关键战略性资源，对经济发展、社会生活和国家治理产生根本性、全局性、革命性影响。从积极效应看，数据在驱动企业精准决策、提高资源配置效率的同时，极大削弱了传统社会中由源头闭塞、流通不畅引起的信息不对称。然而，对数据资源的利用效率差异也在悄然构筑更隐蔽的数字鸿沟,诱发新型信息不对称。另一方面,以互联网、大数据、云计算、区块链和人工智能为代表的颠覆性技术正在深度变革企业的经营方式、生产方式和组织方式,重构企业的商业模式、业务模式和盈利模式,以创始人及其核心业务团队为代表的管理层正在企业公司治理中发挥不可替代的关键作用,以"劳动雇用资本"、控制权分配格局向以人力资本和技术资本为代表的创新资本倾斜成为大势所趋,公司治理实践领域的新特征和新面貌急需研究范式的与时俱进。

(一) 信息不对称

信息,是现代经济的核心概念(逯东等,2012),是资本市场赖以存在的基石,是市场交易顺利进行的基本保障,是各利益主体以期获得竞争优势的关键要素。市场整体的有效性取决于信息传播速度与价格发现程度,具有信息优势的交易者可以从尚不完备的市场价格中攫取额外收益(Grossman and Stiglitz,1980)。信息从性质上可以分为硬信息与软信息。硬信息具有可以量化、存储方便、内容客观、信息含量不易被信息收集方式扭曲、信息传递过程中失真风险小等特征,是资本市场中主流正规的信息传播方式。与之相比,软信息在内容上主观色彩更浓,缺乏统一的衡量界定标准,难以规范量化;在信息收集上更多依赖于人际互动甚至私人关系,信息解读须根植于特定的情境背景,否则易滋生歧义。与硬信息一样,软信息同样对资本市场中各利益主体的行为决策产生深远影响,且其信息含量受社会网络中互动质量的影响更为直接、显著(Liberti and Petersen,2019)。

信息对资本市场的重要性主要体现在其信息含量上。企业通过信息披露及时传递其经营状况和经营成果,提升企业信息透明度,减少内外信息不对称,将更多公司特质性信息嵌入资本市场定价环节,在提高定价效率、刺激市场流动性的同时增强融资能力,降低融资成本,最终提升企业价值(Balakrishnan et al.,2014;Dutta and Nezlobin,2017;Roychowdhury,2019;Jayaraman and Wu,2020)。事实上,信息的价值除了源于其内在属性,还与投资者有限的注意力资源密不可分。投资者的关注极具稀缺性。投资者受限于自身对信息的收集、处理及分析能力，通常对可见性强及曝光度高的信息加以更多关注，而鲜少深度思考其背后的实际信息含量（Barber and Odean，2008）。以管理层为代表的信息披露方可以通过人为调节信息披露的时间、途径、格式等，操纵曝光后信息在市场中的可见性，以实现自己对信息披露的冲击预期，从而影响市场决策（Hirshleifer and Teoh，2003；Almazan et al.，2008；deHaan et al.，2015）。

  传统公司治理学者对信息的关注主要体现在研究异质性信息披露行为下信息含量的经济后果以及各种形式的信息不对称。从公司治理研究的起源开始，公司治理学者即把大量精力投入股东与管理层、股东与董事会、董事会与管理层、大股东与小股东之间在不完全契约背景下的信息不对称，之后由内到外进一步拓展，将外部更丰富的利益相关者纳入分析框架，研究债权人与企业、市场投资者与企业、媒体与企业、政府与企业等之间更多的信息不对称。传统公司治理学者基于信息不对称视角，剖析优势方如何利用信息便利操纵信息披露，侵害弱势方的合法利益，引发道德风险条件下的整体效率损失。

  然而在数字经济时代，大数据技术下的信息资源具有格局更广阔的应用意义。海量异构、动态分布、实时更新、快速生成的各种结构化和非结构化数据信息是引领新一轮科技革命和技术变迁的战略性生产要素，能有效提高企业精准决策、精准生产以及精准营销的能力，从根源上优化企业资源配置，减少低效浪费，在自动化中提高决策流程透明度，切实提升精准治理水平，并通过溢出效应规范和约束股东、董事会、管理层等利益主体的动机和行为，从而改变公司治理内部格局（McAfee and Brynjolfsson，2012；Farboodi et al.，2012）。因此，在数字经济时代，我们应更加重视丰富大数据资源本身的战略价值，从源头开始加强对数据治理功能的理解，深入探索数据的精准治理功能，在追本溯源中强化对数据内在价值的理解。

同时，来源各异、动态分布、实时更新的海量数据信息借助信息技术便利，也通过全渠道不分昼夜、不分边界地高速传播，极大缓解了传统商业社会中信息源泉封闭、信息渠道不畅、信息处理效率低背景下的信息不对称顽疾，大大提高了全社会、企业内外的信息透明度，重塑了企业生存发展的信息环境，而信息环境的变化也将对公司治理问题的主要矛盾和着力方向产生深远影响，值得学者结合实践前沿开展更具针对性的系统思考。

（二）委托代理成本

传统公司治理研究框架的另一大支柱是内生于公司制组织形式、关系各异的委托代理成本。在工业经济时代，企业创立成功的关键在于及时通过资本市场筹措足够规模的物质资本，帮助企业满足资本注册要求顺利组建，进而在投资中扩大再生产，不断发展壮大。为了吸引以股东为代表的投资者向公司提供物质资本，公司必须提供一整套制度安排及机制设计说服投资者参与注资，并承诺确保其投资安全和回报合理。因此，从公司资本结构的本质看，最初的公司治理机制即是以股东为中心，以股东利益最大化为目标，坚持股东至上。然而，股东作为企业的所有者，常常无法亲力亲为公司的日常经营事务管理决策，因此需要委托专业的职业经理人代其行使经营管理权，以忠诚、勤勉的职业态度提高企业价值，维护股东利益。当然，管理层作为独立的经济主体，有自己的效用函数和行为激励，特别是当管理层持有公司股权甚少时，他们更有动机攫取控制权私利，侵占公司和股东利益，两权分离条件下最基本的委托代理成本由此而来。之后，在公司组织框架下，学者继续探索识别了其他类型的委托代理关系以及相应的委托代理成本，包括股东角色异质性背景下大股东与中小股东之间的利益冲突，股东、董事会以及管理层三方两两之间的利益不一致，公司内部控制人与外部市场监督力量之间的信息不对称等。学者以更为积极的姿态在纵横交错的委托代理链条中抽丝剥茧，以期更加完善企业的内部公司治理机制和外部公司治理结构，更充分地降低代理问题下的效率损失和成本消耗，进而更妥帖地削减利益冲突，维护公司整体价值，确保股东利益实现。

由此可见，在传统公司治理分析框架下，股东凭借其物质资本供给者的身份，毋庸置疑是体系中心；股东通过资本雇用劳动，组建最优管理层作为自身利益代言人，管理层才能并未真正纳入公司治理分析范式的核心范畴。然而，在数智化时代，数字技术驱动新技术、新业态和新模式的变革，掌握企业核心技术和关键资源的创始人及其核心业务团队对企业的生存发展具有关键性意义，他们深谙企业在激烈市场竞争中的商业模式、比较优势及扩张路径，是企业绝对中心的专用性稀缺资产，也无法在职业市场被轻易替代。因此，在数字革命背景下，物质资本的重要性正在让位于创新资本，资本市场实践驱动我们重新审视传统以股东为中心前提下的"资本雇用劳动"逻辑，把创业者的管理才能和创新资本纳入公司治理分析范式的核心范畴，深度思考管理层的角色定位及其与股东之间关系的新特征和新趋势，开发数字经济时代公司治理研究新范式。

二、大数据生态下的公司治理机制动态化

数字经济以数据为关键生产要素，以数字技术为核心驱动力量，以现代信息网络为重要载体，通过数字技术与实体经济的深度融合，不断提高经济社会的数字化、网络化、智能化水平，加速重构微观企业的发展方式和互动方式，支撑现代化经济体系的构建和经济社会的高质量发展。数字经济以数字产业化和产业数字化为主体，以"数字技术＋治理"的数字化治理为特征，在数据流转中实现数据价值最大化。2020年4月，中共中央、国务院发布《关于构建更加完善的要素市场化配置体制机制的意见》，正式将数据与土地、劳动力、资本、技术并列，提出加快培育数据要素市场。为此，要大力实施国家大数据战略，以大数据驱动信息化，以信息化培育新动能，以新动能推动新发展，在充分释放经济增长潜力的同时，进一步完善数字经济时代的治理体系，在"数据引领＋数据驱动＋数据治理"的大数据生态系统中推进国家治理体系和治理能力现代化。

数字经济时代，数据不仅作为新的关键生产要素直接参与经济循环，更能充分发挥精准治理功能优化企业决策全流程，构成公司治理机制动态转变的基础和保障。在大数据生态体系下，企业可以充分利用全渠道流通的数据信息以及日新月异的数字技术推进精准融资、精准投资、精准运营管理，优化决策过程，科学组织生产，减少资源浪费，提高资源配置效率；外部市场及各参与主体也能利用数据资源和技术便利实时获取企业信息，加强精准建议、精准监督、精准治理能力。由此可见，厘清数字经济时代公司治理机制的动态转变是探索开发公司治理研究新范式的首要环节。

（一）社会融资环境

伴随数字经济的飞速发展，数字普惠金融也在高质量扩张。数字技术赋能金融产业，在产品服务、应用程序、业务流程、商业模式等领域广泛影响并改变传统银行及金融服务方式。包括传统金融机构与互联网企业在内的资本平台以普惠金融为使命，利用"大数据+金融科技"技术钻研渠道创新，系统性优化资金融通全流程，缓解融资困难、金融服务缺乏等问题，促进实体经济发展（王聪聪等，2018；李苍舒，沈艳，2019）。它们利用大数据和机器学习技术提高对潜在用户需求的分析精度，精准获取高质量目标客户，在信贷流程最前端保障客户质量；通过用户多维度数据（如身份特征、行为偏好、信用历史、履约能力、人脉关系等）进行综合分析，构建更为复杂的关系网络，提升信用评估精确度，有效识别信贷欺诈；持续完善实时风控体系，建立完备的贷后预测模型、违约催收模型，加强风险预警与管理，稳定坏账率水平。由此可见，大数据及普惠金融技术基于数字足迹下的信息优势和模型优势，极大拓展了社会融资渠道，降低了融资门槛，通过精准信贷政策降低了优质客体的融资成本，控制了信贷违约率，促进了金融与经济的普惠式发展（Luohan，2019；Berg et al.，2020；Bollaert et al.，2021；Dell'Ariccia et al.，2021；Tantri，2021；黄益平，邱晗，2021）。

由此可见，在数字经济时代，受益于普惠金融下的融资社会化趋势，新经济及高科技企业可以从更为广泛的资金供给渠道高效获得生存发展必备资金，资金群体大众化加强，资本稀缺性降低，精准融资水平提高，物质资本不再是制约企业发展潜力的核心要素，提供物质资本的股东群体对企业的重要性及约束力也在相应下降。企业发展不再紧密依赖于股东的资金投放偏好，股东意志和股东喜好也不再是影响企业经营决策的关键因素，传统以股东为中心的公司治理基本逻辑因物质资本重要性的大幅下降而遭遇严峻挑战。

对于数智化革命背景下的新经济企业来说，企业生存发展的钥匙实际掌握在熟谙市场与技术的创始人及其业务团队手中，他们不再单纯是传统公司治理体系下被资本雇用的劳动力和利益代言人，相反，他们的人力资本、技术资本和管理才能才是企业赖以生存的核心竞争力，由他们来选择愿意引入的外部资本，继而通过让渡股权、保留控制权的方式既为企业赢得持续发展所需的物质资本投入，又牢固掌握企业的发展大局和前进方向。传统"资本雇用劳动"的治理思路已在技术进步条件下转型为"劳动雇用资本"，管理者不再仅仅是股东的代言人和雇工，而是反向凭借创新资本选择并雇用物质资本，与新引入股东构成平等的事业伙伴关系，进一步明确技术革命背景下的职能专业化分工。创始人及其创业团队的管理才能和创新资本被纳入公司治理分析范式的核心范畴，公司治理的主要矛盾由防范股东与管理层之间的委托代理成本转变为如何通过一系列的机制设计和制度安排激励创始团队的长期人力资本投入；公司治理的主要目标由最大化股东的物质资本回报升级为保持创始团队控制权的稳定性，使权威分配向人力资本和技术资本倾斜，让"专业的人办专业的事"；公司治理研究范式由以股东为中心向以企业家为中心转型。伴随数字经济的发展，高度重视商业创新的资本市场迫切需要另一种以创新为导向的企业组织架构，在鼓励和保护创业团队人力资本投资的同时，向市场明确传递对业务模式创新自信的信号。

（二）信息披露环境与新型信息不对称

在国家大数据战略下，数据作为新的生产要素不仅已经晋升为引领科技革命和技术变迁的关键战略性资源，而且无时无刻不在塑造着企业依存的资本市场信息环境。各种源头、各种渠道的数据资源以结构化或非结构化形式，主动或被动地进入市场视野。要充分发挥数据治理功能，强调多主体协同治理。从概念看，大数据具有体量大、多样性强、速率高、价值密度低四大基本特征，构成了数据治理的底层基础（Goldstein et al.，2021；陈国青等，2018；洪永淼，汪寿阳，2021）。

数字经济时代大数据的治理效应整体可以概括为精准治理和精准监督两大类。在数据的精准治理功能上，首先，企业可以积极撬动各种数据渠道，自主收集或通过第三方数据平台广泛从消费市场采集用户需求、消费偏好、行为足迹、产品反馈以及行业竞争者经营状况等关键信息，利用机器学习、用户画像等前沿信息技术深入挖掘海量、高频、低密度数据背后的信息，进而作为关键生产要素辅助产品设计与开发，架构创新型业务模式，打造个性化定制特色，通过产品迭代不断创新升级，以更好地对标市场需要，构筑坚实的用户资产和品牌口碑，为企业发展赢得竞争优势。其次，在具体的组织生产环节，大数据能有效提高决策流程的精准度和科学度，精确把控生产全流程，夯实生产流程标准度，压缩人为主观判断空间，提高资源利用率，减少资源过度消耗甚至无度浪费，通过持续的数据输出把企业绩效做大做强。最后，在作为企业"最关键一跃"的营销环节，大数据有助于通过大量收集消费市场信息（如用户特征、消费习惯、经济能力等）高效锁定高质量目标群体，量身定制宣传方案及营销方案，将有限的营销资源分配在投入产出比最大的细分市场，提升精准定位和精准营销能力。通过数据的精准开发、精准生产和精准营销功能，企业的经营能力及绩效表现大大加强。一方面，在大数据的约束下，管理层主观操纵空间明显压缩；另一方面，他们也受益于数据普惠，从增厚的企业价值中直接且合理分享更多的激励收益，传统的自利动机大为削弱，企业整体治理水平再次提高。

数据除对内发挥治理功能外，对外还肩负不容小视的监督职能。丰富的大数据资源在资本市场全渠道流通、不间断传播，充分调动包括机构投资者、分析师、审计师、新闻媒体、社会大众在内的各利益相关者加入由信息网络构建的关系网络，他们不仅是数据信息的生产者与贡献者，同时也通过对数据资源的通盘整合加强对企业的监督和约束。大数据驱动资本市场治理向没有时间边界更没有空间边界拓展，市场信息流动性加强，信息不对称性降低，市场透明度提升，社会经济群体被充分赋能，共同参与到对企业的咨询建议、监督约束中。

然而，大数据在降低信息处理成本、削弱信息不对称性的同时，也在诱发新型信息不对称性，衍生出新的数字鸿沟。一方面，以数字经济为主体的全球新一轮技术革命催生大量新模式、新业态、新场景和新机制，因此企业高度专业化、技术化、概念化的商业模式、业务模式和盈利模式越来越难以被创业团队以外的普通股东及市场大众理解。资本市场既难以有效捕捉高新技术企业的创业背景、投资机会以及发展前景，进而准确对其定价和估值，也无法参考过往的行业经历及投资经验给予其行之有效的建设性意见或建议，帮助其进一步发展完善。此时，企业成长路径的决定权几乎完全掌握在创始人及其创业团队手中，创始团队的专业能力、道德素养以及认知高度将直接决定企业的未来发展潜力，市场对企业的了解窗口更依赖于企业自主的业务公告、信息披露及数据解读，市场监督建议机制极大弱化，人力资本的专业性和专用性借助可能的权力滥用局面将企业暴露在新的公司治理风险之中。内部控制者有可能利用技术便利，更为精准且隐蔽地进行选择性披露和有明显指向性的消息投送，通过操纵舆论环境扭曲投资者正常的信息认知和风险感知能力，使市场放松警觉，进而为自己的利益掏空、利益输送等不当行为编织安全网，最终降低整体公司治理水平，损害市场及投资者的合法权益。

另一方面，金融科技、大数据、高新数字技术等也直接放大了专业机构投资者与普通大众投资者之间的能力和水平差异。专业投资者拥有更广阔的信息收集渠道、更强大的信息处理能力和更丰富的信息分析经验，他们能更加充分地整合各大数据平台，挖掘形式各异的结构化及非结构化数据背后潜藏的信息含量，在复杂的信息环境中抽丝剥茧、去粗取精、去伪存真，及时捕捉微小的经营环境变化，将海量的大数据优势切实转变为更精准的行为决策、更高的投资效率以及更丰厚的投资回报。与之相比，普通投资者既缺乏扎实的专业知识储备，又对大数据资源缺乏足够的算力和运力，他们常常难以充分挖掘数据价值、享受信息优势，与专业投资者之间的信息不对称问题越来越严重，在资本市场中的劣势地位愈发明显。同时，普通投资者还需额外提防来自专业投资者的信息优势碾压，谨防专业投资者利用技术便利以及大众市场的无知从事违规违法行为，谋取不当收益。

三、公司治理范式转变的逻辑与路径

如前文所述，在数字经济时代，传统公司治理的研究范式、研究逻辑、研究思路及研究重点正在落后于快速变革的社会经济实践，治理实践需求推动范式创新势在必行。伴随大数据和普惠金融技术的广泛应用，资本融通精准度提高，融资来源扩大，融资门槛降低，资本来源趋向大众化，融资社会化程度加深，由此使得传统物质资本在新兴数字经济时代的稀缺性大大降低，资本充裕度不再是制约企业从创立到壮大的关键要素，取而代之的是极具辨识度的创业创意、不可复制的核心技术、引领前沿的商业模式和体系先进的管理方法等创新资本。新经济企业对物质资本依赖度的下降及对创新资本依赖度的提升直接引发作为主要物质资本供给方的股东在企业内的控制力和话语权减弱，企业的成长路径和发展前景牢牢掌握在一手将企业创建扶持起来的创始人及其核心创业团队手中，后者不可复制、不可替代的人力资本、智力资本、技术资本和管理才能对企业的生死存亡更具决定意义。由此可见，在数字经济时代，"资本雇用劳动"的传统权力分配格局已经发生改变，以企业家为代表的管理层不再被动是股东的雇佣对象及利益代言人，相反，他们才是这些新经济企业真正的缔造者和筑梦人。他们掌握充分的主动权和话语权，选择愿意合作的外部资本建立平等双赢的事业伙伴关系，通过资本与管理的高度专业化分工推动企业进一步成长。"资本雇用劳动"的股东中心观正在新的经济形势下向"劳动雇用资本"的企业

家中心观转变。公司治理的主要矛盾将不再局限于严防两权分离背景下对企业甚少情感关联及事业认同感的管理层以各种明暗方式侵害公司与股东利益，谋求个人控制权私利。公司治理的主要目标由防范以股东和管理层之间为代表的委托代理成本转变为通过体系化的制度设计及机制安排保障创业企业家的控制权稳定，激励手握企业核心技术和关键资源的创始团队对企业进行长期持续的人力资本投入，建立具有鲜明创新导向的企业组织架构，为企业家精神创造充足的施展空间，向资本市场发出明确的对商业模式、业务模式、盈利模式创新自信的强力信号。

在底层公司治理逻辑从以股东为中心向以企业家为中心整体转型的创新背景下，大数据及信息技术通过深刻改变信息产生的源头、渠道和形式，以及信息流通的广度、深度和密度，借助信息传播边界的扩展突破和信息处理能力的迭代升级重塑公司治理的内在结构和外在机制格局。新范式立足于数字经济与实体产业深度融合的发展实际，依托技术嵌入和数据驱动合力打造的大数据生态系统，以大数据构建生态模式、赋能资本市场治理，以大数据优化生产决策、驱动产品竞争市场治理，以大数据创新商业模式、重构控制权市场治理，通过树立共建共享理念，构建数字经济时代企业的协同生态系统，破解大数据生态下公司治理的现实困境，推动国家治理体系和治理能力的现代化建设（公司治理研究新范式的逻辑框架如图3-1所示）。

从第四章开始，我们将系统阐释数字经济时代的大数据赋能、大数据驱动和大数据重构内涵。在此之前，我们先从整体上概览这三大治理路径的内在逻辑，以期为后文搭建起基本理解框架。

（一）大数据赋能资本市场治理

大数据赋能资本市场治理主要指利用市场整体数字化水平的提升以及对大数据应用程度的加深，改造升级传统内在治理结构和外在治理机制，将更广泛的内外利益相关者纳入统一的公司治理网络，推动治理向没有地域界限更没有行业界限发展，通过数据信息为各参与主体增权赋能。

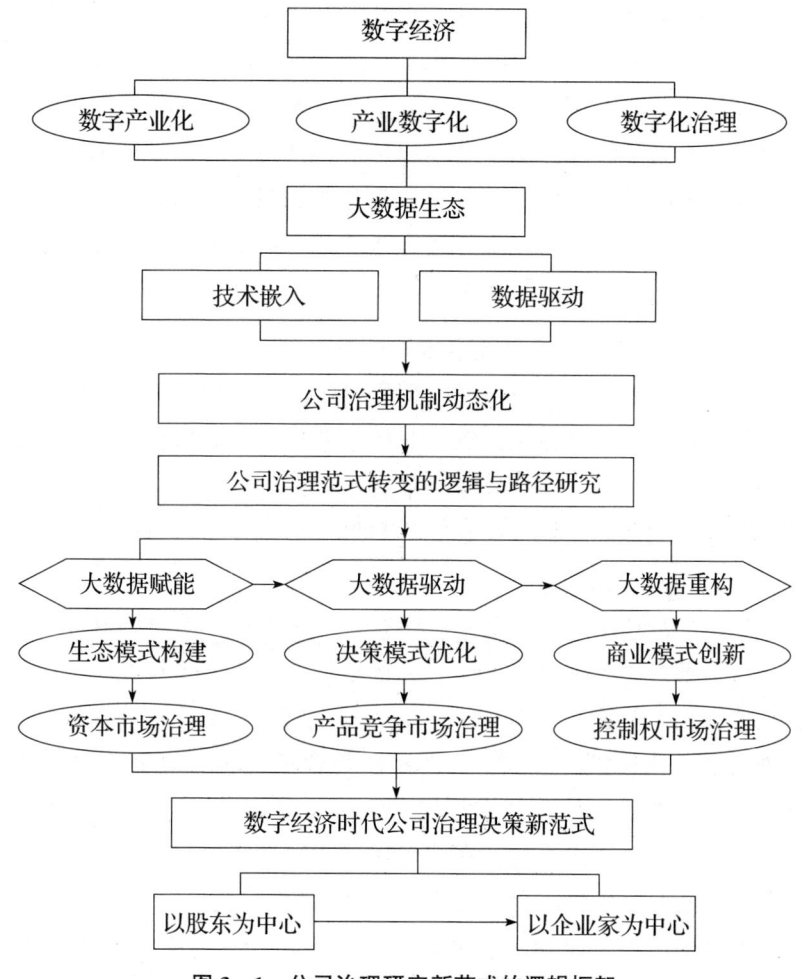

第三章　数字经济时代公司治理研究范式的转变

图 3-1　公司治理研究新范式的逻辑框架

具体来说，从内部治理结构看，数字经济下的新技术、新业态和新模式直接变革公司内部股东大会、董事会及管理层的权力分配格局，将更多控制权向以创始团队为主体的董事会和管理层倾斜，股东的话语权和影响力大大弱化，职能专业化分工更加明显，充分体现数字经济时代"术业有专攻""让更专业的人做更专业的事"的理念，激励掌握企业核心技术及关键资源的创业团队长期进行高质量人力资本投资。

从外部治理机制看，大数据使更为广泛的外部监督主体（如机构投资者、分析师、审计师、社交媒体、政府部门等）基于更为透明、更高质量的丰富数据信息，综合利用人工智能、神经网络等信息技术，提高对数据的挖掘处理和分析解读能力，进而加强对企业的精准治理功能，在更有针对性地为企业发展建言献策的同时，及时识别更为隐蔽的利益侵占、违规违法行为，增强对企业运营状态的洞察力和对经营结果的监督力。

（二）大数据驱动产品竞争市场治理

大数据驱动产品竞争市场治理主要指企业利用数据挖掘、数据解析等新型数字信息技术，深入分析消费者的消费数据以及投资者对企业的观点评价，通过改变决策者获得的信息类型驱动企业价值链和业务模式优化，影响企业决策和战略的制定方式（Constantiou and Kallinikos, 2015）。

从内部治理结构看，企业对现有客户及潜在消费群体在用户画像、行为偏好、产品服务需求等关键信息维度上的重视及掌握程度将直接影响企业能否以市场为导向布局业务、组织生产，以数据驱动创新型业务扩张，以数据精准定制符合市场需求的个性化产品，进而夯实企业积累沉淀的顾客资产，维护好用户对产品、对品牌、对企业的认同感和忠诚度，在快速优胜劣汰的市场环境中牢固树立难以复制的竞争优势，实现长期可持续发展的经营目标。

从外部治理机制看，消费者不仅是企业产品与服务的体验者，还是资本市场上的投资者，他们在双重身份的加持下可以更深刻地从自身体验出发，对企业的经营细节和经营成果予以更多关注，并通过股吧等社交平台及时提出问题，加强对企业运营的精准治理能力，为公司治理的规范化和效率化贡献力量。

（三）大数据重构控制权市场治理

大数据重构控制权市场治理主要指企业在数字化转型过程中重构了其原有的商业模式、业务模式和盈利模式，使得企业的生存发展不再简单依赖于主要提供物质资本、鲜少了解企业经营的股东，而是更加依靠见证企业从创立到发展全过程、掌握企业核心技术及关联资源的创始人及其创业团队。这种由以股东为中心向以企业家为中心转型的基本趋势也直接推动企业内部权力配置格局的变化，也即物质资本的重要性让位于人力资本和创新资本，股东对企业的话语权和控制力下降，不可复制、不可替代的创业团队是公司治理的核心力量和基本保障。

在内部股权结构上，创始团队通过双重股权结构、有限合伙协议架构等新型控制权配置模式主动让渡大部分所有权来交换企业发展所必需的物质资本，同时基于新型股权架构牢牢掌控企业董事会席位及管理层任免，对企业保留强有力的控制权，为企业继续专注长期导向的研发创新事业营造良好的发展条件，引领企业牢记创业使命、实现持续增长。除了在权威分配上的倾斜调整外，数字经济时代的委托代理问题也呈现新特征。以创业团队为主体的董事会及管理层对所创企业有天然的内驱力和使命感，他们不再如传统公司治理体系下的管理层工于攫取控制权私利抑或在职责履行上消极懈怠，而是在充分的责任感以及事业认同感的驱动下以企业大局为重，将自身的发展成长与企业命运紧密结合，使得传统形态的委托代理成本下降。同时，大数据及新一代信息技术也极大提高了数据的精准决策、精准治理能力，管理层的人为操纵空间极大压缩，生产组织流程更加标准化，资源浪费大大减少，管理层的寻租空间变小。另外，管理层也受益于数据新兴起的治理功能，从显著提升的企业生产能力及经营绩效表现中直接且合理分享更多劳动回报，自利动机受到削弱。

当然，我们必须同时认识到过于稳定的控制权分配格局所难以避免的"双刃剑"风险。在企业发展初期，企业家强烈的个人风格以及相对专业的管理才能能有效助推企业成长，然而伴随企业进入高速扩张期，原有企业家团队的人力资本及技术智慧可能不仅无法满足企业进一步的发展需求，反而会囿于自身局限性阻碍企业在动态调整的竞争赛道上取得长足发展。此外，创始人初期的确大多自带对所创事业的责任感和使命感，以企业大局为重，无暇谋取个人私利。但当企业发展步入成熟稳定期，创始人的奋斗动力及效用激励也有可能发生变化，不排除出现工作懈怠、贪图享乐的风险。此时，高度分离且过于稳定的控制权体系将难以有效遏制创始团队权力膨胀下新生成的治理风险，特别是当以控制权争夺市场、卖空市场为代表的外部市场机制被极大压制时，企业潜在的治理风险更不容轻视。在应对方案上，此时认真规划公司章程、严谨设置以日落条款为代表的限制性条款显得尤为重要。企业可以通过日落条款明确规定超额控制权的有效条件，约束创始人及其业务团队的权力边界，运用法律武器引导权力在正确的轨道上合理行使，提高公司治理水平。

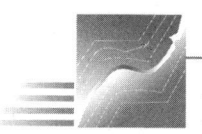

第四章 大数据赋能、生态模式构建与资本市场治理

一、大数据赋能治理主体多元化

大数据赋能指大数据技术对传统治理结构和治理机制的改变，反映市场的数字化水平和对大数据的应用程度。纵观扭曲或制约企业经营、治理效率的主要因素，如对市场判断失误、组织生产不利，投资过于冲动、缺乏严谨论证，资金筹措无门、错失发展机会，管理者水平低下、缺乏驾驭魄力等，归根结底都是信息不对称在作祟。企业内部管理层及决策者既无渠道广泛收集市场信息、行业信息、用户信息、资本信息等事关企业经营发展总方向的关键信息，也无能力通过高质量的数据挖掘与分析技术从数据泛滥、信息爆炸、鱼龙混杂的信息环境中提取有用信息、捕捉额外信息。落后的大数据及信息技术在客观上阻碍了决策者有理可循、有据可依地组织精准生产、精准投资、精准融资、精准营销等关键经营环节，数据要素难以充分发挥其精准治理效应，进而无法压缩人为判断空间，无法提高决策流程标准化

程度，无法减少资源过度消耗甚至无度浪费，无法优化资源配置，从而无法提高整体绩效表现。由此可见，传统经济模式下数据资源的欠丰富是造成公司治理水平低下的直接原因。

然而，除客观条件限制外，信息不对称条件下的各种主观操纵、主观故意也对公司治理乱象造成影响。在信息闭塞、技术落后的传统商业社会，市场透明度低，各个参与主体之间的信息不对称堪称制约市场运行效率的顽疾。各大经济主体充分明白自身在市场大环境中占据的信息优势以及如何利用信息便利更为隐蔽地攫取私利。与此同时，其对手也能清晰预判信息不对称及不完全契约关系下的道德风险，进而调低信任水平，在行为监督上额外投入更多资源，造成整体资源配置效率的进一步损失。

同时，对企业及资本市场的咨询建议、监督制约功能并非没有成本，行动者常常需要耗费高昂的人力和财力、投入大量的精力和时间才能动员各种渠道广泛收集信息，并且需要不断提高自身的信息分析和信息解读水平以提出切实有效的改进建议。可是，在此流程下监督成本由个人承担但改善成果却由全体利益相关者共享，因此"搭便车"现象盛行，社会监督意愿整体下降，给治理风险提供了可乘之机。

数字经济时代大数据和现代信息技术为上述治理难题提供了切实可行的破局思路。首先，数字化环境下海量异构、动态分布、实时更新、快速生成的各种结构化和非结构化数据能有效赋能企业充分利用数据资源在市场调研、需求创造、产品开发、业务设计、价值链重构等各方面变革运营管理，优化组织结构，提升企业决策的精准化和精细化水平，创造更高商业价值（陈剑等，2020；戚聿东，肖旭，2020；刘洋等，2020；胡斌，王莉丽，2020）。

其次，大数据时代极大拓展了信息源头，延伸了信息流通渠道，提高了信息交换速度，进而夯实了信息传播的广度、深度和密度，使得信息突破传统时空限制，在各市场主体之间不间断地广泛传播，推动治理边界由线下向线上扩展。大数据显著缓解了商业社会及资本市场中的信息不对称，使得公司股东能更加精准判断董事会及管理层的经营水平,大股东难以肆意操控中小股东发声空间,内部控制人忌惮于升级后的外部市场监督压力而不敢轻易侵害公司利益,企业整体治理水平提高。

最后,高速发展的大数据及数字科学技术也大大降低了信息获取成本,提高了信息获取便利度,治理相关方以更少的时间和精力投入即能获取足够辅助行为决策的高质量数据信息,并通过成熟专业的数据处理技术形成科学的建议方案。监督成本的降低及监督效率的提高使得广大以中小股东为代表的分散个体积极参与到公司治理建设中,对企业投入更多的目光和关注,在加强企业外部监督的同时进一步提高企业的融资社会化水平,打造坚实的资本供给基础。

在具体的大数据赋能资本市场治理路径上,我们以大数据赋能内部治理结构和外部治理机制两条线分开阐述,前者侧重于大数据辅助中小股东、董事会及管理层进行精准治理,后者更强调大数据把更广泛的外部监督力量纳入统一的信息治理网络,拓展数据治理边界,实现股东治理与社会治理的自我调节,建立起以企业内部治理为主,市场中介、社会公众、监管者共同参与治理为辅的协同治理格局(数字经济下资本市场治理如图4-1所示)。

二、大数据赋能内部治理结构

(一) 中小股东参与

在传统公司治理所有权配置体系下,中小股东的角色定位十分尴尬。在以英美模式为代表的股权高度分散结构下,广大势单力薄的中小投资者难以与强势掌握公司实际控制权的内部管理层抗衡,公司治理的主要矛盾为外部分散股东与内部管理层在两权高度分离情况下的委托代理成本 (Jensen and Meckling, 1976)。在以德日模式和东亚模式为代表的股权高度集中结构下,中小股东在资本投入和股权比例上基本无法与大股东和控股股东抗衡,公司治理的主要矛盾为大小股东之间的利益冲突 (La Porta et al., 1999; Claessens et al., 2000; Faccio and Lang, 2002)。在主流的公司内部治理结构下,中小股东常常处于劣势地位,其话语权及影响力十分有限。也

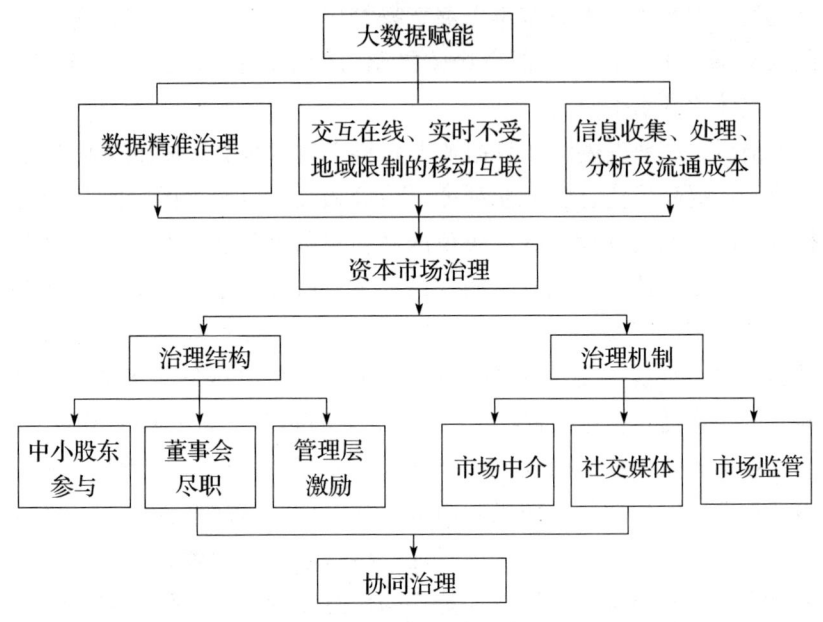

图 4-1　数字经济下资本市场治理

正因为如此，各国资本市场都注重从制度建设上加强对中小股东合理权利的保护，通过赋予中小股东累积投票权、分类表决权甚至否决权保障中小股东对大股东及管理层的权力制衡格局，约束实际控制人肆意侵占中小股东利益、谋求控制权私利（Fried et al.，2020；姚颐，刘志远，2011；郑国坚等，2016）。

在以创新型商业模式为导向的数字经济时代，伴随快速崛起的新技术、新业态和新模式，中小股东在公司治理中的角色地位发生巨大变化。首先，大数据及普惠金融技术的快速迭代极大提升了资本市场的融资效率，资金供求双方匹配精准度提高，融资门槛和融资成本降低，坐拥商业模式优势、技术优势和人力资本优势的优质企业能更为便利地从市场募集发展资本，对金融巨头的依赖度降低，融资社会化、群体大众化成为大势所趋。伴随融资渠道的拓展，股权分散度显著提高，控股股东的影响力削弱，中小股东不仅在数量上占据主导地位，而且一旦他们借助数字技术凝聚起来，其整体力量将不容小视。中小股东在企业控制权配置格局中的存在感加强，对公司治理的责任感也相应提升。其次，对于数字革命下的新经济企业来说，传统股东与管理层之间的委托代理成本已不再是公司治理的主要矛盾，以创业团队为主体的管理层等实际控制人对创业企业有天然的认同感和责任感，他们不再单纯是资本雇佣下的利益代言人，而是有强大的内生动力为企业发展保驾护航；他们也不再局限于个人私利，以损害企业和股东整体利益为代价向自己转移输送利益，而是由衷从企业大局出发，以长期发展利益为导向，优化行为决策，走可持续发展道路。由此可见，新经济模式下股东与管理层之间的利益协同度显著提高，矛盾冲突、利益对抗等传统治理问题不再是制约企业经营效率的主要问题，股东的治理重点由防范管理层违反契约精神、谋求个人私利转向激励创业团队长期持续地投入高质量人力资本、技术资本和创新资本。最后，数字经济对包含中小股东在内的股东整体治理水平提出更高要求。新经济企业内嵌大量颠覆性的商业模式、业务模式和盈利模式，股东必须进一步提高自身专业水平和分析能力才能更加深刻地了解持股公司，进而有的放矢地贡献股东智慧，为企业发展建言献策，提高股东监督建议职能的履行质量。

在股东角色转型的现实驱动下，大数据及数字技术为中小股东积极践行股东职责、参与公司治理赋予了更多的机会和空间。一方面，大数据切实拓展了股东的信息获取渠道，提高了资本市场透明度，股东得以更便捷地收集与企业经营相关的宏微观信息，并借助高智能的信息分析工具形成更为准确的形势判断，更加明确企业的经营模式与发展思路，与企业管理层及大股东之间的信息不对称减少，及时发现经营问题，有效监督企业实际控制人依法依规管理决策，提升企业公司治理水平。另一方面，以人工智能、机器学习、云计算、区块链等为代表的新一代信息技术使中小股东有条件在任何时间、任何地点通过手机、网络等媒介积极行使股东权力，参与公司治理。新兴技术与企业实践的深度融合能有效降低中小股东的治理成本，抑制治理过程中的"搭便车"现象，充分发动更为广阔的治理力量，加强投资者权利保护（Lafarre and Van der Elst，2018）。

【拓展阅读 4-1】

　　理想的公司治理状态是包括各利益相关者在内的多主体广泛参与，合力构建社会协同治理生态体系。其中，股东作为公司的出资者、所有者及最终风险承担者，是公司毋庸置疑的核心治理力量。为了保障自己的投资安全并按期拿到合理的投资回报，股东有充分的经济动机积极参与公司治理，高效行使股东权利，切实履行对企业的监督建议职能。然而，相对于实力雄厚、专业度高、资本市场经验丰富的大股东来说，势单力薄的中小股东在参与公司治理过程中面临诸多现实挑战，阻碍其践行以知情权和参与权为代表的股东基本权利。从知情权角度看，相比成熟的公司大股东、机构投资者，中小股东信息获取渠道有限，难以及时了解投资标的的一手经营信息。在万物互联的大数据时代，中小股东的信息收集劣势更加明显。同时，中小股东常常缺乏先进的信息分析技术和专业的信息解读能力，难以充分从泛滥爆炸的信息中提取高价值信息，辅助自身投资决策。从参与权角度看，在传统的治理模式下，中小股东要自行承担大量的时间成本、精力成本和财力成本去现场参与股东大会，行使投票权，由此导致一部分股东习惯性"搭便车"，从而削弱了股东治理力度，另一部分股东委托其他代理人代为行使表决权，产生新的利益冲突和代理成本。由此可见，在传统的技术手段下，中小股东参与公司治理的整体门槛较高，参与成本较大，中小股东意志难以通过表决权有效发挥。

　　伴随大数据及数字技术的快速发展，中小股东能够通过更为广阔的信息渠道及时把握宏观经济背景与企业经营动态，公司信息透明度显著提高，中小股东的信息劣势大为减轻。同时，中小股东能利用先进数字技术增强对信息的处理分析能力，以数据为支撑优化行为决策，参与公司治理的专业程度突飞猛进。更为重要的是，数字技术为广大中小股东提供了网络投票平台，使中小股东可以在任何时间、任何地点通过手机、网络等数字媒介线上参与股东大会，大大降低了公司治理的参与成本、代理成本和利益

第四章　大数据赋能、生态模式构建与资本市场治理

冲突成本。我国 A 股上市公司股东参与数据显示，随着互联网技术的普及应用，中小股东投票参与度稳步提高（股东大会年度参与率如图 4-2 所示），且随着投资者专业素养的加强，其更能审时度势、充分表达个体意愿，有助于整体治理水平进一步提高（股东大会年度反对票比例如图 4-3 所示）。

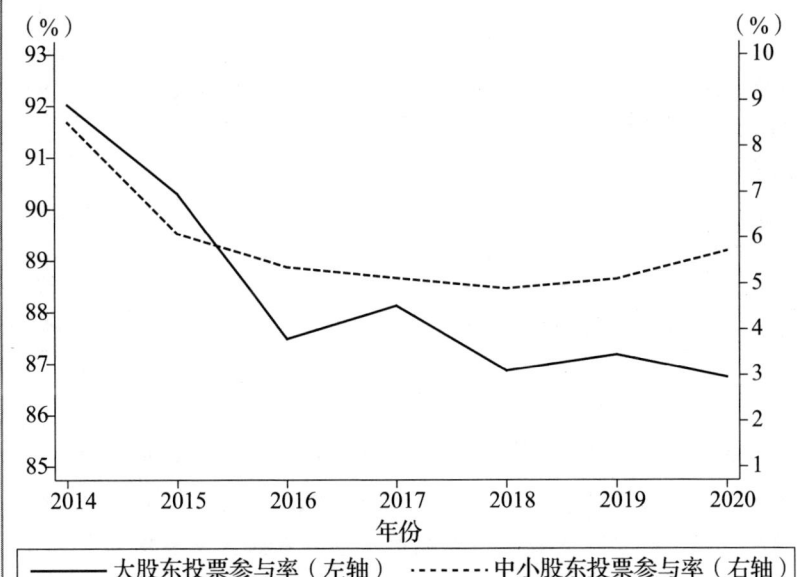

图 4-2　股东大会年度参与率

虽然网络参与已经显著降低中小股东对股东大会的投票成本，但一般的网络运行环境可能诱发股东重复投票、操纵投票、篡改投票、伪造投票甚至遭遇黑客攻击等新型投票安全问题。对此，以区块链技术为代表的新一代信息技术预期将有广阔的施展空间，能够更好地保障股东权利的线上行使。作为数字货币的底层技术，区块链技术又称为分布式记账技术，以去中心化、共同参与、共同记录、共同验证、共同维护且信息不可篡改为核心特征，为互联网时代创造了不依赖第三方信任的在线信息交换方式，在公司治理领域有极大的应用潜力。在股东知情权保障上，区块链技术所带

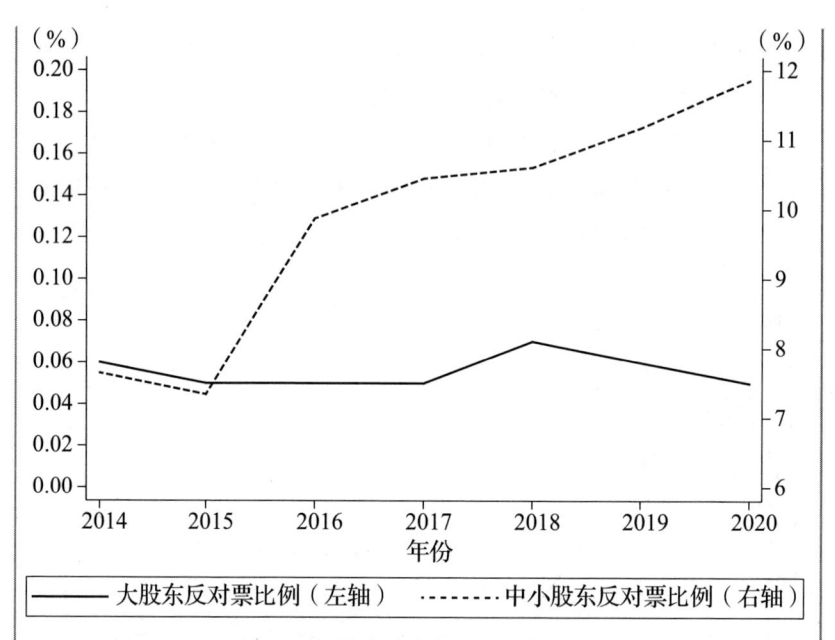

图 4-3 股东大会年度反对票比例

来的成本降低、流动性增强以及分布式记账体系可以有效赋能包括中小股东在内的参与主体及时知悉并查看公司所有权变更信息，抑制机构投资者、激进行动者或管理层故意隐匿交易信息等违规操作，通过提高隐匿成本和交易难度约束内部交易，重塑利益相关者之间的权力对比格局，保障中小股东知情权。在公司账务管理上，全网记账、共同公证、不可篡改、实时追溯的区块链系统有助于提高企业会计记账透明度，减少大股东、管理层等实际控制人的盈余管理甚至恶意篡改行为，在减少审计师底层工作量的同时增强股东信任。在股东表决权保障上，区块链技术能广泛应用在股东投票场景中，验证股东身份、追踪投票过程、统计投票结果并安全保存记录，通过技术的力量遏制股东欺诈、记录丢失等不公平行为，解决多数据源的访问和安全问题，在有效节约人力成本的同时提高流程透明度，提升年度会议和股东投票流程的运行效率，降低成员在会议投票中的参与门槛和参与成本，赋能更多中小股东积极参与到公司治理中。

（二）董事会尽职

在公司内部治理结构中，董事会是承上启下的中心环节。董事会一方面是股东大会的常设机构，受股东大会委托负责企业的日常经营决策，是企业日常经营环节的最高权力中心；另一方面负责组建企业的实际执行机构管理层，并监督管理层的执行质量及经营成果。由此可见，在传统的公司治理框架下，董事会的治理角色天然具有双重性，视具体情境呈现不同的委托代理成本。在与股东大会的交流互动中，董事会及其成员作为独立的经济个体，有自己的效用驱动及目标函数，同样面临所有权与控制权高度分离的治理难题。他们未必总是代表全体股东甚至大股东或控股股东的最优利益行事，他们同样有动机以损害企业和股东整体利益为代价为己谋求控制权超额回报。同时，他们作为公司最高权力机构股东大会投票选举出的利益代言人和日常权力掌握者，在权力配置格局中相对难以被其他隶属力量有效制衡，在企业内部坐拥明显控制权优势以及利益攫取空间，甚至能反向误导欺骗甚至威胁挟持股东大会以逃脱被发现、被惩罚的风险。而在与管理层的斗争协作中，董事会作为团队组建者，面临与管理层之间信息不对称情况下的代理风险，在事前逆向选择的风险下，他们未必能为企业选聘到最佳管理团队，而在事后道德风险的诱导下，他们也不能通过完备契约严格约束规范管理层行为。管理层同样有可能在个人利益的驱使下冒险从事损害委托人利益的不法行为，进一步提高企业内部的委托代理成本。

除此之外，在传统的公司治理体系下，物质资本是企业赖以生存的关键资源。股东作为企业物质资本的提供者，直接影响企业从组建创立到发展扩张的全流程，是企业毋庸置疑的权力中心，通过股东大会掌握企业的最高话语权和影响力。此时，公司治理的主要目标即为以股东利益为中心，追求股东价值最大化。在两权高度分离的经营实际中，股东通过向董事会委派代表自身利益的董事或从外部市场聘请足够信赖的高素质人才影响董事会组成，通过董事会继续控制企业日常事务的决策方向。在此过程中我们可以看出，传统企业中包括董事长在内的董事会成员常常仅是股东资本下的劳动雇佣者，他们并未参与企业创立组建的初始过程，对企业缺乏深厚的事业认同感、使命感和责任心，他们对企业的劳动经营投入更多局限于雇佣合同和专业要求，内驱力和主动性相应不足，而这却是持续提高企业经营管理水平的关键。同时，传统的经营模式默认股东大会总是能从高度竞争、充分流动的外部市场找到最佳代言人，默认董事技能可以跨企业甚至跨行业迁移替代，因此，对人力资本和管理才能的重视度较低，董事会更像是资本控制下的劳动工具而非平等的事业合作伙伴，各方股东通过斗争争夺对董事席位的控制权以期获得对企业的更大控制力。

然而，诚如前文已充分论述的，在数字经济时代的大数据赋能下，物质资本对企业的战略意义大幅下降，新经济企业的生存发展更依赖于掌握企业核心技术和关键资源的创始人及其业务团队，以人力资本、技术资本及管理才能为代表的创新资本的重要性上升。创业团队利用具有竞争优势的创业创意在瞬息万变的商业市场中立足，打响创业成功的第一枪；为了筹集支持企业进一步扩张必需的物质资本，他们向外部资本市场释放引资信号，挑选愿意合作的资本让渡相当比例的股权，通过保留企业控制权的方式继续对创业企业施以有效领导而不受资本市场裹挟，呈现"劳动雇用资本"的职能专业化分工趋势。在此情况下，失去所有权主导的创业团队通常会加紧对公司董事会及管理层这些日常决策与执行机构的控制，股东对董事会的影响力大为削弱，股东与董事会之间的权威分配发生变化。

当然，创始团队对董事会的强力控制对企业发展具有显著的正向促进作用。作为企业从无到有、从小到大、从弱到强的亲身缔造者，创始团队对创业企业有极强的内驱力和使命感，他们能充分发挥创业智慧，动员各种途径为企业筹集发展所必需的物质资本、人力资本、关系网络资本等，打造企业富有竞争力的商业模式、运营模式和盈利模式。他们能自发以企业价值为中心，以长期发展为导向，而这与股东利益正好趋同，股东与董事会之间的代理成本极大降低。同时，对于新经济企业来说，创始团队在控制董事会之余，通常还有效控制了管理层,甚至董事长与总经理直接两职合一,使得董事会与管理层之间的利益冲突也显著减少,股东、董事会及管理层的利益一致性充分加强。

除此之外,保留创始团队对董事会的控制权还能有效减少传统各方股东(特别是企业股东与机构投资者之间)在委派董事、干涉董事会决策过程中的派系纷争,减少企业内耗,提高整体运营效率。创始团队通过任命最熟谙企业成长路径与发展使命的团队成员组建董事会,提高董事会专业化水平,从企业利益出发护航企业可持续发展。然而,我们也不能轻视由此可能出现的控制权膨胀问题。创始团队以契约方式取得对公司董事会和管理层的有效控制,而一旦他们不再以企业利益为导向,开始谋求个人利益,或者其能力、眼界、技术水平等落后于快速迭代的实践变化,不再满足高速扩张下的企业需求,此时缺乏内部权力制衡机制的权力配置格局将把企业暴露于极大的经营风险和治理风险之中。创始团队的固执可能使企业错失发展机会,而创始团队的自利可能直接侵害企业和股东利益。在企业实践中我们已经看到,外部投资者在长期经营矛盾的累积下开始爆发对创始团队长期把控董事会的不满,发动控制权争夺斗争以求增加在董事会的现实话语权。

最后,数字经济对董事会角色的转型重塑还体现在其精准治理功能上。大数据及数字技术能有效辅助董事会在从组织生产到营销推广的各个环节,提高对市场的敏锐度和判断力,优化资本配置决策,降低资源消耗,切实提高其对企业的经营管理水平。大数据能有效赋能管理层更专业、更精准地履行对企业的咨询建议职能。另外,在人事任免上,人工智能、机器学习、神经网络等新一代信息技术能有效辅助股东大会对董事会成员的选聘决策,提高董事会对管理层的组建水平,提高企业人力资本质量以及内部治理水平(Erel et al.,2021)。数据治理功能的充分发挥也能进一步提高企业的信息透明度,降低内外信息不对称性,在加强外部大小股东以及资本市场对公司、董事会监督约束的同时,也强化了董事会对管理层的监督功能,抑制了管理层自利行为,降低了企业代理成本。

【案例 4-1】

　　成立于 1988 年 6 月 18 日的京东是中国自营式电商的领军企业，在商业模式上以 B2C 的购物网站为基础，经过 30 余年的发展扩张，业务范围已扩展至电商、金融、科技、物流等众多领域。2010 年，京东跃升为中国首家规模超过百亿元的网络零售企业。2014 年 4 月，京东集团正式分拆，下设京东商城及京东金融两个子集团、拍拍网子公司和海外事业部，由创始人刘强东担任京东集团董事局主席兼首席执行官。2014 年 5 月，京东在美国纳斯达克上市，创下当时继推特（Twitter）之后在美最大的上市融资规模。2020 年 6 月，京东回归中国香港资本市场二次上市，刷新当时港股公开发售的最高纪录，开启"新京东时代"。根据 2022 年 8 月《财富》杂志发布的世界 500 强榜单，京东集团较 2016 年首次上榜提升了 320 位，跃居第 46 位，是国内该行业唯一进入前 50 的公司。

　　以创始人刘强东为首的创业团队在率领京东腾飞的过程中，同样面临引进外部资本缓解融资需求与保持创始团队对公司经营决策和未来发展方向稳定控制权的双重考验，而京东的一系列资本操作对创业企业家保持控制权稳定具有极强的借鉴价值。根据京东两次上市的招股说明书，2007—2010 年间，京东对今日资本、雄牛资本、高瓴资本等先后发行三轮"可转换可赎回优先股"，融资总额 1.69 亿美元；借助优先股对股东表决权的限制，刘强东在获得外部资金支持的同时继续保持对公司的强力控制。然而，优先股融资模式虽然在控制权配置上占据优势，但其从经济实质上属于公司的债务，在影响企业杠杆风险的同时也限制整体融资能力和融资规模，因而在 2011 年至 2014 年赴美上市前，京东发起数次普通股融资，累计发售 8 亿普通股，共获得 18.57 亿美元。2014 年京东在美上市前，刘强东要求部分投资人排他性地将投票权授予他的两家英属维尔京群岛（BVI）公司 Max Smart 和 Fortune Rising，却遭到拒绝，之后开始考虑借鉴谷歌、百度等互联网巨头搭建双重股权结构。实际上，刘强东一直高度重视对创业企业的控制权，正如他自己所说"如果我不能控制京东，我宁愿把它

第四章　大数据赋能、生态模式构建与资本市场治理

卖掉"。根据2020年京东赴港二次上市的招股说明书，京东总股本包括A类普通股和B类普通股，刘强东及其控制的Max Smart和Fortune Rising实体持有全部B类股票。对于提呈公司股东大会的提案，除特殊情况外，A类普通股持有人每股可投1票，B类普通股持有人每股可投20票，由此作为集团主席兼首席执行官的刘强东以15%左右的股权控制了78.4%的表决权，在股权层面获得对重要公司事务的重大影响力。京东赴港上市时的控制权配置结构如图4-4所示。

除了在股东大会层面加强控制权保护，让渡出大部分京东所有权的刘强东还高度重视加强对公司实际日常决策机构董事会的控制，以确保创始团队在董事会中始终具有重大影响力和强力话语权，通过引导董事会决策进一步巩固对公司整体运营战略的控制，以更为专业的人才队伍引领企业在竞争激烈的数字经济时代保持商业模式优势，实现长期可持续发展。在具体的董事会控制路径上，京东招股说明书强调刘强东及其管理团队有权任命9名董事中的5名以及任命董事会主席，保证在董事会重大问题上的主导权。与此同时，只要刘强东仍为董事，董事会将无法在无他参与的情况下达到法定人数。为填补因前任董事离职而产生的临时空缺或增加现有董事会成员而委托董事必须经董事会多数成员批准，且只要刘强东为董事，必须获得刘强东的赞成票。

京东的控制权配置体系为新经济企业提供了良好的范本参考。放弃所有权控制的企业家及其创业团队在保留股东大会表决权控制的同时，更加重视加强对公司日常经营决策机构及执行机构董事会和管理层的控制，董事席位成为创始团队与外部资本之间的必争之地。熟谙企业商业模式、技术资本与发展机会的创始团队通过牢牢掌握董事会，大大提高了董事会的专业化水平，并在强大事业责任感和认同感的内在驱动下，借助稳定的控制权环境向公司持续注入高质量人力资本，引领企业更加专注长期经营，敢于研发、勇于创新，避免陷入资本市场裹挟下的短视主义，进而如期实现长期价值增长。

	实益拥有的普通股				
	A类普通股	B类普通股	普通股总数	实益拥有百分比（%）	占总投票权百分比（%）
董事及高级管理人员：					
刘强东	27 000 000	421 507 423	448 507 423	15.1	78.4
刘炽平	—	—	—	—	—
黄明	*	—	*	*	*
谢东萤	*	—	*	*	*
许定波	*	—	*	*	*
徐雷	*	—	*	*	*
王振辉	*	—	*	*	*
黄宣德	*	—	*	*	*
许冉	*	—	*	*	*
李娅云	*	—	*	*	*
全体董事和高级管理人员合计	31 693 049	421 507 423	453 200 472	15.3	78.4
主要股东：					
Max Smart Limited	14 000 000	421 507 423	435 507 423	14.7	73.3
黄河投资有限公司	527 207 099	—	527 207 099	17.8	4.6
沃尔玛	289 053 746	—	289 053 746	9.8	2.5
Fortune Rising Holdings Limied	—	29 373 658	29 373 658	1.0	5.1

图4－4　京东赴港上市时的控制权配置结构

(三) 管理层激励

传统公司治理研究在管理层治理领域的主要缺陷是管理者才能仅仅被当作委托代理理论分析框架下的影响因素之一，并未被真正纳入公司治理范式的核心范畴。在传统的内部治理分析框架下，股东大会选聘董事会，董事会组建管理层，管理层是股东及董事会意志的实际执行者，也是公司内部具体事务的实际控制者。在所有权与控制权高度分离的典型架构下，作为委托人的股东由于无法通过完备契约事无巨细地约束受托人行为，事实上他们非常戒备与管理层在固有信息不对称情况下的委托代理成本，高度警惕管理层违背契约精神，弃股东利益于不顾谋求个人私利，由此，公司治理的主要矛盾集中在防范管理层的代理成本。因此，我们在第二章的文献综述中可以看到大量研究围绕股东与管理层之间的形式各异的契约后道德风险、各种表现的矛盾冲突和利益对抗，包括管理层的控制权私利攫取，如为自己设置超额薪酬计划、进行大量在职消费及利益输送、虚高业绩甚至财务造假，以及过度投资和超额帝国构建行为，如滥用自由现金流无度扩张、低效并购、无视市场规律盲目扩大生产规模等。

我们再次强调，在传统管理层治理的分析框架下，提供物质资本的股东是公司方向的主导和中心，管理层作为资本的雇佣对象而存在，其人力资本价值并未得到充分重视。传统治理框架默认公司和股东总是可以从外部职业经理人市场寻得优质、高效的管理团队，且管理层忌于在职业市场中的声誉和形象，在外部市场机制约束下忠诚、勤勉、尽职地工作，管理层才能并未被纳入公司治理的核心范畴，而更多被当作可替代的非专用资产。也正因如此，入驻公司的管理团队非常清楚自身与股东之间的力量对比，加之雇佣合同期限的客观存在，他们更有可能在短视主义的驱使下牺牲长期利益，换取任期表现。尤其是在所有权高度分散的股权结构下，管理层作为企业实际的内部经营控制者，面对自身劳动投入被股东轻视的现实，更缺乏足够的内在激励积极参与企业经营绩效的改善工作，导致企业的代理成本更高。

同时，从外部市场雇佣的职业经理人还存在相对突出的自我认知与企业需求不匹配的问题。与前文提到的董事会成员一样，职业经理人通常也不曾与企业共成长。一方面，他们未必足够了解企业的创业初衷、发展模式与经营使命，其既有的业务知识、专业技能与从业经验未必能顺利迁移到入职公司，其认知与视野的固有局限反而可能阻碍企业抓住市场机会实现发展跨越；另一方面，他们对企业同样缺乏创业的认同感与使命感，难以把个人职业生涯与企业发展命运高度捆绑，既无法投入超越契约规定与市场平均水平的管理才能，当企业面临困境时也未必能与企业共进退。另外，从行为金融学视角来看，高度流动的职业经理人在过往成功与经验、鲜花与掌声的加持下反而更有可能陷入过度乐观、过度自信甚至自负的主观状态，此时无视企业具体实际的盲目经验迁移反而将进一步放大企业的经营风险。

在数字经济时代，融资门槛降低，融资社会化程度加强，企业发展对物质资本的依赖程度减弱，公司治理中心由股东向企业家转变，对外让渡股权的创始人及其核心创始团队在强力主导董事会的同时牢牢掌握负责企业日常事务实际执行的管理层。以创始团队为主体的管理层熟谙企业的商业模式、业务模式和盈利模式，也掌握企业的核心技术、关键资源以及差异化竞争优势，是企业不可替代、不可复制的专用性人力资产。兼具数字化思维和数字领导力的创业团队是企业战略转型的灵魂和先驱，一旦创始人失去对企业的控制权及管理权，企业便失去了可持续发展的核心能力。因此，数字经济时代公司治理研究新范式的突出特征即是从"资本雇用劳动"向"劳动雇用资本"转变，把管理者才能纳入公司治理的核心分析框架，强化对人力资本、技术资本、管理才能等创新资本的重视，推动管理层从雇佣对象向企业真正的主导者和价值创造者转型。同时，以创始团队为主体的管理层对企业具有高度的认同感、责任感及使命感，能有效把个人的职业辉煌与企业的发展高度有机结合，在更加自主地投入高质量人力资本的同时减少传统管理层的自利行为，进一步提高内部治理水平。

第四章　大数据赋能、生态模式构建与资本市场治理

大数据及数字技术还能有效强化数据的精准治理功能，缩小管理层的主观判断甚至人为操纵空间，在从生产到销售的全流程贯穿标准化操作，增强决策科学性，提升资源的利用效率，减少资源消耗和浪费，使得管理层在客观上缺乏谋求控制权私利的条件，难以获得超越市场的超额报酬。同时，大数据赋能下的治理水平提高能有效改善企业的经营成果和提升企业的绩效表现。股东及董事会能够及时识别管理层的人力资本及管理才能，并给予其富有竞争力的薪酬激励，使得管理层更能从优化的奖励体系中以更为公平、合理且体面的方式分享自己的劳动投入成果——上升的企业绩效，因此他们将更有动力加强自身与企业利益的协同，在主观上减少谋求私利的动机。

另外，大数据生态系统将包含大小股东、董事会、员工等在内的内部治理力量与包含机构投资者、新闻媒体、分析师、审计师、市场监管者在内的外部治理力量统一到实时更新、高速流动的信息治理网络中，提高企业从决策到经营的透明度，极大地压缩了管理层企图通过隐秘手段输送利益、谋求控制权私利的空间，抑制管理层的自利倾向。同时，加强的内外部监督网络也增加了管理层违规行为被市场捕获的风险，管理层出于对市场、规则、法律制度的敬畏也不敢轻易损害公司利益。

当然，强势且缺乏权力制衡的创始团队管理者也可能在企业的内部公司治理中呈现"双刃剑"效应。当企业跨过成长期、进入发展期后将带来新的治理矛盾和治理风险，企业家及其创始团队固有的经验边界及视野局限可能落后于企业高速发展对新专业、新知识及新技术的需求，此时为企业及时补充新鲜血液成为护航企业长期发展的关键，而掌握企业实际控制权的管理层可能因其强势作风甚至刚愎自用使企业陷入错失骨干人才以及发展机会的风险。因此，在以企业家为中心的新范式下，我们应清醒认知管理者才能在企业不同发展阶段的异质性角色，以更为中立客观的视角呈现管理层在内部公司治理中的角色和定位，探索保障企业家效用最优化的治理路径和具体机制设计。

【案例 4－2】

　　医药制造业虽然是关乎我国国计民生的核心行业之一，却在公众的社会评价中饱受诟病，药企暴利、高价低效、药代贿赂、"潜规则"盛行等成为广大医药企业难以摆脱的刻板印象。然而，对于药企管理层来说，尽管他们也能清楚认识到这些负面标签和固有问题，但这些历史顽疾在实践处理层面却面临极大的现实制约，考验着管理者的治理水平。首先，受制于医药制造业自身的行业特殊性，医药企业从研发、生产、流通到企业管理的全流程具有极强的专业性和极高的准入门槛，对管理者的技术才能和管理水平要求极高，外部经理人市场流通活跃的通才型管理层一般难以妥善处理好药企日常经营的各个环节。其次，药企研产销链条环节众多，自动化、信息化、智能化水平不足，人工操作的偏差错误难以避免，人为错误堪称药企生产过程中的致命缺陷，极大制约了生产成本降低及产品质量提高。再次，医药制造业高度依赖产品迭代和新药研发水平，而药品研发本身具有投入大、周期长、风险高等特征，研发失败屡有发生，巨额支出压力不得不被转移摊薄在其他产品线上。最后，在最受民众抱怨的医药流通环节，市场透明度低，信息不对称性强，药品生产企业难以对医药代表施以有效监督管理，医药代表人为操纵空间大，营销手段"灰色地带"频现，不正当竞争时有发生，药品从生产端到消费终端的加价现象严重。

　　伴随数字技术的发展及数字经济的崛起，医药制造业进入新的十字路口，药企数字化转型迫在眉睫，建立医疗创新生态体系、重构医药市场格局成为大势所趋。我国拥有体量庞大的医药消费市场，也是全球数字经济的领跑者，在引领医药行业数字化转型上有得天独厚的优势。同时，以医药分开、取消药品加成、两票制、医保谈判、带量采购等为代表的大刀阔斧的医疗卫生体制改革使得医药高毛利时代一去不复返，为国内市场拥挤且高度分散的药品生产企业带来巨大的价格压力，倒逼药企通过价值链整合降

第四章　大数据赋能、生态模式构建与资本市场治理

低生产成本，通过精细化运营提高产品质量和生产效率，提质降本增效以及风险控制成为广大药企的当务之急。另外，资本市场也积极改革上市规则，为生物科技企业提供充分融资发展平台，进一步助推医药企业的研发创新及国际化进程。从现实挑战看，伴随电脑和网络的普及应用，互联网医疗迅速发展，线上问诊、网购药品等新兴医疗服务模式在便利医患双方数字互动、缩小二者信息不对称、提高行医就医质量的同时，也极大地压缩了以医药代表为主体的药品流通环节谋利空间，日益激烈的市场竞争空间使得数字化转型成为医药企业的必然选择。

面对企业的数字化转型大潮，数字技术极大赋能管理层有的放矢识别关键环节，提高精准治理水平，在降低成本、提高效率的同时加强风险控制。

（1）在药品生产环节，大力推进数字化生产改革，采用前沿自动化、信息化和智能化技术，为生产环节中的人、机、料、法等诸多要素通过先进流水线设计建立统一运作标准，减少人工操作误差，提高操作效率，减少生产浪费，增强生产稳定性，保障提质降本增效目标实现。上海医药集团股份有限公司（简称上海医药）作为我国医药产业航母，业务覆盖药品研发、制造、分销与零售全产业链，其关键成功秘诀之一即是加强智能工厂建设，推进全面精益管理，充分调动管理层的积极性、主动性和创造性，依托数字技术打造"高质量＋低成本＋快速成产"的神奇三角，通过可视化生产技术提高生产运营环节的速度和精度。

（2）在药品研发环节，大数据及数字技术赋能企业管理层利用自身渠道及第三方平台，通过线上会议、线上问诊等途径，广泛收集代表性患者病历、意见领袖的专业反馈、学术刊物的最新科研成果等，提高新药研发能力。在之后的临床试验阶段，数字技术通过万物互联的关系网络有效地将研究机构、申办方和患者联结起来，在降低试验操作成本的同时大幅减少试验时间，进一步提高研发效率，加快新药研发进度。

（3）在药品流通环节，大数据及数字技术更能直接帮助克服药品价格管理顽疾。一方面，医药企业可以通过海量异构、动态分布、实时更新的大数据资源更加及时、充分地了解竞争对手研发进度及产品定价，优化自身产品定价策略；另一方面，医药企业也能更加全面高效地掌握医药代表行为轨迹，对从中收集的药品流向数据、竞品生产数据、核心医院数据等清理整合并应用于产品研发、个性定制等环节，在激发数字潜力的同时抑制个体自利空间。

（4）在对管理团队的能力要求上，药企重研发、高投入、长周期、高风险的行业特征要求管理人才需要同时对医药制造和数字化有深刻理解，并且有强大的处理不确定性和模糊性的能力，以协助企业有效应对医药研发、新品上市、产品定价、医保准入等关键商业流程中的巨大不确定性风险。综上所述，数字技术为医药企业管理层赋予了广阔的管理才能施展空间，强效助力管理质量和治理水平的提高。

三、大数据赋能外部治理机制

（一）市场中介：数字技术为机构投资者充分赋能

在第二章中，我们已经看到传统公司治理文献将机构投资者的治理角色大致分为两类：一是"用手投票"，通过积极行使投票权直接参与企业的公司治理，发挥机构投资者的信息优势和专业优势，充分践行对企业的咨询、建议、监督等职能，提高企业的经营效率与治理水平；二是"用脚投票"，通过卖出股票、退出公司股东行列在资本市场中传递的负面信号效应威慑管理层注重对机构投资者利益的保护，避免因管理懈怠、疏忽甚至不当违规而与之直接发生矛盾冲突。在数字经济时代，大数据叠加数字技术为数字嗅觉高度灵敏的机构投资者队伍赋予了更多的数据治理功能，使其能借助数据优势更为精准地参与目标企业的公司治理工作。

一方面，实力雄厚、人脉广泛、员工规模庞大的机构投资者能

第四章　大数据赋能、生态模式构建与资本市场治理

充分开发、充分激活各种渠道、各种形式的数据资源，具有显著更强的数据收集能力。在大数据环境下，数据要素作为新的生产要素，对经济发展、社会生活和国家治理有着根本性、全局性、革命性影响，已经成为影响市场竞争格局的关键战略性资源。对于依托市场而生的机构投资者来说，对于数据资源的利用效率将直接决定其能否充分发挥独有信息的比较优势，在市场竞争中取得领先地位。在数字经济时代，万物互联的经济活动实时产生大量结构化和非结构化数据：一来考量市场投资者对数据的敏锐度，看其能否及时发现有用的信息源；二来检验投资者的实力储备和关系网络，看其是否有能力把新挖掘的信息资源提取并沉淀为自身专有的数据资产。在这些普通大众投资者望而生畏的数据获取门槛面前，专业的机构投资者却具有明显的优势。同时，海量、高频、多维度、低密度的大数据资源对收集者的数据存储能力提出了相当高的要求，而鱼龙混杂、真假难辨的信息也需要进一步识别甄选、去伪存真，这同样是机构投资者擅长的领域（Grennan and Michaely，2021；Goldstein et al.，2021）。在经验证据上，现有学者已经发现机构投资者有能力挖掘企业层面内嵌隐含信息含量的特色信息（如文本的语气语调、声音的情绪变化等）或者实时传递的高颗粒度数据（如线上用户消费交易、线下消费者停车卫星图等），辅助判断企业的经营状态及绩效表现，进而调整行为决策（Mayew and Venkatachalam，2012；Zhu，2019；曾庆生等，2018）。

另一方面，在收集、整理、归类循环往复中积累壮大的数据资源面前，财力、人力资源雄厚的机构投资者拥有更强大的信息处理和分析能力，它们能雇用高度专业的技术队伍在纷繁复杂、量级惊人的大数据中大浪淘沙，并结合人工智能、机器学习、神经网络、文本分析等新一代信息技术在构建模型的基础上推进快速迭代算法，不断提高对信息的分析利用效率，挖掘更多信息价值辅助资本市场的投资决策，提高资本回报率（Giglio et al.，2021；Leippold et al.，2022）。同时，提高目标企业的公司治理水平，支持实体经济发展（Cecchini et al.，2010；Bao et al.，2020；Ding et al.，2020；Bertomeu et al., 2021；Cao et al., 2021；张叶青等，2021）。

由此可见，在数据优势的积累、沉淀与发挥下，机构投资者的精准决策能力极大提升，它们能充分利用规模大、速度快、多样化的大数据资源辅助投资等行为决策，压缩主观判断和人为操纵空间，减少投机行为及激进行为，提升决策的标准度和科学性，降低其内部的委托代理成本（Zhu, 2019；Hacioglu and Aksoy, 2021）。

在此基础上，机构投资者能借助数据与技术优势进一步提高对企业的公司治理水平，积极参与公司治理工作，高质量履行监督建议职能。目前已有众多学者的研究支持数字技术对机构投资者的增权赋能，辅助它们及时发现企业错报甚至欺诈造假，加强对管理层等内部控制人的实时监督，进而提高企业的财报质量和治理水平（Cecchini et al., 2010；Bao et al., 2020；Bertomeu et al., 2021）。机构投资者还能有效借助机器学习技术从外部候选人市场为企业寻得优质、专业、忠诚、勤勉的管理团队，前移监督重心，从人事选聘环节开始即积极参与公司治理，用高素质的人力资源带领企业实现高质量发展（Erel et al., 2021）。机构投资者也能基于专业及技术优势研究开发区块链、智能合约等新兴技术，督促标的公司将这些现代科技融入企业的日常经营管理工作中，进一步提高企业的信息透明度和操作规范度，遏制内部盈余管理、恶意操纵及利益输送等行为，提升公司治理质量（Yermack, 2017）。除此之外，机构投资者也能凭借具有影响力的话语权，推动区块链等线上技术应用于股东大会、董事会等的具体事务，拓展自身参与公司治理的途径，积极行使投票权，充分践行监督职能（Lafarre and Van der Elst, 2018）。

当然，我们也必须对被大数据充分赋能的机构投资者角色保持足够清醒，警惕数据优势背后的潜在风险。专业的机构投资者队伍可能利用与普通大众投资者之间在数据收集、处理、分析等关键环节的能力差距构筑新型数字鸿沟，利用数字技术便利以更为隐蔽的方式操纵市场，主导信息环境，削弱个体投资者参与资本市场建设的信心、热情和动力，甚至有可能利用数字鸿沟谋求私利，损害市

第四章　大数据赋能、生态模式构建与资本市场治理

场整体利益。另外，本应独立提供专业判断的机构投资者也不排除与企业大股东、董事会及管理层等内部控制人利益合谋的可能性，放松监督甚至助长其违规违法行为，进一步损害中小投资者的合法权益。由此可见，数字经济时代新型信息不对称是另一富有实践意义的研究领域。

【案例 4-3】

在"加快数字化发展、建设数字中国"的数字化转型背景下，我国证券期货业积极响应国家大数据战略，持续推动全行业数字化转型，利用数字技术深度赋能行业业务，打造健康有序发展的行业数字生态体系。2018年，中国证券业协会首次将证券公司信息系统建设的投入情况纳入年度经营业绩考评范畴。2021年，中国证监会发布《证券期货业科技发展"十四五"规划》，进一步明确"十四五"期间行业数字化转型的基本思路、工作重点及主要建设任务，为数字经济时代行业转型提供纲领性指南。2022年11月，中证协发布《证券公司数字化转型实践报告及案例汇编》，数据显示在2021年已有71%的证券公司将数字化转型上升为公司重要战略任务，明确数字化转型的远景目标、发展蓝图、实施路径等关键要素，积极推进数字化转型决策的制定和执行，通过各具特色的数字化组织架构保障转型工作的贯彻落实。作为国内领先的证券金融机构，国泰君安对标国际一流投资银行，明确全面数字化转型的愿景是打造"SMART"银行，利用现代数字技术将公司建设成为超级的（super）、基于数据和算法驱动的（math-driven）、敏捷的（agile）和持续变革的（revolutionary）科技投行（tech IB）。

在行业全面数字化转型的变革趋势下，"加大信息技术投入、提升金融科技实力、大力推动数据治理体系、释放数据资源价值"愈发成为行业管理层共识。2021年全行业证券公司信息技术投入金额同比增长28.7%，头部前15家券商的投入占全行业总投入的55.89%，华泰证券、中金公司等头部券商信息技术投入占营收比重高达10%以上。其中，华泰证券信息技术投入突破20亿元大关，

总额高达22.3亿元；中金公司相关投入翻番，由2020年的6.41亿元大幅增至13.46亿元，通过数字化手段解放的生产力高达年化20万人/天，部分场景运营效率提高400%。数字技术下的业务自动化、信息化和智能化在解放劳动力、升级流程标准性、提高运营效率的同时，极大降低了人为工作中的错误偏差，压缩了主观判断甚至操纵空间，约束机构业务团队在正确的轨道上优化行为决策，提高治理水平。

  在科技赋能的具体实践应用上，招商证券为行业贡献了良好范本。招商证券隶属于招商局集团，是国务院国资委体系内规模最大的证券公司，业务范围覆盖财富管理和机构业务、投资银行、投资管理、投资及交易等众多板块。在全行业数字化转型的时代趋势下，招商证券积极实施变革战略，加大金融科技投资，布局"数智化投行工作平台"，全力推进云计算、大数据、人工智能、机器学习技术与实体业务的深度融合。首先，在客户管理与服务上，利用大数据及数字技术扩大收集企业客户、服务项目及外部市场等的多维度数据，通过新一代信息分析技术构建客户全景视图，以客户为中心加强数智化能力，为客户服务赋能。其次，在全流程项目管理上，利用技术便利对投行全业务流程进行规范化管理，建立标准化执行规则，压缩人为操作空间，提高项目执行效率和质量。推行从承揽承做到发行的统一平台建设和电子底稿管理，进一步推进项目管理的精细化和精准性，提升管理效率。最后，在具体业务流程上，将数字技术高效应用于项目承做过程，利用大数据和人工智能技术提高尽职调查及质量管控效率，包括基于机器学习和智能技术识别核查银行流水，及时捕捉复杂资金往来及大额资金异常，统计数据显示其银行流水识别分析服务半年时间内累计完成16 000多份流水识别；建立大数据排查与核实模型，智能排查企业关联关系、核查全网信用信息，提升工作效率，降低人工疏漏及覆盖范围不全面的风险，提高监督水平，加强治理能力；推行智能审稿与自动分析系统，利用信息技术提高对企业申报材料、定期报告等文档的解读能力，及时发现段落间数据冲突、数值计算不准确、披露要素不齐全、错别字、敏感字等多种问题，提升审核效率和质量，更为充分地履行好专业投资者的监督建议职能。

（二）数字技术下的社交媒体与公司治理

传统媒体治理研究主要聚焦以电视电台、报纸杂志为代表的传统媒体，研究新闻媒体如何在资本市场发挥信息中介功能，促进价格发现过程，提高市场定价效率，以及如何结合自身的本职工作，通过实地调研及远程访谈广泛收集、处理并分析信息，进而加强对个体企业及资本市场的外部监督（相关代表性文献详见第二章中文献综述部分）。在数据泛滥且良莠不齐的数字经济时代，大数据为媒体治理特别是媒体精准治理的功能赋予了更多的发挥空间。

在对传统媒体功能的延伸拓展上，海量异构、动态分布、实时更新、快速生成的大数据资源借助数字技术便利在更为广阔的网络空间不间断地交换传播，信息覆盖更为全面，信息流通渠道更为多元，信息传播速度更为高效，信息报送质量更为可靠。数据交织下的信息网络极大地推动了传统媒体的监督治理边界向没有时间限制更没有空间限制扩展，在进一步降低资本市场信息不对称程度、提高市场透明度及运作效率的同时，将更广泛的市场主体联合起来，借助媒体渠道积极发声，形成监督合力，强化对企业的外部监督。

与此同时，数字技术还直接推动了以微博、微信、公众号、股吧等为代表的社交媒体及自媒体平台的发展，在快速的技术迭代中将媒体治理边界由线下治理向线上治理拓展，充分赋予新型媒体治理职能。从异质性特点来看，社交媒体受众明确性强，传播自主性强，信息流动呈现明显的"圈子"效应，信息传播更加及时便捷，社群互动更加活跃且意见多元。社交媒体能有效弥补传统媒体对线上主体的覆盖不足，再次延伸信息传播的广度、深度和密度，加强线上与线下媒体的协同治理。在现有的实证方面，Lee et al.（2015）以产品召回事件为例，研究指出当企业面临产品危机及其衍生的声誉、销售损失时，可以充分利用企业社交平台快速且直接地就相关事实向利益相关者及时披露，在阐述事实的同时表明立场，积极减少危机之下更加致命的内外信息不对称，缓解危机在资本市场中的负面影响。Huang et al.（2020）聚焦企业员工在社交媒体上的信息披露，研究发现员工展望对于预测企业未来经营表现有额外信息含量，尤其是在预测潜在负面新闻上；当有更大基数、更多元渠道、更丰富知识的员工群体积极参与社交平台信息交换过程时，员工群体智慧的预测效应更加明显。Gu and Kurov（2020）、Al Guindy（2021）则以社交网络平台推特为研究对象，再次证实社交媒体上的信息披露具有增量信息含量，有助于减少企业内外信息不对称，提升企业透明度，进而降低融资成本，获得更多融资便利。

在大数据赋能媒体治理的经济后果上，从积极视角看，大数据在更为清晰的用户画像及市场定位过程中显著提高了媒体的精准推送水平，使得媒体在提升自身对企业、对市场精准治理水平的同时，能精准地将信息传递至最利益相关的受众人群，合力加强外部监督职能。在公司治理实践中，我们可以观察到企业在活跃媒体的监督下，为了争取在舆论中的主动权及优势地位，常常选择主动对外披露更多更具信息含量的独特信息，通过提高企业透明度规避企业被无端卷入舆论风暴的风险，以更为积极的姿态维护企业的声誉和形象。

然而，媒体治理在传播监督的同时也具有不可忽视的负面效应，值得深入思考。一方面，扩大的社交媒体"圈子"在利用舆论倒逼企业改革的同时也极大地助长了"看客"心态，尤其是在水准参差不齐、思辨能力严重不足的线上网络虚拟空间，企业及其管理团队有可能迫于舆论压力调整既定的长期发展思路，转而迎合"看客"的短视主义，不敢承担额外风险，也害怕创新失败后的众口铄金，最终放任企业错失发展机会，在贪图稳定中引领企业走向平庸。另一方面，网络媒体空间的身份匿名也为企业提供了歪曲事实、操纵舆论的条件，企业能更为隐蔽且安全地借助虚拟空间打造对己有利的舆论环境，粗暴控防不和谐的监督声音，极大地抑制了舆论阵地

第四章　大数据赋能、生态模式构建与资本市场治理

本该具有的百家争鸣状态，使得更多具有信息劣势的社会大众被蒙蔽，进而降低其外部监督水平。

【案例 4-4】

以微博、微信、贴吧等为代表的社交媒体及各种自媒体平台借助手机、电脑的普及以及互联网技术的发展，将更广阔的市场主体纳入统一的信息网络，极大地促进了社交网络内部的信息交换和信息流通，拓展了信息传播的时空边界，激发社会大众积极参与到对公司治理的监督建议工作中，构建起社会协同治理的数字生态系统，发挥社交媒体的精准治理功能。但与此同时，我们也必须对新兴社交媒体催生的新型治理问题保持高度警醒。一方面，企业忌于社会舆论压力，可能被迫趋于保守主义和短视主义，不敢适度承担风险从事研发创新，最终错失发展机遇，损害企业长期利益；另一方面，数字经济时代各种数据信息鱼龙混杂，普通大众相较专业投资者来说思辨能力不足，难以有效甄别虚假信息，更容易被别有用心者利用信息优势操纵误导，引发资本市场效率损失。在信息流通高度发达的大数据环境下，打击虚假信息、网络谣言对建设健康有序的资本市场更具必要性和紧迫性。

2022年11月，长春高新投资者向造谣者索赔被正式立案，成为我国A股市场首起因虚假信息损失而索赔的股东集体诉讼。2022年8月17日，浙江省药械采购中心对外发布《浙江省公立医疗机构第三批药品集中带量采购文件》（征求意见稿）；当日，微信公众号"华招医药网"发布文章称，虽然浙江第三批药品带量采购品种目录并未对外公布，但据业内传出消息，第三批将分化药和生物药两组展开并附图，其中生物药包含重组人干扰素a1b。随后，微信公众号"药文康策"转发"华招医药网"上述文章。2022年8月18日上午11：23，雪球网某用户将"药文康策"所转发文章的截图发布在雪球论坛，进一步推动该消息快速发酵。

长春高新控股子公司金赛药业是国内第一家重组人生长激素生产企业，一直被外界视为长春高新的最重要的利润来源。2021

年财报数据显示,该子公司的营业收入占长春高新总营收的76.28%,贡献总净利的98%。而根据自媒体发布的虚假消息,一旦长春高新的主要盈利产品重组人生长激素被纳入集采名单,由于集采常常伴随着大幅降价,长春高新的业绩将会大幅缩水。从资本市场对假消息的实际反馈看,长春高新股价于2022年8月18日跳空低开并持续低迷,伴随假消息的传播发酵于13时40分开始抛盘大量增加,14时加速跳水,14时27分封死跌停,最终以跌停价收盘,当日市值蒸发超90亿元(长春高新股价如图4-5所示)。然而事实上,根据浙江省8月23日正式发布的集采品种目录,长春高新的生长激素产品并不包含在内,由自媒体发布并传播的消息最终被证实为假消息。然而,虚假传闻的突然袭击却导致长春高新股价在一个月内跌去27%,严重扰乱了证券市场,给投资者造成巨大损失,遭到股东集体索赔,成为A股市场首个投资者因虚假消息遭受损失而向造谣者索赔的典型案例,有力证明了虚拟网络并非信息乱象的法外之地。

图4-5 长春高新股价图

我国A股市场一直饱受传闻、谣言干扰,参差不齐的社交媒体及自媒体的快速发展更是放大了网络谣言及虚假信息对资本市场的冲击和危害,不法分子利用网络故意编造、传播谣言的门槛更低、渠道更广,监管机构面对海量信息的查证取证难度更大,执

第四章　大数据赋能、生态模式构建与资本市场治理

法力度和监管资源严重不足，造谣者则"收割"普通投资者牟取暴利，因此，加强互联网信息传播监管刻不容缓。2022年9月，中央网信办在全国范围内正式启动为期3个月的"清朗·打击网络谣言和虚假信息"专项行动，规范资本市场有效信息传播，凝聚监管部门精准打击，社交媒体发布、传播上市公司未公开信息而导致股价异常波动被纳入监管重点，健全完善监测、发现、辟谣、处置工作全流程工作规范，最大限度挤压网络谣言和虚假信息的生存空间，为投资者做出正确投资决策营造清朗、准确、高质量的信息环境。

（三）数字经济时代的市场监管

自党的十八届三中全会提出全面深化改革的总目标以来，我国市场监管者一直致力于打造一个规范、透明、开放、有活力、有韧性的资本市场，全面深化改革落实落地，切实促进证券市场服务实体经济功能的发挥。在数字经济时代的数智化革命下，大力发展数字经济已经上升为国家战略，并首次在国家层面提出大数据是推动国家治理体系和治理能力现代化的重要引擎。在国家治理体系的宏观布局、顶层设计及发展基调下，加快政府治理数字化转型步伐，大力提高政府数字化治理能力，构建政府数字化治理体系，形成与公司数字化治理相适应的政策体系和制度环境成为大势所趋。大数据及数字技术的精准治理功能不仅能有效帮助监管机构更加精准地识别企业的舞弊欺诈、违规违法行为，提高对企业的精准监管水平，还能赋能监管者统筹市场内外监督主体，实时追踪市场动态，构建高速畅达的企业信息网络，在提高企业信息透明度的同时利用监督合力加强网络化监督，进一步提高监管效率。

同时，监管机构还应高度重视数字经济政策的出台与落实，建立健全数字经济时代的治理体系。为了鼓励、支持、引导数字经济企业的发展，我国于2018年11月宣布设立科创板，并于2019年6月正式开板，主要服务于符合国家战略、突破关键核心技术、市场认可度高的科技创新企业，加大对新技术、新产业、新业态、新模

式的支持力度，加快完善支持科技创新的资本形成机制，推动生物科技、云计算、人工智能、高端制造等高新技术产业和战略性新兴产业与制造业的深度融合，为大力发展数字经济提供良好的资本市场环境。2020年3月，新修订的《证券法》正式施行，全面推行证券发行制度由审核制向注册制改革，创新创业企业股票发行上市的便利度提升，资本市场的覆盖面进一步扩大、包容性和吸引力进一步增强，外部市场化约束机制将发挥更大作用。另外，依托大数据、云计算以及移动互联网技术，新经济平台型企业迅速崛起并构建新的商业生态系统，要求市场监管者在支持平台企业创新发展的同时，加强数字规则建设，通过要素整合与资源协调建立跨界融合、跨界竞争的多方治理模式，打造突破时间界限与空间界限的集成式监督生态体系。最后，证监会在强化公司治理监管的进程中还应严格落实退市制度，建立常态化退市机制，促进资本市场优胜劣汰，充分发挥市场的资本配置和资本枢纽功能，增强市场监督对企业的震慑力（Bakke et al.，2012）。

【案例 4-5】

资本市场是以信息披露为核心的资产市场，合规、真实、及时、准确且高质量的财务信息是打造规范、透明、开放、有活力、有韧性的资本市场的必要前提和基本保证。作为证券市场重要的看门人，以注册会计师为主体的审计机构通过执行充分、适当的审计程序有效识别并披露财务造假欺诈阴谋，威慑企业管理层遵纪守法规范经营，切实提高企业的会计信息质量和财务报告质量。然而，对于传统农、林、牧、渔业来说，公司资产以土地、牲畜、农作物等为主，资产盘点不仅专业性强，而且范围十分广泛，监盘难度极大，因此农、林、牧、渔业上市公司常常也是财务造假甚至欺诈上市的重灾区。

伴随新一代信息技术和通信手段的高速发展，我国市场监管者日益重视用科技武装市场监管和执法工作，在案件查办过程中充分利用现代信息技术优势，积极拓展整合渠道各异的各种结构化和非结构化数据，综合运用各种新手段和新技术对数据信息展开深入分析挖掘，辅助揭露违法违规行为，更为高效精准地厘清案件事实。獐子岛扇贝事件即是富有代表性的证监会"科技执法"的典型案例。

獐子岛集团股份有限公司（以下简称"獐子岛公司"）创建于1958年，是一家以海洋水产业为主体，集海珍品育苗、增养殖、加工等于一体的大型综合性海洋食品企业，于2006年在深圳证券交易所（简称深交所）挂牌上市。本应作为行业龙头的大型企业，却从2014年开始常年陷入扇贝造假舆论风暴，最终在2020年6月受到证监会就其信息披露违法违规做出的行政处罚及市场禁入决定。而证监会在查证深海养殖水产品底播、捕捞、运输及销售记录过程中，统筹执法力量，在向相关部门寻求专业支持的同时，依托北斗卫星导航系统辅助审计测算，开展全面深入调查，充分体现了数字经济时代数字技术对市场监管的高效赋能。

早在2014年第三季度，獐子岛公司即被曝出扇贝造假疑团，公司业绩快速"变脸"，由预报盈利变为年度巨额亏损，一时震惊资本市场。面对质疑，深交所责令獐子岛公司自查。证监会在随后的核查程序中未发现虾夷扇贝苗种采购、底播过程中存在虚假行为，也未发现大股东存在占用上市公司资金行为，獐子岛公司涉险过关。2017年10月，集团公告公司秋季底播虾夷扇贝抽测结果正常，不存在减值风险，预计2017年归属于上市公司股东的净利润在0.9亿~1.1亿元间。然而，2018年1月末，獐子岛公司故伎重演，突然公告部分海域的底播虾夷扇贝库存异常，海洋灾害导致饵料短缺、扇贝饿死，对数亿元扇贝存货计提跌价准备或核销处理，导致2017年全年亏损7.23亿元。而后在2019年11月11日，公司再发公告称存货超3亿元的扇贝计提跌价准备，构成重大底播虾夷扇贝存货减值风险。扑朔迷离的獐子岛扇贝事件引发资本市场强烈不满，证监会随后对其信息披露行为正式立案调查。

面对深水养殖业存货难发现、难调查、难核实的现实挑战，证监会借助我国自主建设、独立运行的北斗卫星导航系统，对獐子岛公司旗下 27 条采捕船只的数百万条海上航行定位数据进行深入分析，并委托中科宇图科技股份有限公司及中国水产科学研究院东海水产研究所两家专业机构运用计算机技术还原采捕船只的真实航行轨迹，复原獐子岛最近两年真实的采捕海域，进而确定实际采捕面积，并据此认定獐子岛公司在营业成本、营业外支出、资产减值损失等方面操纵造假，在《秋测结果公告》《年终盘点公告》《核销公告》上存在虚假记载，严重扰乱证券市场秩序，严重损害投资者利益，社会影响极其恶劣。由此可见，数字技术以真实、客观的数据为基础，运用技术手段最大限度地还原客观事实，能有效赋能监管机构优化事实稽查效率、提高精准监管水平。

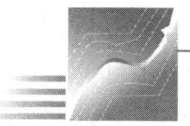

第五章　大数据驱动、决策模式优化与产品竞争市场治理

一、数字经济时代产品竞争市场对企业的重要意义

产品竞争市场向来被认为是企业经营运转过程中最为"惊险的一跳"。企业在经历创业、生产过程中的种种资本支出后，只有找准对标市场、如期完成销售循环，才能实现现金流回收，在顶住企业流动性压力的同时创造合理的投资回报。由此可见，企业只有顺利打开市场、占据足够的市场份额，才能最终在激烈的市场竞争中扎根立足，实现从创业到立业直至守业的初衷。因此，产品竞争市场直接把企业置于客观公正的市场环境中，是企业生产经营水平以及公司治理质量的天然检测场。企业管理者只有顺应市场需求组织生产流程，积极提高公司治理水平以节约更多资源用于生产投入，才有可能顺利通过市场和消费者的检验，完成企业经营闭环，实现长期发展。从另一视角看，企业管理层的任何经营失德和失败行为都会通过高度活跃的产品竞争市场暴露出

来，不易受到管理层的操纵和控制。企业实际控制人在市场及消费者压力的驱使下也将增强和提高对企业经营的责任感和敬畏度，积极推动企业顺利实现销售、扩大市场份额，避免被瞬息万变的市场淘汰，进而无法向股东投资者交代，最终影响自己的职业声誉和未来发展机会。

然而，传统公司治理研究在面对产品竞争市场时，虽然也关注产品及行业特征对企业行为的影响（Hoberg and Phillips, 2010; Hoberg et al., 2014），但更多是从产品市场的最终传导结果出发，并未深究其具体传导路径。传统公司治理研究仍然更侧重于从供给侧分析企业生产组织活动，企业根据自身的创业定位、可用资源、能力水平以及管理导向等因素统筹发展方向与生产活动，对以消费者及市场为代表的需求侧缺乏足够重视。这也佐证了传统公司治理研究的核心逻辑，即物质资本是企业赖以生存与发展的最重要的基础，企业对物质资本的筹集与配置能力是影响企业发展潜力的关键。

而在数字经济时代，产品竞争市场已明显发生巨大变化，从而驱动公司治理逻辑的转型和升级。伴随大数据与普惠金融技术的发展，社会精准融资能力加强，企业的融资渠道和融资能力显著拓展，物质资本对企业的重要程度下降，制约企业发展能力的主导因素从物质资本充裕度转向对产品竞争市场的利用效率。在新经济发展格局下，数据资源呈现爆发式增长，技术革新日新月异，商业模式、业务模式及盈利模式的迭代速度不断刷新历史纪录。企业只有充分捕捉市场的发展趋势和前进脚步，才能在激烈的竞争中不被市场淘汰。否则，若企业一味只从自己角度出发，忽视动态变化的市场环境，即使自身守法经营，也会因为落后的技术和产品惨遭市场抛弃。另外，在数字经济时代，消费者凭借数据优势不再被动接受企业的产品供给，他们能在充分流动的信息环境中全面把握市场态势，针对自己的消费需求从更广阔的市场空间自由选择产品，进而主动淘汰不符合其需要的产品和企业。

数字经济时代消费者主动性、话语权和影响力的极大加强客观上督促企业转变生产经营理念，从供给侧向需求侧转型，充分敬畏不断变化的市场环境，及时捕捉消费者需求，加强产品创新，增强竞争"硬实力"。同时，企业需要进一步加强与现有消费者以及潜在用户的关系维护，增强客户对企业产品及品牌的信任感和认同感，筑牢消费者与企业之间的情感连接纽带，提高消费者忠诚度，打造对企业保持竞争优势具有战略性意义的无形顾客资产。在关于消费者群体的重要性上，现有研究指出，企业有必要在消费者获取上投入充足的资源，并且维护好长期稳定的顾客关系，为企业储存扎实的消费者资源，以在激烈的商业环境中保持竞争优势（Gourio and Rudanko，2014）。Bronnenberg et al.（2012）、Dou et al.（2021）甚至认为企业不可分割的消费者资产以及顾客忠诚度位居企业最重要的无形资产行列，是企业难以被轻易复制的独特竞争优势，并通过准入门槛为企业构建更为安全稳定的经营竞争环境。

在消费者影响力的具体经验证据上，Chen et al.（2015）基于美国S&P 1 500家上市公司对高管激励契约的信息披露，发现市场竞争越激烈，消费者满意度越有可能成为高管薪酬计划设计的重要考察指标，更加显现消费者群体对管理层的治理效应。Chen et al.（2022）研究发现，企业对主要客户的依存度是影响其经营决策与企业价值的重要因素。企业的客户集中度越高，企业管理层出于对大客户流失的担心越可能会在经营风格上偏向稳健甚至过于稳健。为了鼓励管理层适度承担风险、抓住发展机会，公司在其薪酬计划中设计了更多的风险激励，驱动管理层更为积极主动地进行企业管理。除治理效应外，消费者在企业中还扮演着更为丰富的角色。Lee and Parlour（2022）以互联网众筹为场景构建模型进行理论研究，指出消费者是企业项目重要的投资者，对众筹资金效率产生显著影响。Huang（2018）收集了2004—2015年间美国亚马逊网站上超千万条的用户评价信息，发现消费者评价包含预测企业基本面及市场股价表现的额外信息，其负面消费评价对预测企业未来收入及盈利趋势尤其有参考价值。Dai et al.（2021）则从供应链视角指出，企业消费者是供应链条上重要的利益相关者，具有社会责任感的顾客能通过合作对象选择等途径把社会责任意识沿供应链条传递至上游企业，在加强升级的双方合作中创造更多的企业价值。

二、大数据驱动企业产品决策流程优化升级

大数据驱动指企业利用大数据技术分析消费者的消费数据和投资者对企业的评价,通过改变决策者获得的信息类型驱动企业价值链和业务模式优化,影响企业的决策和战略制定方式(Constantiou and Kallinikos,2015)。其具体包括大数据驱动信息流通全渠道以及信息传播扁平化两条路径,通过决策渠道下沉化、决策主体大众化和决策过程个性化,督促企业以快速迭代的市场需求为导向优化生产组织决策,升级创新型业务布局,提高在商业市场中的竞争优势。数字经济时代产品竞争市场治理如图 5-1 所示。

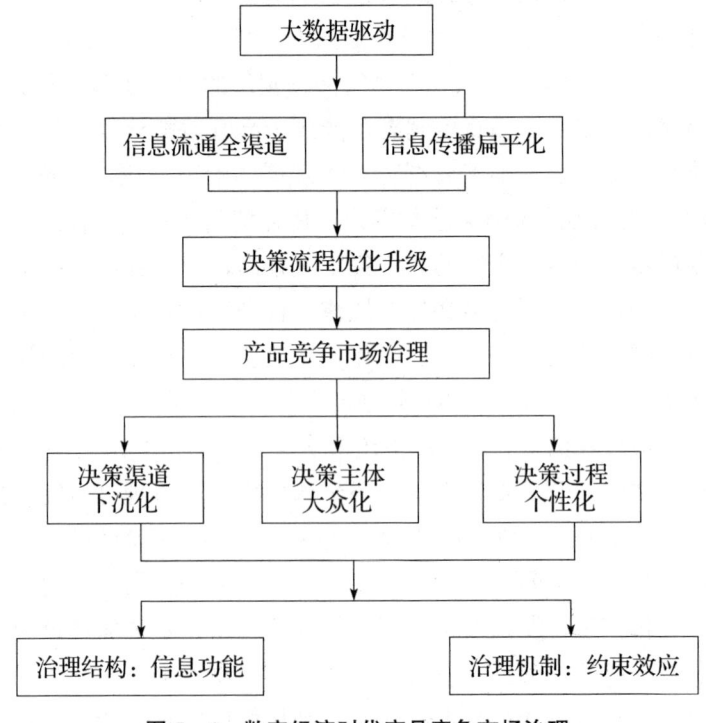

图 5-1 数字经济时代产品竞争市场治理

具体来说,在大数据驱动信息流通全渠道方面,在数据已经上升为社会经济新型生产要素的时代发展背景下,万物互联活动中生

成的具有海量异构、动态分布、实时更新、快速生成特点的各种结构化及非结构化数据极大拓展了企业的信息获取范围，驱动企业从更广阔的商品市场及消费者群体收集更多产品市场信息及用户需求信息，再造生产流程，发展个性化产品定制，优化商业模式及业务模式。企业可以充分利用数字经济时代的数据爆炸机遇，在宏观层面更为准确地把握国民经济的发展背景和建设方针、国家政策的扶持方向和支撑力度，充分利用有利的营商环境保障创业成功；在中观层面找准赛道，选择最具发展潜力与竞争优势的行业领域深耕细作，统筹规划物质资本、人力资本与技术资本，发挥好资本的比较优势；在微观层面，借助金融科技背景下新崛起的各类第三方数据平台，广泛收集消费市场的用户特征、消费偏好、搜索记录、购物体验、使用评价等需求端数据，提高对目标消费市场的精准画像能力，借助各种非常规的新奇数据（如网站点击量与浏览量、线下门店停车流量等）加深对市场的了解，以更好地满足现有消费者以及潜在用户群体的产品服务需求。这些收集而来的大数据资源也将逐步沉淀为企业特有的宝贵客户资产，为企业巩固市场竞争优势贡献关键力量。

在大数据驱动信息传播扁平化方面，在互联网技术不够完善的传统经营模式下，企业与消费者之间的信息传播与信息互动需要历经层层中间环节。市场端的消费者需求以及对产品、服务的投诉信息一般需要经过线下门店、经销商、代理商等诸多环节才能最终传递至总公司，并在总公司历经售后服务部、部门经理、分管副总裁等层级才有可能最终出现在企业决策者的视线范围内，其间面临大量的沟通成本与沟通效率损失，甚至有可能存在恶意阻碍信息的合理传播的现象。同样，企业最高决策层的战略部署与发展规划在由上至下传递到消费者市场的过程中也有可能被曲解甚至选择性向下披露。而在数字经济时代，海量高频信息无时无刻不在互联网环境中光速传播，把各利益相关者纳入统一的信息网络中，促进信息传播扁平化，推动治理边界由线上向线下、由有界向无界扩展。一方面，企业决策者可以及时把企业的愿景使命、发展规划、战略部署等重要信息通过社交媒体直接传递至资本市场与商业市场，降低企业内外信息的不对称性，提高企业透明度，增进消费者对企业的了解进而认可；另一方面，现有消费者的任何消费体验以及潜在用户群体的业务需求均可经由微博、微信、股吧等自媒体及社交网络直接传递至企业高层，驱动企业在及时处理市场矛盾、调解消费不满、维护消费者关系的同时，积极采纳客户的合理建议，优化业务模式和价值链条，进而更好地契合市场需求，在商业竞争中占据稳固的优势地位。同时，技术革命下的信息网络还为市场消费者之间的信息传递提供了直接平台，企业可以充分利用消费者之间的圈子效应和口碑优势更加专注于产品与服务质量，利用消费者社群之间的口口相传在节约营销推广成本的同时进一步提升市场忠诚度和增强认同感。

由此可见，大数据通过信息流通全渠道和信息传播扁平化帮助企业更为精准、高效且全面地收集消费市场信息，进而利用现代化的数据处理技术深化对信息的解析及挖掘能力，促进决策流程优化升级，加强产品竞争市场治理。在具体的决策流程优化上，首先，大数据驱动决策渠道下沉化，万物互联、纵横交错的信息网络把处于商业循环最前沿的消费市场环节纳入企业的经营决策网络，推动传统从企业视角出发的自上而下的决策过程向更尊重市场规律与消费者需求的自下而上的过程转变，把企业组织生产经营的决策权下沉至一线市场，以市场为导向驱动产品创新和业务发展。其次，伴随决策渠道下沉化而来的是决策主体大众化，更多现有消费者以及潜在消费者加入企业生产经营的监督建议环节，充分分享消费体验，积极贡献产品服务改进智慧，在为企业贡献群众智慧的同时也更加筑牢了与企业之间的情感连接纽带，增进了对企业和品牌的忠诚度和认同感。最后，大数据驱动决策过程个性化，企业决策者可以根据指向明确的产品市场信息以及用户需求信息夯实技术创新能力，再造生产流程，优化价值链条，拓展创新型业务模式，在个性化定制与个性化生产中进一步巩固在商业市场中的竞争优势。

三、大数据驱动内部治理结构调整：信息功能

传统的企业生产组织模式主要从企业实际出发，基于企业现有

第五章 大数据驱动、决策模式优化与产品竞争市场治理

的资源禀赋、人力资本、技术基础等生产要素规划、组织生产活动，商品生产环节呈现突出的供给端特征。在此发展模式下，消费者多是被动接受由企业决策的产品与服务供给，其实际的消费需求不是企业组织生产过程中仔细考量的核心因素，因而消费群体对企业的话语权和影响力相对较弱，消费者声音难以有效传递至企业及其决策者以发挥积极的咨询建议功能。

而在数字经济时代，伴随大数据及数字技术的高速发展，市场和消费者在企业中的角色和地位也相应发生巨大转变，消费者凭借技术便利身兼数职，同时是数字信息的使用者、生产者和受益者，发挥多重信息效应。消费者通过企业网站、电商平台、社交媒体等信息流通渠道把自己的产品需求、使用体验、消费评价等个性化信息积极反馈传递至企业决策层，企业也能充分动员各种新兴的第三方数据平台广泛收集市场参与者的个人特征、消费偏好、购物习惯、搜索记录等更高颗粒度的新奇数据。沉淀下来的消费市场大数据资源成为企业不可复制、不可迁移的专用性无形资产，有效辅助企业转变传统的生产经营方式，变革不适应时代进程的组织结构，驱动企业及其产品研发转型（胡斌，王莉丽，2020；刘意等，2020）。具体来说，数字经济时代的企业更应该以大数据生产要素为基础，以数据驱动的市场需求为导向，从多维度对消费者进行深度画像，进而再造生产流程，优化业务模式，有的放矢地提高产品创新能力，拓展具有高度市场优势和竞争力的新型业务，带动整个价值链条的转型升级，提高企业生产经营效率。

大数据除了在生产环节发挥精准治理功能外，还能有效提高营销领域的运作效率。企业基于大数据资源及数据分析技术，深度挖掘用户特征、使用习惯、购买记录等消费端信息，结合企业生产与业务实际准确定位潜在消费市场与用户群体，在量身推荐中提高营销推广资源的利用效率，减少传统过度营销背后的成本普涨及效率损耗，进一步优化企业的费用结构，提高经营绩效表现。

【案例 5-1】

东鹏饮料作为我国民族功能饮料第一品牌，在敬畏市场、尊重

消费者、充分利用产品竞争市场信息巩固能量饮料先行者地位上一直处于领先地位，是业内颇具代表性的研究样本。公司主营饮料的研发、生产与销售，于2021年5月以中国"功能饮料第一股"身份正式登陆上海证券交易所主板，旗下东鹏特饮更是2021年度国内销售量最高的能量饮料。在发展策略上，公司牢牢锁定功能饮料赛道，以东鹏特饮为中心逐步架构"东鹏能量＋"产品矩阵。从宏观环境看，伴随国民经济发展和人民生活水平提高，文化自信愈发崛起，消费扩容以及消费潜力释放为国货品牌腾飞带来巨大机遇。同时，在数字经济下的新消费时代，天生即带"网络"基因的90后、Z世代是能量饮料领域的消费主力，他们基于多元化消费场景下的多样化消费需求，鞭策企业高度重视互联网连接，促使企业把用户变成其数字化资产，大力推行互联网数字化变革，在正确赛道上整合资源和技术，持续增强研发创新能力，用创新带动民族品牌拥抱数字时代潮流，继续向上向强发展。

在具体的企业实践环节，东鹏饮料早至2015年即已开始数字化变革，利用现代信息技术布局产品精细化管理。从行业领先的"一物一码"技术到之后升级的"四码关联"技术再到如今迭代的"五码关联"技术，东鹏饮料以互联网为依托，综合运用二维码技术及大数据分析，对公司产品进行从生产到营销的全周期精细化管理，打通产品生产端与市场消费端的有效连接，在从消费市场追踪产品流向辅助生产决策的同时，为企业打造可以灵活操作的数字化营销体系奠定坚实的数据基础。

在"一物一码"底层架构搭建完毕后，大数据引擎将线下的扫码用户引流至企业微信公众号，方便企业通过后期不断的营销推广活动加强对消费用户的持续经营，打造企业特有的销售闭环，沉淀出企业专用的宝贵顾客资产，同时提高消费群体对品牌的认同感和忠诚度。凭借高度精细化管理下的产品扫码优势，东鹏饮料能有效利用数字化手段找到消费者并在线上留住消费者，进而通过精准营销把消费者交易导入线下门店，支撑实体业务的发展扩张。截至2022年6月底，东鹏饮料基于微信小程序的消费者互动

第五章　大数据驱动、决策模式优化与产品竞争市场治理

平台已实现累计不重复扫码消费者超 1.5 亿人次，累计扫码次数超 40 亿次，复购消费者占比超过 50%。企业领先于行业的"互联网＋"布局为企业长远发展做出了突出贡献。

面对新世代消费群体，东鹏饮料高度重视打造高水平研发中心，满足消费者日新月异的消费需求。一方面，东鹏饮料不断细分消费人群的口味、场景等核心需求，围绕能量饮料创新升级，全面考量消费升级趋势下消费者对健康自律的生活方式以及在产品功效、口感及健康成分上的更高要求，不断推动产品创新，围绕特定消费群体进行个性化定制生产，充实品牌资产，扩大产品竞争边界。另一方面，企业在审慎扩充品类的同时，也高度重视现有消费市场的用户反馈，持续优化现有产品的包装材料、口感风味、产品稳定性等，打造符合市场需求的品牌产品。

在运用大数据和数字技术加强精准营销上，东鹏饮料搭建公司数据库和数据决策平台，通过对渠道库存、终端网点、消费群体等多维度的综合分析，合理分配各项资源，制定针对性、个性化的精准营销策略，识别"8 群 20 类"重点人群客户并对其进行深入的场景化沟通，持续提升品牌曝光度，进而通过夯实消费意识提高市场占有率。同时，对于新世代的年轻消费群体，企业高效利用数字技术新媒体营销渠道，以"累了困了喝东鹏特饮"为核心，以"年轻就要醒着拼"为精神主线，不断巩固功能饮料最本质的功效教育，助力提升品牌传播的深度和广度，加深品牌价值和市场竞争优势。由此可见，数字经济时代的数字技术为东鹏饮料充分收集产品竞争市场信息、优化生产营销决策提供了广阔的施展空间，极大驱动了经营质量和经营效率的改善升级。

四、大数据驱动外部治理机制转变：监督效应

在外部治理机制转变上，产品竞争市场也能借助大数据优势更好地发挥监督约束效应。在传统公司治理模式下，企业决策者习惯于从自身利益出发组织生产决策；消费者更多作为企业供给的被动

接受者，在市场中的谈判能力相对弱小，对企业的影响力和话语权不足。同时，在传统商业经营模式下，消费者群体对自己力量的重要性也认识不足，没有充分认识到消费者才是企业命运的终极主导者，直接关乎企业能否通过市场检验、完成"惊险的一跳"。消费者有权利也有能力以更为积极的姿态参与企业的公司治理，充分发挥监督职能。

事实上，消费者不仅是企业产品与服务的使用者和受益者，同时也是资本市场的参与者和投资者，是企业外源融资渠道的重要组成部分，是不可忽视的利益相关群体。消费者一方面可以基于用户立场向企业充分表达需求和诉求，监督企业转变经营方式，切实提高产品服务质量；另一方面也可以利用投资者身份，借由微博、微信、股吧等自媒体及社交平台充分交流沟通，提高市场信息传播效率，降低企业内外信息不对称性，形成资本合力监督企业注重运营的精准化和科学化，引导公司治理更加规范化和效率化。

除此之外，大数据生态环境也驱动企业更加全面及时地掌握市场经营风向的变化，尤其是行业竞争对手的行为动态。企业能够充分利用各种主流及新兴数据收集渠道广泛收集竞争对手的生产经营状况、技术研发优势以及业务模式创新信息，进而更加精准地调整、发展自己的比较优势，在高度竞争、高度流动的商业环境中牢牢把握细分市场，同时有条不紊地发展壮大，实现长期可持续发展。企业能否对纷繁复杂的数据信息保持敏锐感知、能否从海量庞杂的数据资源中挖掘更多更高质量的信息，成为制约其提高公司治理水平、树立行业领先优势的关键因素。

【案例 5-2】

众筹平台，尤其是商品众筹平台，生动诠释了产品竞争市场的监督功能。消费者既是融资企业的资本贡献者，又是其创新产品的早期使用体验者，消费者与投资者双重身份的和谐统一充分体现产品竞争市场对企业的监督功能，督促企业加强对产品竞争市场以及消费者反馈的重视，从而辅助企业经营决策。

第五章　大数据驱动、决策模式优化与产品竞争市场治理

众筹，顾名思义即大众筹资或群众筹资。中国人民银行发布的《中国金融稳定报告》把众筹纳入我国互联网金融的六大主要业态。手握核心技术、关键资源及制胜创意的创业者可以作为项目发起人（筹资方），通过互联网众筹平台面向社会公众（投资人）公开募集资金，并经由社交媒体等网络平台争取最为广泛的线上支持，最终顺利募集足额资金以启动创新项目。投资者在众筹平台上浏览各种项目，根据自己的投资需求（如投资金额、投资期限、预期回报率等）及兴趣偏好选择合适的投资标的。作为投资回报，赞助人除了有机会分享高潜力创业企业的股权，还能对创新产品开发拥有一定的话语权并成为其早期体验用户。众筹凭借注重创意、融资门槛低且主体大众化的优势，为创业者提供了无限可能。我国的众筹市场伴随 2011 年 7 月点名时间众筹平台的上线拉开帷幕，经过 2014—2015 年的爆发式增长，自 2016 年随着行业监管趋向严格进入平稳规范发展阶段。

除融资功能外，众筹平台参与具有额外信息含量吗？Xu（2019）通过大样本实证研究及问卷调查给出了肯定答案。众筹融资区别于传统融资渠道，筹资者与投资者之间的信息不对称性更显著。在此情况下的众筹项目若能如期收获用户的积极参与，表明投资者更强烈地认同项目的实际市场潜力。用户通过参与活跃度（如众筹融资额）及时向早期创业发起者反馈市场对项目的价值评估状态，辅助创业者根据市场参与的积极程度做出是否继续推进商业化、是否调整项目规模等关键决策，实现除融资功能以外的附加信息价值。在随后的问卷调查中，Xu（2019）对 200 余个众筹失败的项目发起者展开追踪研究，发现在众筹失败后，47％的受访者最终放弃项目，20％选择调减项目规模。在原因上，57％的受访者表示"市场缺乏兴趣"是其放弃的主要原因，而 63.4％的受访者表示众筹活动有助于"检验项目市场反应"，发挥产品市场的积极监督效应，辅助企业决策。

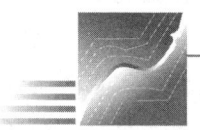

第六章　大数据重构、商业模式创新与控制权市场治理

一、数字经济时代的商业模式创新

目前，中国经济发展正处于新旧动能转换的关键时期。数字经济作为继农业经济、工业经济之后的新型经济形态，以数字化的知识和信息为关键生产要素，以数字技术为核心驱动力量，以现代信息网络为重要载体，重组要素资源，重塑经济结构，重构竞争格局。以物联网、"互联网＋"、大数据、云计算、区块链、人工智能等为代表的颠覆性高新数字技术作为全球研发投入最集中、创新最活跃、应用最广泛、辐射带动作用最大的领域，不断重塑传统经济社会中的产品服务、业务流程、组织结构乃至商业模式，推动实体经济生产方式、生活方式及治理方式的深刻变革，成为有效推动经济高质量发展的新引擎（刘洋等，2020）。

具体来说，在技术创新上，以 5G 通信、互联网、大数据、云计算、人工智能等前沿信息技术为代表的互联网应用扩张全面融入投资、生产、

第六章　大数据重构、商业模式创新与控制权市场治理

消费等经济社会领域，极大帮助了企业创造价值优势，保持领先地位（何大安，2018；杨俊等，2022）。在产品创新上，数字经济时代企业更加重视顾客价值与用户需求，把数字技术全面应用于需求预测、产品设计、价值创造、管理变革等各个环节，使数字化更好地服务于市场需求，在产品的迭代创新中创造更大的商业价值（陈剑等，2020；戚聿东，肖旭，2020；姚小涛等，2022）。在业务模式创新上，基于网络结构、行为优势以及学习机制的商业模式创新，是互联网企业创业成功的关键。基于人工智能对智能营销、智能运营、客户管理及供应链管理的支持，新零售商业模式形成。基于"互联网+"的商业活动空间分布重构，从改变消费者购物时的空间阻力成本入手，使传统的零售连锁转向电商模式进而发展到线上线下结合模式。大量数字技术重塑商业模式的实践案例为拓展理论研究提供了丰富的研究素材，也是公司治理研究新范式的探索起点，基于治理实践需求推动发展的范式创新对于把握新时代的经济社会发展规律具有重要指导意义。

二、商业模式创新重构控制权市场

大数据在重构企业数字化转型过程中的技术模式、生产模式以及业务模式的同时，也重新设计了企业的决策模式和治理模式，重塑内部权威分配格局，使之更加契合数字化转型的内在要求。数字经济下的控制权市场治理如图6-1所示。

对于传统经济下的企业来说，寻找并说服外部投资者注资、如期募集足额启动资金是企业顺利进入市场的关键环节，也是企业创业成功的基本保证；而伴随企业的成长壮大，后续融资能力及融资水平更是直接影响企业可动用的资源储备，是企业发展潜力的支撑力量。由此可见，传统的公司治理经典框架主要是为了通过一整套的制度安排和机制设计确保企业能够说服以股东为主体的外部投资者克服企业内外信息不对称而顺利实现融资，并通过高质量、高效率的经营运作为股东实现合理的投资回报。在公司治理经典分析框架下，作为企业物质资本供给者的股东因掌握对资本配置的控制权

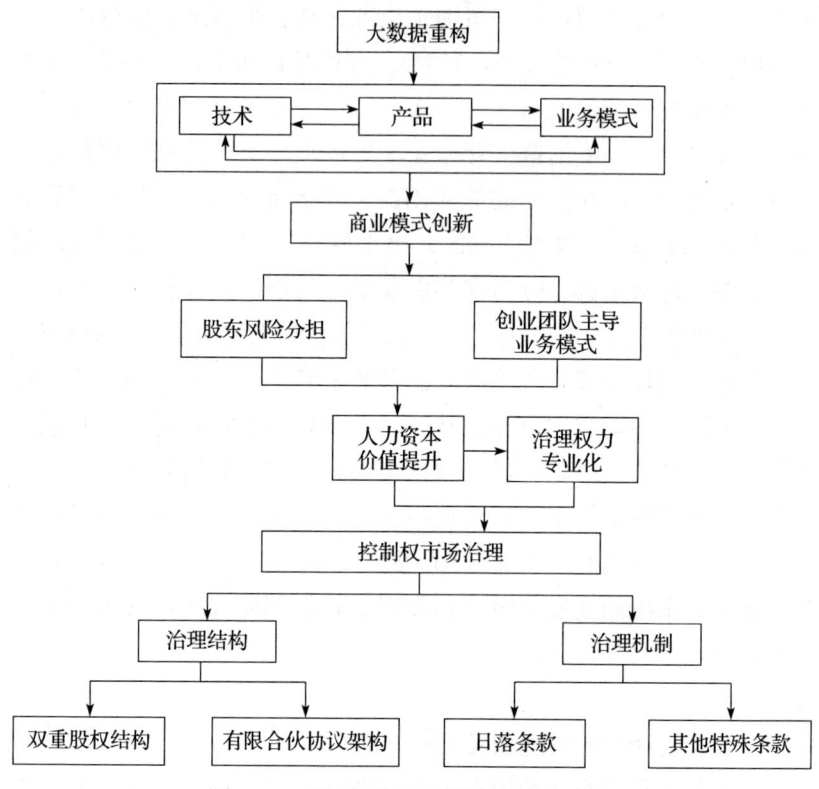

图 6-1 数字经济下的控制权市场治理

而成为公司治理的中心，公司治理的主要目标是维护股东利益，确保股东价值最大化。股东凭借资本优势雇用董事会及管理层作为其利益代言人，并利用与股权相伴的投票权控制企业的经营方向。

然而，如前文所述，在数字经济时代，大数据及普惠金融技术的扩散推广极大提高了市场上的精准融资水平，融资渠道扩大，融资社会化程度提高，融资成本降低，物质资本对企业生存发展的重要性大大降低。相应地，主要提供物质资本的股东群体在企业的影响力也显著削弱。同时，伴随资金群体大众化的转型，企业股权分散度进一步提高，单个股东的话语权和控制力减弱，股东之间的力量对比更为均匀，传统大小股东之间的矛盾冲突及代理成本不再是公司治理体系中的突出问题。

第六章　大数据重构、商业模式创新与控制权市场治理

在新型经济形态下，伴随物质资本在企业内部地位下降的是人力资本、技术资本等创新资本的崛起，富有市场竞争力且引领时代前沿的商业模式、业务模式以及盈利模式一跃成为企业创业成功的关键，而这些专业性、技术性、指向性极强的知识领域通常超越了投资者的视野和能力范围，由此，股东除了提供不再稀缺的物质资本外，无法在具体的商业实践上对企业形成有效帮助。企业从创业到发展成功的关键掌握在企业的创始人及其业务团队手中。他们坐拥保障企业可持续发展的核心技术和关键资源，熟谙企业的技术创新、产品创新、服务创新以及商业模式创新，是企业不可或缺、不可替代的核心竞争优势。而兼具企业家特质与企业家精神的创始人更是企业的灵魂与先驱，一旦创始人失去对企业的有效控制，企业将丧失长期发展的核心能力。

事实上，数字经济时代对创新型商业模式的高度重视也于无形中重塑了企业的控制权配置格局以及股权结构设计。在"技术即为话语权"的企业经营实践下，为了获得企业发展必需的资金支持，掌握企业核心技术与关键资源的创始团队在资本市场审慎选择愿意合作的资本力量，向其让渡相当比例的所有权以交换物质资本，同时通过保留对董事会及管理层的强力控制继续保持控制权稳定，公司治理模式则由"资本雇用劳动"向"劳动雇用资本"转变，公司治理重点由以股东为中心转向以企业家为中心，公司治理目标由防范股东与管理层之间的委托代理成本变成保持创始团队的控制权稳定，通过一系列的机制设计激励创业者向企业长期持续地投入人力资本、智力资本、技术资本、管理才能等创新资本，护航企业长远发展。由此可见，数字经济下的企业权力分配格局将显著向创始团队倾斜，技术权重增加，专用性人力资本的价值贡献空前强化。

同时，与权力分配向创始团队倾斜相配套的是企业的经营决策话语权也向创始人及其核心业务团队倾斜。专业性更强的创始团队远比股东更了解企业的商业模式、业务模式和盈利模式，能为企业发展提供切实可行的成长方案，进一步巩固在活跃市场中的竞争优势。把业务模式交由创始团队主导的权力分配理念充分体现数字经

济时代"术业有专攻"的优化思想，让更专业的人去做更擅长的事，在股东与创业团队职能专业化分工的格局下充分发挥各自的比较优势，为企业实现长期价值最大化贡献力量。

因此，本章接下来将围绕数字经济时代控制权市场的新面貌，从内部治理结构和外部治理机制两方面阐述大数据的重构设计。在内部治理结构中，我们从公司治理的基础——股权结构设计出发，详细阐述以双重股权结构及有限合伙协议架构为代表的新型股权结构在推动股东与创业团队职能专业化分工上的独特优势，然后分析掌握企业中心权力的创始人及其核心业务团队在董事会、管理层以及员工群体中的治理功能。在外部治理机制中，我们提出问题"通过一系列机制设计和制度安排强调的对创业者控制权稳定性的保护是否存在新的治理风险"，特别是在外部股权争夺机制威胁下降的客观事实下，如何通过公司章程、日落条款等制度设计引导创始团队在正确的轨道上合理行使控制权。

三、大数据重构内部治理结构

（一）公司治理的基础：控制权设计

控制权设计是公司治理制度设计的中心环节，健全完善、权责清晰的所有权结构是企业稳定发展的内在保障，包括引入股东的类型、性质及其股权比例和投票权利。传统"一股一票、同股同权"的股权结构体系明显不适应与时俱进的企业实践，难以满足数字经济企业控制权向创始团队倾斜的两权分离需求，对新型股权结构体系的探索开发势在必行。在实务操作中，我们可以看到双重股权结构和有限合伙协议架构两种创新型股权结构模式，通过制度设计及协议安排保障股东所有权与创业团队控制权实现新型高度分离，不仅为企业引进充足的外部物质资本，而且从控制权安排上收缩股东权力范围，明确投资者与管理团队之间的权责边界，保障各方在契约框架下分工行事，最终为企业发展营造连贯稳定的控制权环境，并以此向外部资本市场传递对自己业务模式充分自信的积极信号。

1. 双重股权结构

双重股权结构指企业可以根据自身利益需求和实际发展需要，在股权结构中设置带有不同表决权的类别股，包括"一股一票"表决权的普通股和"一股多票"表决权的特别表决权股，特别适用于数字经济下的高新技术企业。创始团队在让渡股权、引入外部资本的过程中对已设置明确的特别表决权股（如约定特别表决权股份拥有的表决权数量是每份普通股表决权数量的 10 倍），即可用较小股份撬动较大投票权，实现获取资金与保留控制权的和谐共存。相较风险与责任相匹配的"一股一票"制，这种"同股不同权"的特殊投票权实现了所有权与控制权的新型分离。在具体的公司实践中，双重股权结构可以进一步划分为以 AB 股结构为代表的直接双重股权结构和以合伙人制度为代表的变相双重股权结构。从全球资本市场改革来看，2018 年 1 月，新加坡股票交易所率先宣布允许"同股不同权"架构上市；同年 4 月，中国香港证券交易所完成了号称"25 年以来最具颠覆性的上市制度改革"，同样允许"同股不同权"构架公司赴港上市。2019 年 7 月，上海证券交易所科创板首批 25 家公司正式登陆资本市场，允许双重股权结构股票上市。双重股权结构在数字经济时代创新实践的驱动下重新焕发生机与活力。

实际上，双重股权结构在相对更为成熟的美国资本市场存在已久，只是传统公司治理研究更关注其风险与责任高度分离背后的委托代理成本。Masulis et al.（2009）以 1994—2002 年间美国资本市场上的双重股权结构上市公司为研究样本，实证研究发现内部控制人投票权与所有权的高度分离显著助长管理层对控制权私利的攫取，他们利用超额控制权加强对自由现金流的控制，设置超额薪酬计划，从事低效率的过度投资，损害公司和股东的整体利益。Gompers et al.（2010）同样基于美国资本市场上采用双重股权结构的公司，构建公司治理指数以量化管理层对公司利益的侵占程度，他们发现：相关公司所有权与投票权的分离程度越高，代理问题越严重，企业价值越低。在业界实践中，美国机构股东服务公司（ISS）甚至将实施双重股权结构的谷歌公司的公司治理水平归入基础一类，在 S&P

500 指数成分股企业中评级最低。

然而，伴随数字经济实践对创新型股权结构设计模式的迫切需求，曾经饱受质疑与批评的双重股权结构重新回归理论界和实务界的视野。在近年来发表于国际顶级金融学期刊的研究成果中，Xu（2021）基于美国双重股权结构上市公司样本，研究发现这些公司对经营风险及财务风险的涉入程度可能低于单一股权结构公司，原因在于两权分离下的内部控制股东为了保障自己对公司稳定持续的超额控制权，也会主动从企业长期利益出发审慎经营，以免企业面临控制权转移风险。特殊投票权股东的稳健经营风格也正好与债权人利益保持一致，进而为企业争取到更低的债权融资成本，切实创造更多资本便利。可见，两权分离下的实际控制人并非只会局限于眼前短期利益谋求个人私利，他们同样有可能从企业长期利益出发，发挥特殊股权结构的积极效应。也正因如此，双重股权结构由于迎合了数字经济时代对创新导向企业控制权配置的内在需要，越来越被新经济企业吸收利用。Aggarwal et al.（2022）通过规范严谨的实证研究，以美国资本市场为例，证实双重股权结构在新经济背景下的上升趋势，特别是当创始团队有更强的谈判力时，他们更倾向于在让渡股权交换物质资本的同时通过特殊投票权制度保持控制，另外，更少设置具有内在约束力的日落条款，以对企业有更充分的话语权空间。Field and Lowry（2022）分析认为，投票权与现金流权高度分离下的代理成本及超额控制权私利仍然是双重股权结构愈发流行的重要原因，并且新型股权架构要有一定的存在合理性才能最终被资本市场认可和接纳。

我国作为全球数字经济及技术发展的前沿阵地，新经济企业层出不穷，为新型控制权配置模式研究贡献了丰富的研究素材，奠定了扎实的实践基础，涌现出众多高质量研究成果。张继德和陈昌彧（2017）就双重股权结构做过系统综述，细致梳理包括委托代理理论、控制权理论、企业生命周期理论在内的相关理论基础，并结合经济社会实践讨论其对推动创新创业企业发展和深化国有企业改革的重要意义。在具体的代表性研究上，郑志刚等（2016）深度挖掘

第六章　大数据重构、商业模式创新与控制权市场治理

了阿里巴巴首创的新型合伙人制度。阿里巴巴合伙人独享提名董事会简单多数成员的权利，即使股东大会否决了提名董事，合伙人也有权继续提名，直到董事会主要由合伙人提名的人选构成，以此保持阿里巴巴创始团队对公司的控制权。他们在细致的案例研究中发现阿里巴巴借助合伙人制度事实上完成了创始团队与外部投资者之间的职能专业化分工合作，从"资本雇用劳动"转变为"劳动雇用资本"，双方在共享信息、共担风险的过程中强化长期事业合作伙伴关系。杨国超（2020）则从另一视角分析阿里巴巴合伙人制度，他通过对支付宝股权转移事件、低价回购雅虎股权事件、首次披露合伙人制度的市场反应等事实的深入挖掘，指出管理层有可能利用合伙人制度下的超额投票权优势攫取控制权私利，值得资本市场保持警惕。王春艳等（2016）基于创始人控制权演进视角开展多案例研究，以阿里巴巴、脸书（Facebook）和雷士照明为研究对象，发现企业的财务性资源、关键的知识性资源和关系性资源是创始人稳定控制权的基础，并随企业的发展状态而呈现动态变化。在大样本研究上，惠祥等（2016）以我国 A 股市场高新技术产业上市公司为研究对象，通过实证研究指出适时获得外部融资、长久保持创业团队的控制权稳定是此类技术创业型企业持续发展的基础，稳定的权威分配体系对企业命运走向至关重要。郑志刚等（2021）以在美上市的创新型中概股企业为例，通过实证研究发现双重股权结构能显著降低管理层非正常离职的概率，促进企业创始人担任 CEO，进而鼓励人力资本的持续稳定投入，促进企业提升创新能力、增加创新投入。

　　伴随我国证券市场改革的全面深化，科创板及注册制的推出为双重股权结构的落地实践奠定了坚实的政策基础。学者应该充分认识到双重股权结构下控制权向创始团队倾斜对于企业技术进步和创新发展的现实意义，同时对投票权与现金流权高度分离下的利益冲突和代理成本保持警醒，积极开发内外部治理机制引导权力在正确的轨道上行使，激励创始团队充分发挥内部信息优势，持续向企业投入更多高质量的人力资本、智力资本、技术资本以及管理才能，

为企业的长远发展保驾护航。

【案例 6-1】

双重股权结构,又名 AB 股结构,在我国上交所科创板称为特别表决权架构,在香港联交所称为不同投票权架构。2018 年 4 月,香港联交所正式宣布修订《主板上市规则》,允许"同股不同权"架构公司赴港上市,完成"25 年以来最具颠覆性的上市制度改革"。2018 年 7 月 9 日,小米集团赴港首次公开募股(IPO),成为首家在香港联交所上市的采用不同投票权架构的公司。根据小米集团的招股说明书,公司在控制权配置上采用双重股权架构,公司股本分为 A 类股份和 B 类股份;对于股东大会决议案,除极少数保留事项有关的决议案投票(如修订大纲或细则,委任、选举或罢免任何独立非执行董事,委任或撤换本公司审计师,本公司主动清盘或解散等)外,A 类股份持有人每股可投 10 票,B 类股份持有人每股可投 1 票。其中,企业创始人雷军和联合创始人林斌持有全部 A 类股份,雷军持有约 4.29 亿股 A 类股份,林斌持有 2.4 亿股 A 类股份,如此小米集团的核心创始团队即通过特殊投票权制度实现了所有权与控制权的新型分离,方便创始团队在引进外部资本、缓解资金需求的同时继续保持对创业企业的稳定控制,以长远眼光实施长期策略,使公司长期受益。小米集团 IPO 时的不同投票权架构如图 6-2 所示。

	股份数目	已发行股本概约百分比	投票权概约百分比
不同投票权受益人所持A类股份……	6 695 187 710	29.92%	81.02%
不同投票权受益人所持B类股份……	2 674 339 990	11.95%	3.24%
总计……………………………………	9 369 527 710	41.87%	84.26%

图 6-2 小米集团 IPO 时的不同投票权架构

就中国内地资本市场而言,2020 年 1 月 20 日,优刻得科技股份有限公司(简称优刻得)在上交所科创板上市,成为第一家在中国内地上市的同股不同权架构公司,被誉为"中国云计算第一股"。根据企业招股说明书,优刻得于 2019 年 3 月 17 日召开 2019

年第一次临时股东大会,修改公司章程,设置特别表决权。根据设置安排,公司共同实际控制人季昕华、莫显峰及华琨持有的 A 类股份每股拥有的表决权数量为其他股东所持有的 B 类股份每股拥有的表决权的 5 倍,三人对公司的经营管理以及股东大会决议具有绝对控制权;除非经公司股东大会决议终止特别表决权安排,否则此特别表决权设置将持续、长期运行。优刻得 IPO 时的特别表决权架构如表 6-1 所示。通过优刻得的控制权架构,我们可以看出:科创企业为了增强自身经营战略的稳定性和连续性设置特别表决权,是协调外部融资需求与控制权稳定之间矛盾的有效举措。

表 6-1 优刻得 IPO 时的特别表决权架构

序号	股东名称	持股数（股）	股权比例（%）	表决权数量（票）	表决权比例（%）
1	季昕华	50 831 173	12.030 1	254 155 865	31.250 5
2	莫显峰	23 428 536	5.544 8	117 142 680	14.403 6
3	华琨	23 428 536	5.544 8	117 142 680	14.403 6
4	其他现有股东	266 343 919	63.035 2	266 343 919	32.749 1
5	公众股东	58 500 000	13.845 1	58 500 000	7.193 0
合计		422 532 164	100.000 0	813 285 144	100.000 0

从企业实践层面看,同股不同权架构并非只有普通 AB 股一种模式,还可以衍生出 ABC 股（如蔚来汽车）、超级 AB 股（如巨人网络）、优先股等丰富变形配置模式,具有极为广阔的应用前景。

2. 有限合伙协议架构

上市公司内部正在逐渐兴起的有限合伙协议架构最初受私募投资基金组织结构模式启发,从传统风险投资场景移植到实体经济企业中。我国于2007年组织修订《合伙企业法》，首次引入有限合伙制度，从正式制度层面为有限合伙协议架构奠定法律基础。有限合伙协议架构基于有限合伙协议分配控制权，其中普通合伙人对合伙企业债务承担无限责任，拥有合伙企业全部的决策权和控制权，对外代表企业执行事务；而有限合伙人以其认缴的出资额为限对合伙企业债务承担责任，只享有投资收益分配权，遵从法律的禁止性规定不得对外执行合伙事务。由此可见，有限合伙协议架构基于协议路径实现了控制权与收益权的新型分离，在控制权配置逻辑上强调普通合伙人的一元主导性，淡化资本对企业的控制，契合新经济企业对协调物质资本与人力资本的权力格局需求，被广泛运用在新经济企业的股权架构设计中。

在有限合伙协议架构下，创始人以普通合伙人身份牢牢控制合伙企业，进而借助合伙企业的大股东身份对目标公司实现有效控制；为企业发展提供绝大部分物质资金支持的投资者以有限合伙人身份参与企业增值收益的分配，但不得干预企业日常经营决策，由此形成以创始人为主体的普通合伙人和以投资者为代表的有限合伙人之间的职能专业化分工格局，变相形成特殊控制权架构，帮助创始人在获得外部资金支持的同时保持对创业企业的稳定控制，实现权威配置向创始团队倾斜，更加体现人力资本与外部物质资本的深度融合。郑志刚等（2022）基于2014—2019年间的A股非国有上市公司，发现其中有16.3%的公司在上市时采用有限合伙协议架构。在公司具体实践中，合伙企业的普通合伙人基本上为创始人本人、创始人控制的合伙企业（两层或以上嵌套）或者创始人直接或间接控制的有限责任公司。

当然，有限合伙协议架构在创新控制权配置模式、协调内部创业团队与外部投资者实现深度专业化分工的同时也潜藏了新的治理风险。创始人利用其普通合伙人身份，以合理合法的途径拥有对合伙企业直至目标公司的强力控制，在企业创业初期有效协调了资金需求与控制权稳定之间的矛盾。然而，当企业逐步走向成熟壮大时，创始人的固有经验、能力及资源可能将落后于企业的实际需求，创

第六章 大数据重构、商业模式创新与控制权市场治理

始人个人的狭隘主义、保守主义、经验主义等管理缺陷将使企业暴露于新的经营风险之中。除此之外，有限合伙协议架构企业从法律框架上绕过了股东大会、董事会、监事会监督，普通合伙人权力陷入无监督状态，公司整体治理机制薄弱，控制权过度膨胀为企业带来额外治理风险。新型股权架构、新型两权分离下的权力制约与平衡机制成为未来有限合伙协议架构下公司治理研究的重要探索方向。

【案例6-2】

广州汇垠澳丰股权投资基金管理有限公司（简称汇垠澳丰）基于有限合伙组织形式，通过叠加包括各种资管计划、信托计划、私募基金等潜逃资金在内的一系列杠杆操作，在资本市场操作上演绎了"精彩绝伦"的一幕，对于理解有限合伙协议架构的杠杆效应、操作空间及其放大的金融风险具有极强的现实启发意义。有限合伙企业架构从表面看只是特殊控制权架构的一种实现途径，通过资本与管理的专业化职能分工实现双方合作共赢，在保障创始团队稳定控制权的同时帮助企业家实现以小博大的杠杆效应，提高资本配置效率。然而，有限合伙企业这种工具形式的实践威力远不止于此。在实务操作中，它能轻松嵌套叠加数倍杠杆资金，极尽资本腾挪手段隐藏幕后实际控制人，成功入股主体公司后再以极其隐秘的方式构建大量溢价交易、关联交易等攫取巨额控制权私利，严重挑战资本市场的运行底线和监管边界。针对有限合伙企业高度信息不对称下的嵌套运作，我国监管层正在完善相应规则，进一步明确穿透披露原则，例如在上市公司重大资产重组交易中，对于有限合伙企业应当穿透披露至最终出资人；有限合伙企业成为上市公司第一大股东或持股5%以上股东的，还应当披露最终出资人的资金来源、内部协议安排、运作机制等重点内容，提高有限合伙企业的透明度，遏制幕后控制人的资本操纵企图。

汇垠澳丰成立于2014年6月，由元亨能源（占股23.01%）、广州合辉创（占股23.30%）、汇垠天粤（占股30.68%）、杭州宏

拓（占股23.01%）四家公司联合持有，表面上属于无实际控制人公司。截至2018年7月，汇垠澳丰共计投资80家企业，其中76家采用有限合伙企业架构，18家在中国证券投资基金业协会备案登记，构成汇垠澳丰资本运作的主体工具。在操盘模式上，汇垠澳丰极其擅长利用普通合伙人身份，以极少量自有资金投入撬动体量庞大的有限合伙企业，然后通过有限合伙企业入驻控制上市公司，继而主导上市公司重大资产重组等资本运作，通过一系列溢价交易、关联交易谋取重组红利，沦为幕后实际控制人"收割"资本市场的敛财工具。具体来说，汇垠澳丰巧借有限合伙企业便利，仅用201万元的实际出资即撬动了47亿元的杠杆资金，用其中43亿元以协议转让方式收购主业不振、运营不顺的汇源通信、融钰集团（原永大集团）、顺钠股份（原万家乐）三家上市公司控股权，最终实现对近200亿元市值的有效控制，进而主导大量重大资产重组操作，涉嫌对幕后实控人的巨额利益输送。虽然最终异常重组项目多以失败告终，但公司股价却在不断的利空消息中严重下挫，极大损害了上市公司的正常经营及股东利益。

2015年4月7日，汇垠澳丰与深圳平安汇通投资管理有限公司（简称平安汇通）旗下的汇垠澳丰汇富2号专项资产管理计划合伙成立广州蕙富博衍投资有限合伙企业（简称蕙富博衍），其中汇垠澳丰出资100万元，占股0.06%，担任普通合伙人；平安汇通出资16亿元，占股99.94%，为有限合伙人，表面上主要提供资本支持。2016年3月，蕙富博衍以15.5亿元的价格通过协议转让取得上市公司万家乐17.37%的股份，成为其第一大股东。然而，蕙富博衍收购万家乐并非为了获取经营协同效益，而是谋划逐步剥离其主营厨卫业务，以高溢价收购关联人控股公司，涉嫌利益输送。后因两关联人未如约履行对赌业绩承诺，两关联人被深交所公开谴责。

2015年4月7日，汇垠澳丰与平安汇通旗下的汇垠澳丰6号专项资产管理计划合伙成立广州蕙富骐骥投资有限合伙企业（简称蕙富

第六章　大数据重构、商业模式创新与控制权市场治理

骐骥），其中汇垠澳丰出资 100 万元，持股 0.17％，出任普通合伙人；平安汇通出资 6 亿元，占股 99.83％，担任有限合伙人。2015年 11 月，蕙富骐骥以 6 亿元的价格收购上市公司汇源通信20.68％的股权并成为公司第一大股东。蕙富骐骥在入驻前承诺向上市公司注入优质资产，之后却发布溢价和商誉极高、涉嫌重大关联交易与利益输送风险的重大资产置换方案，最终被股东大会否决，公司股价下挫。甚至随后蕙富骐骥的有限合伙人出于不满直接要求召开合伙人大会，更换身为普通合伙人的汇垠澳丰，资本市场一片哗然。

同在 2015 年 4 月 7 日，汇垠澳丰还与平安汇通旗下的汇垠澳丰 7 号专项资产管理计划合伙成立广州汇垠日丰投资有限合伙企业（简称汇垠日丰），其中汇垠澳丰出资 1 万元，占股 0.000 4％，出任普通合伙人；平安汇通出资 15 亿元，占股 99.999 6％，担任有限合伙人。2016 年 7 月，汇垠日丰以 21.5 亿元的价格受让永大集团（后变更为融钰集团）23.81％的股权，成为公司第一大股东。永大集团原主营永磁高低压电气产品，后因主营业务盈利空间不足开始谋求转型。汇垠澳丰入驻企业后先后发起数轮对互联网或金融行业关联公司高溢价附加高业绩承诺的股权收购，引发资本市场广泛质疑甚至受到深交所严肃问询。伴随重组事项的纷纷流产，公司股价发生断崖式下跌，全体股东为大股东投机买了单。

汇垠澳丰对有限合伙协议架构运用的"炉火纯青"案例除了提醒资本市场警惕杠杆工具背后的信息不透明风险及资本运作操纵空间，还提醒市场必须始终注意对上市公司有限合伙企业型控制人的穿透分析，识别幕后隐藏的资本控制力量。单纯从汇垠澳丰自身四家股东所有权相当的股权结构上，它依规被认定为无实际控制人公司，进而其所控股的上市公司自然也被认定为无实际控制人公司。然而，从其在上市公司的资本操作看，大量疑点重重的关联交易和利益输送频发，幕后实际控制人极可能隐藏在层层嵌套的杠杆结构下谋求巨额私利，肆意践踏市场规则，损害交易者合法利益。

(二)公司治理的主体：掌握关键技术的董事会及管理层

新型股权结构设计创造性地通过传统金字塔链条以外的方式实现所有权和控制权的高度分离。在双重股权结构下，普通投票权股东能凭借资本份额对应的股权比例分享企业的经营收益，却无法在股东投票上与特别表决权股东抗衡，损失对企业经营决策的影响力；在有限合伙协议架构下，以外部投资者为主体的有限合伙人向合伙企业注入绝大部分物质资本，却依照法律对有限合伙人职能的禁止性规定不得干涉合伙企业日常经营，企业控制权掌握在出资份额较低的创业者手中，外部投资者的角色定位以分享收益的同时分担风险为主。由此可见，创新型的控制权配置模式从基础机制设计环节即弱化资本对企业的话语权和控制力，把新经济企业的发展命运交至更熟悉其商业模式、业务模式和盈利模式的创始团队手中，避免企业被资本市场的短视主义和逐利趋向裹挟，丧失长期可持续发展的基础条件。

新型股权结构妥善协调了新经济企业创始团队有限的资本投入与保持控制权稳定之间的矛盾，使得创始人在引入外部资本、缓解企业融资约束的同时借助高质量的资本力量进一步为企业背书增信。在稳固控制权上，创始人及其核心业务团队除了借助新型股权结构体系下的特殊投票权制度或普通合伙人身份，还毫不放松对企业日常经营决策、执行机构董事会及管理层的控制。创始团队以与外部股东之间协议约定等途径组成董事会及管理层的主体，牢牢把控内部公司治理结构中的枢纽环节，限制大股东的董事委派权利，保证创始团队的意志能顺利落地实施，使得企业能以长期发展利益为导向，专注业务模式创新。

事实上，熟谙企业发展历程、技术优势以及市场竞争力的创始人及其业务团队相对外部资本也确实更有底气且有足够能力支撑其强势控制企业决策权的野心。他们亲历企业从创立到壮大的每一环节，掌握企业的核心资源和关键技术，拥有更加明确的发展方向和路径规划，能充分利用数字经济时代的技术优势及数字便利，向企业注入更高质量的人力资本、技术资本和管理才能，护航企业长期发展。同时，以创始团队为主体的董事会及管理层对创业企业也具有更强烈的内驱力和使命感，他们更容易把个人事业成功与企业发展利益深度捆绑，跳脱传统股东最为担心的控制权私利，以企业利益最大化下的创业成功为行事准则，实现企业控制人利益与企业整体利益的高度协同。在此状态下，传统的委托代理成本问题极大缓解，公司治理水平显著提高。

因此，数字经济时代的公司治理研究新范式高度认可创始团队的人力资本、智力资本、技术资本及管理才能等创新资本对企业发展不可或缺、不可替代的价值贡献，把管理层才能纳入公司治理研究范式的核心分析范畴，突出强调管理层人力资本对于企业的专用性和稀缺性，显著区别于传统公司治理研究只把管理层才能当作公司治理效果的影响因素之一，认为手握控制权的股东总是能凭借资本优势为企业雇用到最佳利益代言人，管理层附属于股东力量存在。对公司治理主体的差异化认知是区分公司治理新旧研究范式的显著标志，也是治理实践需求推动公司治理范式创新的有力证明。在现有学术研究成果上，Islam and Zein（2020）以美国 S&P 1 500 高科技上市公司为研究样本，发现具有丰富创新发明经验的 CEO 能显著引领企业提升创新能力，提高创新质量；创新型 CEO 能有效结合自己独特的创新经验为企业选择质量更高的创新投资项目，提高创新资源配置效率，最终切实转化为更多的专利产出数量以及更具价值的专利质量。

当然，我们必须同时认识到创始团队的角色发挥可能伴随企业不同的发展阶段而出现变化，在企业创业发展前期贡献卓越的企始团队可能有一天会成为阻碍企业扩张壮大的棘手障碍。其一，数字经济时代的技术变革日新月异，商业模式快速迭代，企业家的创业技术、管理经验、人脉资本等可能会大幅落后于动态变化的实践需求，此时过分强调创始团队的绝对控制权反而会阻碍企业以更加开放包容的心态吸纳更多新鲜血液参与到企业建设大业中，尤其是当企业创始人基于一时的创业成功陷入不自知的盲目自信、固执己见时，过于稳定的权威配置格局对企业经营质量的潜在威胁更大。其二，创始人及其核心团队在外部权力制衡机制的长期缺位下也有可能转变其行为动机，从创业初期的忠诚勤勉、以企业长期价值为导向转向开始谋求控制权私利，或者不再积极主动地为企业争取最大发展利益，转而表现出更多的职业倦怠甚至职业懈怠，追求个人生活舒适甚至陷入享乐主义，造成企业丧失关键发展机会。其三，外部投资者未必总是甘于所有权与控制权高度分离的权力分配格局，尤其是当创始团队德不配位时可能更加不满，重新发动对董事席位及经营决策权的争夺战，为企业带来新的不稳定因素，影响企业保持专注发展。

【案例 6-3】

　　ofo 小黄车的兴衰史堪称我国共享经济创业诗篇中的"悲壮"案例。从最初的被资本广为看好，吸引滴滴、阿里巴巴及头部机构竞相参与，到创始团队与外部资本就公司董事会控制权展开激烈争夺，ofo 既被资本成就，其最后陷入的僵局也与各资本势力的互不相让不无关系。ofo 的控制权纷争对我国数字经济企业的权威配置有深远的启示意义，值得加以细致解读。

　　ofo 小黄车由北京大学（简称北大）毕业生戴威与 4 名合伙人于 2014 年共同创立，旨在解决大学校园的出行问题。2015 年 6 月，ofo 共享计划正式推出，在北大成功获得 2 000 辆共享单车，标志性"小黄车"开始进入公众及资本视野。从商业模式看，ofo 小黄车运行依托全球领先的无桩共享单车平台，用户可以通过手机解锁自行车，随时随地享受有车骑的共享出行服务。ofo 深度利用互联网、物联网以及人工智能等领先技术的运作模式及其积累的巨大用户流量，备受资本市场认可，获得了十分豪华的投资者阵容和规模庞大的融资支持。2016 年，ofo 一直在疯狂融资。2017 年，ofo 在继续大量融资的同时大力开拓海外市场，推行国际化战略。在"疯狂融资＋疯狂烧钱"的强力驱动下，ofo 仅用两年时间即跻身中国互联网企业 50 强，在中国独角兽企业价值评估中排名第 40 名，一时风光无限。

第六章　大数据重构、商业模式创新与控制权市场治理

然而，ofo主打共享单车的商业模式属于典型的重资产型烧钱模式，需要持续巨量的资本投入，否则将难以为继。实际上，自2018年初，ofo的疯狂扩张已初现颓势。2018年2月，ofo旗下企业开启产权抵押；同年夏秋，ofo相继收缩德国、美国、日本等海外市场；同年10月，ofo运营主体更换法人代表，创始人戴威退出。ofo在2018年遭遇创业后最严重的经营困难，资金链断链，千万用户退押金挤兑，上游供应商催款，现金流压力巨大。从被市场高调追捧到再无机构投资者施以援手，腾讯创始人马化腾曾评论说，ofo陷入僵局的重要原因在于公司一票否决权制度下的股东利益纷争。

经常被创始人写进公司章程中的一票否决权，实质是变相的同股不同权架构，在设计之初本是为了保证企业创始团队在让渡大量股权的情况下仍能保持对企业重大经营决策的重大影响力，避免企业被外部资本的短视主义裹挟，放弃长远发展利益。在之后的企业实践中，一票否决权也被私募机构等资本力量采用，用来制约创始团队的"不当"行为。由此可以看出，一票否决权的存在具有强烈的"双刃剑"效应，它在有效保护持有人合理利益的同时也极易诱发经营僵局，造成企业不作为甚至无法作为，ofo的由盛转衰即生动体现了这一负面效应。

ofo的董事会架构罕见地存在多方一票否决权，从企业创始人戴威到关键投资者滴滴出行、经纬创投等均对董事会决议拥有一票否决权，一票否决权持有者之间的权力争夺使得ofo在重大战略决策中面临的利益博弈局面复杂，难以形成统一的决策意见，在过度内耗中丧失自救或引入新资金的最佳时机，最终造成企业在被动等待中走向衰落。从ofo数个关键时刻一票否决权的使用情况看，2017年，ofo的疯狂烧钱导致资金短缺，其战略投资者——滴滴出行的创始人程维牵线日本软银愿意提供15亿美元融资，条件是创始人戴威接受滴滴高管入驻ofo。然而，之后戴威与滴滴出现巨大矛盾，程维直接动用一票否决权拒绝在引资文件上签字，由此ofo丧失

> 关键资金支持，其经营困境进一步加深。2017年底，ofo与另一共享单车巨头摩拜合并谣言四起，创始人戴威担心自身控制权旁落，以一票否决权拒绝与摩拜合并，ofo再次丧失关键发展机会。从ofo的现实案例中我们可以看出，董事会及管理层是包含创始人在内的各方利益主体的必争之地，董事会的权力制衡机制务必谨慎权衡考量，把权力授予最合适的控制主体，防止企业在权力内斗中陷入经营困局。

（三）公司治理的基石：构成基础性人力资本的核心员工

传统的公司治理研究虽然也认可员工在公司治理体系中的重要作用，但更多把员工当作统一整体来看待分析，并不强调员工群体内部因能力差异而产生的异质性。在数字经济时代，人力资本的重要性极大提升，核心员工的价值创造和贡献边界能被更为清晰地识别界定，进而构成企业不可分割的宝贵基础性人力资产。正如Israelsen and Yonker（2017）指出的，核心员工是企业不可替代的关键人力资本，他们拥有更高质量的教育背景、更前沿的技术水平、更广泛的关系网络等优势资源，能有效助推企业的研发创新以及业务腾飞；失去关键员工将为企业带来不可小视的价值损失。因此，在数智化革命下，优化对核心员工的激励设计、为其赋予更多价值权利是新经济企业管理团队的重要职责。

在企业具体实践中，员工持股计划广泛应用于对核心员工的股权激励设计，构成在基本薪资以及绩效奖金之后的补充奖励，使核心员工兼具公司雇员与所有者双重身份，进而实现员工利益与企业利益的更深层次捆绑；核心员工能基于股权比例从上升的企业经营绩效中分享更多增值收益，故而更有内在驱动力对企业主动投入更多、更高质量的人力资本和管理才能，传统的委托代理成本问题极大缓解。从实现方式看，股权激励计划通常包括股票期权、股票增值权、限制性股票等多种权益工具，其中股票期权指上市公司按照规定程序授予员工在未来以某一特定价格购买本公司一定数量股票的权利；股票增值权指上市公司授予员工在一定时期和约定条件下，

第六章　大数据重构、商业模式创新与控制权市场治理

获得规定数量的股票价格上升所带来的收益的权利；限制性股票指上市公司按照股权激励计划约定的条件，授予公司员工一定数量的本公司的股票。另外，有限合伙协议架构企业基于其组织架构的特殊性，还能把核心员工升级纳入有限合伙人队伍，赋予技术骨干以有限合伙人身份参与企业剩余价值分配的权利，进而鼓励其进行长期研发投入（郑志刚等，2022）。

最后，我们依旧有必要认识到核心员工参与公司治理的双重性。一方面，被合理授予股权激励计划的核心员工不仅是被资本雇用的劳动供给者和弱势监督者，还在股权的加持下向更为积极的公司建设者和治理参与者转型，为企业贡献更多人力资本和智力成果，促进企业创新投入及经营水平的提高；另一方面，核心员工也可能与创始团队进行利益合谋，利用自身的专业优势以及与普通员工和大众投资者之间的信息不对称，以不正当手段误导市场、谋求私利。另外，核心员工也有可能仰仗自己的技术优势以及面对公司的谈判力，向管理层施压，赋予自己超额薪酬激励体系，反而成为更不易统筹管理的对象，激化企业内部的治理风险。

【案例6-4】

为核心员工设置适宜恰当的股权激励及员工持股计划能有效通过所有权分享加强员工对企业的责任感及主人翁意识，推进关键员工与企业利益及股东利益的协同一致，激励员工更有动力向企业长期持续地投入高质量人力资本，护航企业长远发展。在具体的股权激励方式上，企业常常通过搭建持股平台，利用公司制或有限合伙协议架构在持股管理上的优势，在对核心员工形成有效激励的同时实现员工对企业的间接持股，避免员工股权变动给主体公司带来额外治理风险。深交所创业企业培训中心统计数据显示，2021年我国A股市场共计有803家上市公司披露了911份股权激励计划，较2020年的441家和502份分别增长82.09%和81.47%，明显呈现爆发式增长。其中，科创板及创业板企业实施股权激励的积极性最高，有37.4%的科创板企业及21.83%的创业板企业于2021年度发布股权激励计划。从激励期限来看，A股

企业偏重于中长期激励，90%的参与企业将激励期限设置在4～6年间，更契合股权激励计划的建立初衷，引导核心员工更关注企业长期发展利益。从实施行业来看，计算机行业、通信和其他电子设备制造业、软件和信息技术服务业、专用设备制造业等技术密集型行业提供显著更多的股权激励计划，这些行业更需要通过额外激励手段留住核心员工，保证人才队伍的稳定性，进而保障企业研发创新等核心竞争力的建设。

事实上，科创板从设立之初其定位即是主要服务于符合国家战略、突破关键核心技术、市场认可度高的科技创新企业，其技术密集型、知识密集型的天然特征更加需要科创企业注重对构成基础性人力资本的核心员工设置充分、合理的股权激励计划，激活关键员工的主人翁心态，满足其自我价值实现的深层次心理需求，进一步调动员工高质量人力资本投入的积极性，打造稳定的创新团队，助力企业长期持续发展。在这一企业需求推动下，与A股市场其他板块相比，科创板更加重视对股权激励的政策支持，大幅放宽股权激励和员工持股计划的实施条件，突出表现在两个方面：一方面，科创板允许的激励总额更高。A股市场其他板块上市公司全部在有效期内的股权激励计划所涉及的标的股票总数累计不得超过公司总股本的10%；而科创板上市公司可以同时实施多项股权激励计划，全部在有效期内的股权激励计划所涉及的标的股票总数累计不得超过公司总股本的20%。另一方面，科创板大幅放宽激励范围。A股市场其他板块规定，单独或合计持有上市公司5%以上股份的股东或实际控制人及其配偶、父母、子女，不得成为激励对象；科创板则明确规定，单独或合计持有科创公司5%以上股份的股东或实际控制人及其配偶、父母、子女，担任董事、高级管理人员、核心技术人员或者核心业务人员的，可以在有充分必要性及合理性说明的基础上成为激励对象。由此可见，以科技创新为主打特色的科创板为核心员工才能的充分施展提供了更为友好的发展空间。

第六章　大数据重构、商业模式创新与控制权市场治理

深圳惠泰医疗器械股份有限公司（简称惠泰医疗）是一家专注于心脏电生理与介入医疗器械的研发、生产和销售的高新技术企业，于2021年1月成功登陆科创板资本市场。为了进一步建立健全公司长效激励约束机制，充分调动核心员工的积极性，有效地将股东利益、公司利益和核心团队个人利益有机结合，致力于公司长远发展利益，惠泰医疗于2021年4月公开发布了股权激励计划，涉及的激励对象占公司员工总数的近1/4。在体系特色上，公司根据激励对象职级、重要性等的不同，将激励计划分为A类计划和B类计划。其中，A类计划主要面向对公司业务发展起关键驱动作用的少数岗位人员，具有更长的等待期、更具挑战性的业绩指标和归属安排，以期上述关键岗位人员能在未来较长时间内在公司中持续发挥重要作用，护航企业长期发展利益；B类计划主要面向公司初级及以上的管理人员（含A类计划中的关键岗位人员）、核心研发人员及高绩效人员。B类计划主要为公司激励广大员工发挥主人翁精神而设置，相较A类计划在等待期、归属安排上有所放宽，更加注重激励效果与绑定效果的平衡。惠泰医疗的股权激励计划为科创企业进一步加强对核心员工的精准激励、提高激励效率和激励质量做出了积极有益的探索。

四、大数据重构外部治理机制

（一）传统市场治理机制是否有效

通过上文对数字经济时代企业内部公司治理结构新趋势的梳理，我们发现创始人及其业务团队综合利用新型股权结构设计、董事会、管理层以及核心员工等环节，在引入外部资金、缓解融资需求的同时保持对创业企业的强力控制，以期为企业营造稳定可预期的发展环境，促进新经济企业以长期发展利益为导向，积极增加研发创新投资，打造更具竞争力的市场优势。然而，过于稳定的控制权配置格局虽然能激励创始团队投入更多人力资本和管理才能，却也滋生一个现实问题：如果资本的力量不足以施加有效约束，那么还有谁

能扛起权力制衡的大旗？不计其数的失败教训在警示市场控制权过度集中下的治理风险，在此背景下探索针对新经济企业权力配置格局的治理机制具有极强的现实意义。

在"一股一票、同股同权"的传统股权结构体系下，充分流动的资本市场以及高度活跃的控制权争夺市场是行之有效的外部治理机制。两权分离背景下，作为股东利益代言人的管理层出于对自身职业声誉、专业形象以及职位安全的考虑，有更充足的动力加强受托企业的经营管理，提升企业业绩水平，提高公司治理质量，抑制控制权私利、违规违法经营等委托代理成本，以免公司陷入经营不善危机，导致股价大幅下跌，市场敌意收购者则乘虚而入，通过股权交易夺取企业控制权，继而清理董事会、更换管理层。由此可见，在传统以股东为中心的公司治理研究范式下，大股东基于股权比例优势对公司有显著的话语权和影响力，股权结构是非常重要的公司治理机制。

然而，对于数字经济时代的新经济企业来说，股权市场争夺战的治理有效性却变得不够清晰。创始团队基于新型股权结构设计，通过特殊投票权制度或普通合伙人身份实现以较低的出资比例撬动对企业的实际控制，打造所有权与控制权的新型高度分离。此时，外部股权结构的波动变化、大股东的退出威胁甚至控股股东的主体变更可能都难以撼动创始团队的控制权。即使公司遭遇"野蛮人入侵"，创始团队也能基于股权体系契约排除"野蛮人"直接干预公司经营的企图，使得"野蛮人"只能建立被动分享公司收益的预期而无法真正进入公司治理的核心决策团体，进而打消"野蛮人"资本入侵的动力，反过来推动公司的股权结构以及控制权配置更加稳定。如何重新激发外部股权流动市场的监督功能，约束内部控制人的至高权力，是数字经济时代公司治理研究者面临的重要课题。

除控制权争夺市场外，成熟资本市场体系下的股票卖空市场也是传统概念里不可缺少的外部市场治理机制。以盈利为目的的卖空机构基于事前信息调查确定潜在做空标的，之后在资本市场广泛散布卖空报告，诱发市场恐慌情绪，最终投资者争相出售股票，引发

第六章　大数据重构、商业模式创新与控制权市场治理

企业股价如期下跌，卖空机构顺利获益。可见，专业投资机构的卖空行为常常极具负面信号效应，极易引发实际股价下跌及其衍生的投资者不满情绪，导致股东积极施以干预，必要时更换管理层。因此，出于对股东影响力的顾忌，企业管理层将以更加尽职勤勉的专业态度优化公司治理，避免公司成为卖空对象，甚至遭遇恶意卖空。市场卖空机制是切实有效的监督制约机制。

然而，诚如上文所言，数字经济时代的卖空机制可能呈现新的治理渠道。在特殊股权架构设计下，提供物质资本的股东在企业中的地位下降，企业的话语权和控制力牢牢掌握在以创始人及其核心业务团队为代表的内部控制人手中，此时股价的波动甚至股东的不满可能都无法真正威胁创始团队的控制地位。然而，这并非意味着卖空机制的束手无策。

首先，由专业卖空机构发起并主导的卖空交易本身即具有重要的信息含量。股票卖空并非简单概念里可以临时起意甚至恣意妄为的资本操作，事实上，从广泛收集信息、搜索卖空标的，到锁定卖空对象、撰写卖空报告，再到发动舆论造势、动员市场参与，然后筹集卖空资金、完成卖空交易，最终等待股价下跌、平仓实现盈利，以上所有环节都需要大量的人力、财力以及精力投入，具有极高的准入门槛。因此，监管机构、审计机构、新闻媒体以及社会公众会高度重视卖空机构的做空报告，围绕其攻击要点展开监督调查，查证违法违规行为是否真实存在。因此，即使卖空操作下的市场股价下跌已失去对管理团队的有效威慑，卖空报告所引发的连锁性社会治理主体介入也值得内部控制人加以顾忌。

其次，卖空机构为了保证自己能通过卖空交易真正实现盈利，通常会选择在交易市场高调披露相关资本操作的来龙去脉，充分传播企业的可疑交易、虚假经营、隐瞒欺诈、利益输送等违法违规行为，甚至选择性夸大企业的经营问题，以期通过舆论环境影响消费群体及广大民众对企业的印象评价，最终造成实际的业绩损失进而使股价如期下跌。企业管理层出于对产品竞争市场以及消费市场的敬畏，避免在用户心中留下负面印象，影响企业正常经营业务的开展，也会积极优

化经营管理，以免企业成为卖空对象，损害在消费者心中的声誉和形象，直至失去市场吸引力，难以再在激烈的商业竞争环境中立足。

再次，从业务层面看，大数据及数字技术同样能针对卖空交易发挥数据的精准治理功能。大数据极大拓展了各种结构化与非结构化数据的信息渠道，赋能专业卖空机构充分从市场及企业挖掘更多潜藏隐蔽的数据源，通过人工智能、机器学习、神经网络等新一代数据分析技术从海量的高频数据中去粗取精、剥离信息含量，及时发现企业的经营下滑、业绩注水、虚假交易、财务欺诈等不端行为，高效、精准地锁定潜在卖空对象，在节约流程成本的同时提高交易效率。

最后，以区块链为代表的实用数字技术无形中增强了股票卖空交易的隐蔽性，提高了公司内部控制人追溯外部股东变化的难度系数，进而督促企业权力控制人和实际管理者规范自身行为，提高企业的经营管理以及公司治理水平，通过维护相对透明的股权环境来保障自己的控制权稳定（Yermack，2017）。

【案例 6-5】

瑞幸咖啡财务造假案生动展现了成熟资本市场中的卖空机制对新经济企业的监督治理效应。瑞幸咖啡的财务丑闻曝光是在美国专业做空机构浑水公司发布做空报告后，在瑞幸咖啡外聘的审计机构安永会计师事务所的推动下，由董事会展开自查，最终向资本市场公开承认财务造假，有力佐证了数字经济时代市场卖空机制仍然是切实有效的外部市场治理机制。

瑞幸咖啡于 2017 年 11 月由神州优车前首席运营官（COO）钱治亚创建，2018 年 1 月 1 日开始试营业，同年 5 月 8 日正式营业。纵览瑞幸咖啡成长史，从试营业起就在资本加持下开启一路烧钱模式。为了快速开拓市场、提升品牌知名度，瑞幸咖啡凭借募集资金实施"价格战"策略，大量动用免单、满减、折扣、优惠赠送等促销手段，力求以高性价比优势留住顾客，进而提升回购率。在具体实现路径上，瑞幸咖啡颠覆了传统咖啡馆连锁企业的经营模式，其全部交易过程在 App 上进行，通过 App 线上预订

第六章 大数据重构、商业模式创新与控制权市场治理

方式销售咖啡，而后通过线下门店进行配送。瑞幸咖啡以类移动互联网企业的商业模式积累丰富后台数据，收集用户的消费行为及习惯，在创新产品设计的同时利用流量经济优势，将巨大流量引向其他高盈利领域，挖掘更多附加价值。另外，瑞幸咖啡高度重视市场营销宣传，斥巨资邀请明星代言，在塑造品牌形象的同时进一步培育潜在消费市场。依靠不计成本的价格优势和宣传效应，瑞幸咖啡迅速在各大城市的核心区域攻城略地。截至2019年底，瑞幸咖啡两年内在全国共计开设4 507家直营门店，超越星巴克在华门店数量，成为我国门店数量最多的咖啡连锁品牌。2019年5月17日，瑞幸咖啡闪电登陆美国纳斯达克资本市场，创下中国创业公司最快上市纪录，融资共计6.45亿美元。然而，直至瑞幸咖啡上市前夕，公司公开信息尚显示其处于亏损状态，2018年净亏损16亿元，2019年前三季度亏损5.32亿元。但瑞幸咖啡在季度报告中声称其"新零售咖啡"模式发展势头良好，营业利润开始为正，老客户回头率高，企业发展前景值得资本市场青睐。事实上，资本市场也确实对瑞幸咖啡声称的"轻资产型互联网企业"商业模式给予了积极反馈，公司股价涨幅显著，并在2019年第四季度吸引64家机构投资者新进入场。2020年1月，瑞幸咖啡再度增发融资，规模高达11亿美元。

2020年1月，美国知名做空机构浑水公司收到匿名者长达89页的做空报告，直指瑞幸咖啡涉嫌造假上市。浑水公司收到报告后认为相关指证成立，并在社交媒体上公开表示已做空该股。消息一经公布，瑞幸咖啡股价短线下跌超过20%。做空报告通过上万小时的门店流量监控视频分析，认为瑞幸咖啡夸大销量、虚增销售、隐瞒高额亏损现实。从商业模式看，瑞幸咖啡烧钱模式下打造出的用户基础价格敏感度高、品牌忠诚度有限，企业难以从产品销售中获得足够利润，其商业模式和盈利模式不具备可持续性。另外，瑞幸咖啡高度依赖营销轰炸和资本包装，在加重费用支出负担的同时也极大偏离主营业务对产品质量及运营技术的基本

需求。2020年4月2日晚，瑞幸咖啡突然发布公告自曝财务造假，承认公司在2019年第二至第四季度期间伪造22亿元的交易额，同时虚增相关费用和成本。当天股票收盘价较前一日下跌75%，市值大幅缩水16亿美元，引发中概股的集体信任危机，这也是国外做空机构对中概股做空史上最为严重的一次做空行为，公司将面临美国监管机构的严厉处罚。

瑞幸咖啡的财务造假与做空始末对我们理解创业者的复杂角色以及卖空市场的监督效应有很强的参考意义。在公司财务丑闻曝光前，根据上市前公开披露的招股说明书，瑞幸咖啡董事长陆正耀持股30.53%，其姐姐持股12.4%，公司CEO钱治亚持股19.68%，创始团队牢牢把握企业的控制权。然而，创始团队并未从企业的长远利益出发，以高质量的人力资本投入助推新经济企业的技术创新和产品进步，反而在盈利困难、分红不足的情况下通过资本操作与财务造假来维持企业估值泡沫，进而通过股票减持、股票质押等方式迅速变现，损害公司利益。面对创始团队过于稳定的控制权配置格局，当企业内部治理结构不完善时，成熟专业的做空机构和卖空市场将成为更加重要的外部治理机制。做空报告引发的舆论动荡、信心动摇等市场连锁反应能有效抑制企业管理层攫取控制权私利的动机，威慑其规范自身言行，在正确的轨道上行使对公司的运营决策权。

（二）日落条款

除了激发市场机制的监督效力外，数字经济下的新经济企业还应充分利用公司章程条款，借助法律环境以及契约力量规范和约束以创始团队为主的内部控制人行为，对抗"股东霸权"。其中，日落条款是最具代表性的治理约束条款，被广泛应用于双重股权结构设计中。从法律概念看，广义的日落条款指法律或合约中订定部分或全部条文的终止生效日期。对于双重股权结构企业来说，常见的日落条款为在公司章程中对投票权配置权重倾斜的团队成员所持有A类股票转让退出、转为B类股票以及有关创业团队权力限制的各种条款的总称（郑志刚等，2021）。沈朝晖（2020）基于功能视角把日落条款分为三类：第一类是降低所有权与控制权分离程度的日落条款，例如稀释型日落条款，确保特殊投票权股东必须保留一定比例的现金流权，避免两权过度分离，协调与普通投票权股东之间的利益趋同。我国科创板上市规则要求持有特别表决权的股东在上市公司中拥有权益的股份合计应当达到公司全部已发行有表决权股份10%以上，且每份特别表决权股份的表决权不能超过每份普通股份表决权数量的10倍；除公司章程规定的表决权差异外，普通股份与特别表决权股份具有的其他股东权利应当完全相同。第二类是由企业家特质愿景支撑的日落条款，包括事件触发型日落条款。当特殊投票权股东死亡、失去行为能力或者离职、触犯刑事责任以及违反诚信义务时，高投票特权被消灭。第三类是基于企业生命周期理论与双重股权结构公司的治理隐患，为了定期审查与转换无效率的"同股不同权"结构而产生的固定期限日落条款。当固定期限届至，双重股权结构自动恢复到"同股同权"结构；当然，也可利用延期机制让有价值的双重股权结构延期，继续发挥积极的公司治理功能。

根据我国2019年正式实施的《上海证券交易所科创板股票上市规则》（简称《规则》），采用双重股权结构发行上市的公司应当更加充分、详细地披露企业的风险、公司治理的关键信息，落实保护投资者合法权益规定的各项措施。《规则》规定，当发生下列四项情形时，上市公司已发行的特别表决权股份自相关情形发生时即转为普通股份，具体包括：持有特别表决权股份的股东不再符合规定的资格和最低持股要求，或者丧失相应履职能力、离任或死亡；实际持有特别表决权股份的股东失去对相关持股主体的实际控制；持有特别表决权股份的股东向他人转让所持有的特别表决权股份，或者将特别表决权股份的表决权委托他人行使；公司的控制权发生变更。另外，《规则》还明确了五类每一特别表决权股份享有的表决权数量与每一普通股份享有的表决权数量相同的情境：对公司章程作出修改；改变特别表决权股份享有的表决权数量；聘请或者解聘独立董事；聘请或者解聘为上市公司定期报告出具审计意见的会计师事务所；公司合并、分立、解散或者变更公司形式。

从业界实践经验看，对于双重股权结构、有限合伙协议架构等新型股权结构公司，创始团队通过特殊投票权制度或普通合伙人身份牢牢掌握了公司股东大会投票权、董事会与管理层任命权，依靠所有权与控制权的新型高度分离较少受到外部资本市场及资本力量的裹挟，但这并不意味着创始团队的控制权可以在无约束状态下恣意妄为，过分膨胀的控制权格局将把企业暴露在极大的治理风险面前。因此，资本市场在积极探索激励创始团队长期高质量人力资本投入路径的同时，也必须善于利用契约规则，规范创始人权力在正确的轨道上行使，发挥好以日落条款为代表的权力制约与平衡机制。公司应当在其章程中明确特殊投票权生效的条件，阐明转化、退出机制，甚至包括特殊投票权股东在违反诚信义务时的惩罚机制，进而监督创始股东审慎行使特殊表决权，不得牺牲、侵占公司利益，必须重视对资本投资者的合法权利保护。提高日落条款设置水平，使之与独立董事制度、股东诉讼制度等监督机制互相补充、形成合力，将是未来公司治理的重要方向。

【案例 6-6】

拼多多同时借鉴京东和阿里巴巴控制权配置模式的权力分配格局以及保护投资者利益的日落条款设置，为资本市场完善特殊股权架构提供了有益启发。2015 年，创始人黄峥及其联合创始人陈磊在上海创立移动互联网企业拼多多，提供以"拼"为特色的全品类综合性新电商平台，力求为最广大用户提供超高性价比的消费选择，创新消费者体验，持久创造消费价值。平台一经推出，拼多多即凭借丰富的产品线和实惠的价格迅速占领电商市场。截至 2021 年 6 月，拼多多年度活跃用户总数高达 8.5 亿，拼多多也成为中国用户数量最多的电商平台，拥有巨额的广告业务和佣金流水。2018 年 6 月，拼多多在美提交上市申请，随后在 7 月 26 日正式登陆纳斯达克市场，上市首日开盘大涨近 40%。

作为新零售商业模式下的互联网企业，拼多多的创始团队十分重视企业的控制权分配体系建设，以保证企业能在从外界资本市

第六章　大数据重构、商业模式创新与控制权市场治理

场获取足够发展资金支持的同时维持创始团队对公司的稳定控制模式。根据拼多多的招股说明书，公司同时借鉴了京东的 AB 股结构和阿里巴巴的合伙人制度，力求通过"双保险"设计保证创始人的控制权不旁落。在双重股权结构设置上，拼多多股票同样在上市后分为 A 类股票和 B 类股票，其中 B 类股票的投票权是 A 类股票的 10 倍，全部由创始人黄峥个人持有。因此，当上市完成后，黄峥能凭借 46.8% 的持股比例控制企业高达 89.8% 的实际投票权，继续保持对公司最高决策机构的重大控制。在合伙人制度上，作为第一批学习阿里巴巴合伙人制度的公司之一，拼多多组建黄峥、陈磊、孙沁等为成员的合伙人委员会，该合伙人委员会拥有直接决定执行董事、提名和推荐 CEO 等重要权力，保证创始团队对企业日常经营决策的重大影响。合伙人不仅是企业的运营者和建设者，更是企业文化和使命的传承者，在护航企业长期发展利益的同时进一步变相加强"同股不同权"的控制权倾斜格局。当然，我们必须注意到，拼多多的合伙人制度与阿里巴巴的合伙人制度仍然存在明显区别，阿里巴巴的合伙人能够通过控制过半数董事有效控制董事会，而拼多多合伙人的权力更集中在执行董事任命上。当执行董事人数不过半时，拼多多合伙人实际并不能真正掌握对董事会决策的控制权，存在一定的控制风险。

与其他采用特殊控制权架构模式的新经济企业相似，为了兼顾创始团队控制权稳定与外部投资者的合法利益，拼多多在其公司章程中设计了详尽的日落条款，以约束超额控制权的有序行使，防范外部股东在投票权劣势下遭遇权利侵害。2021 年 3 月 17 日，黄峥在其年度致股东信中正式宣布卸任公司董事长，由联合创始人陈磊继任。创始人卸任自动触发拼多多的日落条款，其名下 B 类股票投票权失效，拼多多由双重股权结构转换至普通同股同权结构。这一股份转换触发事件完美契合特殊股权结构的设计初衷，当创始人离开企业、难以为企业持续投入高质量人力资本时，对创始人控制权的过度保护也失去了意义，此时公司应该回归普通的"一股一票"结构，保护所有股东的平等权利。当然，由于拼多多同时建立了双重股

权结构和合伙人制度，黄峥的卸任及其超额投票权的转换并不意味着黄峥对公司影响力的丧失，创始人依旧可以通过合伙人制度对公司董事会保持重要影响，发挥合伙人制度在公司治理中的基础作用。同时，黄峥也表示其名下投票权将委托拼多多董事会代为行使，进一步加强未来董事会的影响力。拼多多的治理实践有力表明了企业特殊股权模式的设立并不意味着股东完全放弃公司控制权，股东有必要高度重视公司章程中的日落条款设计，对特殊投票权控制人形成有效约束和威慑，保障自己的合法投资权利。

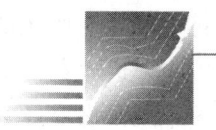

第七章　研究挑战与前景展望

一、数字经济时代公司治理的研究挑战

本书从传统公司治理研究两大支柱——信息不对称下的委托代理成本入手，结合数字经济时代大数据的流行及信息技术的推广等时代背景，分析论证传统公司治理的基石正落后于快速变革的治理实践需求，即大数据及数字技术编织的信息网络大大减少了市场信息不对称，将更广泛的经济主体纳入统一的治理网络，推动治理边界向没有空间界限更没有时间界限发展，空前强化社会协同治理效应。同时，数字化革命下的商业模式创新、业务模式创新和盈利模式创新使得企业发展壮大的关键掌握在熟谙企业成长背景、发展路径与未来使命的创始人及其业务团队手中，他们手握对企业存亡最为重要的核心技术和关键资源，是企业发展不可或缺、不可替代的主导力量。物质资本重要性的下降以及创新资本地位的上升直接推动企业控制权配置格局向人力资本倾斜，传统以股东为中心的研究范式向以企业家为中心转型，公司治理的主要目标由防范股东与管理层之间的委托代理成本变为通过一系列与时俱进的制度安排和机制设计保障创业团队的控制权稳定，激励其长期稳定地投入高质量人力资本。进而我们提出大数据赋能资本市场治理、大数据驱动产品竞争市场治理以及大数据重构控制权市场治理三条具体路径，系统分析大数据及数字技术在内部治理结构和外部治理机制上的创新与贡献，以"技术赋能—数据驱动—治理重构"思路为指导打造大数据生态系统，构筑协同治理的治理环境，提高企业公司治理水平，探索推进国家治理体系和治理能力现代化建设切实可行的微观实现路径。

当然，我们也必须正视公司治理研究新范式在当下可能遭遇的困难和挑战，尤其是为了做好扎根中国本土的高质量研究，把论文写在祖国大地上。首先，在研究样本层面，目前我国公开成熟的专业数据库以上市公司为主，更大规模的非上市公司信息尚处于待开发完善状态。在上市公司群体中，传统企业占据相当比例，以承接新经济企业为主的科创板创立时间相对较短，新上市公司数量有限。而对于传统行业企业来说，数字化转型还在探索，数字经济的治理效应需要一定的时间积累慢慢显现。不过，数字经济时代大量涌现的第三方数据平台也在全力整合各个数据源，打通公开与非公开的信息渠道，贡献大量的新型平台数据，为数字经济时代的企业研究提供了新的机遇。

其次，在研究字段及指标构建层面，目前主流的成熟数据库以标准化公司治理变量为主，未对双重股权结构、有限合伙协议架构等新型控制权设计模式下的公司治理特征给予充分重视，对治理实践新动向缺乏了解导致数据服务商对相关治理信息细节（如日落条款、有限合伙协议、股东委派董事协议等）敏感性不足，信息采集不够完善。另外，在数字化程度及数字化转型的指标度量上，目前研究以基于年报披露的文本分析为主，拓展文本分析数据源、开发新的指标体系将是另一大攻克方向。

再次，在研究方法上，传统的数据清洗及回归分析手段将越来越难以满足数字经济对研究技术的要求。海量、高频、高维度、低密度的大数据对研究人员的数据存储能力、数据处理水平以及运算效率都提出了前所未有的高要求。一方面需要大量现实的财力投入；另一方面也对研究者的专业技术素养提出了更高要求，要求他们必须坚持以持续学习、终身学习的姿态积极掌握人工智能、机器学习、神经网络等新一代实证分析技术，在科研能力上与时俱进，更加契合数智化革命的时代需求。

最后，我们应正视目前数据条件下开展大样本实证研究的技术难度，灵活调整，从异质性的案例分析入手，通过具体的生动案例和实践经验总结规律、归纳共性，为数据成熟后的实证研究积累丰富的研究直觉，提高学术研究对企业实践的反哺指导能力。我们已经看到越来越多的创新创业企业在逐步成长为社会经济发展的中坚力量，它们差异化的公司治理实践将为学者的研究提供扎实的素材，指引高水平的研究成果诞生。

二、数字经济时代公司治理的研究展望

关于数字经济时代公司治理的研究展望，具体的研究逻辑和研究思路我们已经分别在各个章节详细阐述，最后再次提请学者在以下两方面保持学术敏锐度。

第一，高度重视人力资本的价值、人才的价值以及人的价值。在数字经济快速崛起以及信息技术飞速发展的时代变革中，我们已经充分认识到掌握核心技术和关键资源对于个人建立不可替代的竞争优势的决定性意义，这提醒我们要更加重视把人的管理才能纳入公司治理分析的核心框架，加强对人的异质性的深入剖析，从更多维度深入挖掘个人独特的能力特质、性格特征、成长环境、社会经历以及实践经验，提高对优秀人力资本的搜寻力以及对人力资本独特贡献的辨识力。

第二，面对数字经济时代的各种创新实践始终保持足够清醒，在认可进步的同时谨慎分析潜在的"双刃剑"效应。适度的控制权集中有助于为创始团队营造稳定的发展环境，鼓励企业以长期利益为导向，克服被资本裹挟的短视主义，增加研发创新投入，助推企业可持续发展。然而，过于稳定的控制权倾斜格局也可能助长企业家的激进、偏激甚至固执己见，引发"一言堂"型强势决策，如此则失去制衡的权力体系反而把企业暴露在新的治理风险面前。大数据及数字技术极大拓展了信息流通的时间和空间，把更广泛的利益相关者纳入统一的信息网络，减轻了市场信息不对称性，提高了社会协同治理效率。但数字技术同时也在诱发新型信息不对称，助长新式数字鸿沟。专业的机构投资者与普通个人投资者对信息收集、处理与分析的能力呈现巨大差异，企业内部创始团队与外部市场及投资者对企业商业模式、业务模式和盈利模式的理解深度也存在根本不同。我们在分析技术赋能、聚焦技术便利的同时，也必须高度警惕新型信息优势方对劣势方可能存在的利益侵占，以审慎怀疑的客观立场加强对双面性的充分探索。

参考文献

Acemoglu, D., Aghion, P., Lelarge, C., Van Reenen, J. and Zilibotti, F. Technology, Information, and the Decentralization of the Firm. *Quarterly Journal of Economics*, 2007, 122 (4): 1759 - 1799.

Acharya, V. V., Amihud, Y. and Litov, L. Creditor Rights and Corporate Risk-Taking. *Journal of Financial Economics*, 2011, 102 (1): 150 - 166.

Acharya, V. V., Baghai, R. P. and Subramanian, K. V. Wrongful Discharge Laws and Innovation. *Review of Financial Studies*, 2014, 27 (1): 301 - 346.

Acharya, V. V., Myers, S. C. and Rajan, R. G. The Internal Governance of Firms. *Journal of Finance*, 2011, 66 (3): 689 - 720.

Adams, R. B., Akyol, A. C. and Verwijmeren, P. Director Skill Sets. *Journal of Financial Economics*, 2018, 130 (3): 641 - 662.

Adams, R. B., Hermalin, B. E. and Weisbach, M. S. The Role of Boards of Directors in Corporate Governance: A Conceptual Framework and Survey. *Journal of Economic Literature*, 2010, 48 (1): 58 - 107.

Adams, R., Keloharju, M. and Knüpfer, S. Are CEOs Born

Leaders? Lessons from Traits of a Million Individuals. *Journal of Financial Economics*, 2018, 130 (2): 392–408.

Aggarwal, D., Eldar, O., Hochberg, Y. and Litov, L. P. The Rise of Dual-Class Stock IPOs. Working Paper, 2022.

Aggarwal, R., Erel, I., Ferreira, M. and Matos, P. Does Governance Travel Around the World? Evidence From Institutional Investors. *Journal of Financial Economics*, 2011, 100 (1): 154–181.

Aggarwal, R., Erel, I., Stulz, R. and Williamson, R. Differences in Governance Practices between US and Foreign Firms: Measurement, Causes, and Consequences. *Review of Financial Studies*, 2009, 22 (8): 3131–3169.

Aggarwal, R., Saffi, P. A. and Sturgess, J. The Role of Institutional Investors in Voting: Evidence from the Securities Lending Market. *Journal of Finance*, 2015, 70 (5): 2309–2346.

Agrawal, A. K. Corporate Governance Objectives of Labor Union Shareholders: Evidence from Proxy Voting. *Review of Financial Studies*, 2012, 25 (1): 187–226.

Ahern, K. R. and Dittmar, A. K. The Changing of the Boards: The Impact on Firm Valuation of Mandated Female Board Representation. *Quarterly Journal of Economics*, 2012, 127 (1): 137–197.

Ahern, K. R. and Sosyura, D. Who Writes the News? Corporate Press Releases During Merger Negotiations. *Journal of Finance*, 2014, 69 (1): 241–291.

Ahern, K. R. and Sosyura, D. Rumor Has It: Sensationalism in Financial Media. *Review of Financial Studies*, 2015, 28 (7): 2050–2093.

Ahern, K. R., Daminelli, D. and Fracassi, C. Lost in Translation? The Effect of Cultural Values on Mergers around the World. *Journal of Financial Economics*, 2015, 117 (1): 165–189.

Aier, J. K., Chen, L. and Pevzner, M. Debtholders' Demand for Conservatism: Evidence from Changes in Directors' Fiduciary Duties. *Journal of Accounting Research*, 2014, 52 (5): 993 – 1027.

Al Guindy, M. Corporate Twitter Use and Cost of Equity Capital. *Journal of Corporate Finance*, 2021, 68 (C): 101926.

Albrecht, A., Mauldin, E. G. and Newton, N. J. Do Auditors Recognize the Potential Dark Side of Executives' Accounting Competence?. *Accounting Review*, 2018, 93 (6): 1 – 28.

Albuquerque, A. M., De Franco, G. and Verdi, R. S. Peer Choice in CEO Compensation. *Journal of Financial Economics*, 2013, 108 (1): 160 – 181.

Albuquerque, R., Brandão-Marques, L., Ferreira, M. A. and Matos, P. International Corporate Governance Spillovers: Evidence from Cross-Border Mergers and Acquisitions. *Review of Financial Studies*, 2019, 32 (2): 738 – 770.

Albuquerque, R., Fos, V. and Schroth, E. Value Creation in Shareholder Activism. *Journal of Financial Economics*, 2022, 145 (2): 153 – 178.

Aldatmaz, S., Ouimet, P. and Van Wesep, E. D. The Option to Quit: The Effect of Employee Stock Options on Turnover. *Journal of Financial Economics*, 2018, 127 (1): 136 – 151.

Allen, F., Qian, J. and Qian, M. Law, Finance, and Economic Growth in China. *Journal of Financial Economics*, 2005, 77 (1): 57 – 116.

Almazan, A., Banerji, S. and MOTTA, A. D. Attracting Attention: Cheap Managerial Talk and Costly Market Monitoring. *Journal of Finance*, 2008, 63 (3): 1399 – 1436.

Ang, J. S., Hsu, C., Tang, D. and Wu, C. The Role of Social Media in Corporate Governance. *Accounting Review*, 2021, 96 (2): 1 – 32.

Appel, I. R., Gormley, T. A. and Keim, D. B. Passive Investors, Not Passive Owners. *Journal of Financial Economics*, 2016,

121 (1): 111-141.

Appel, I. R., Gormley, T. A. and Keim, D. B. Standing on the Shoulders of Giants: The Effect of Passive Investors on Activism. *Review of Financial Studies*, 2019, 32 (7): 2720-2774.

Aragon, G. O., Nanda, V. and Zhao, H. Investor Protection and Capital Fragility: Evidence from Hedge Funds around the World. *Review of Financial Studies*, 2021, 34 (3): 1368-1407.

Armstrong, C. S., Core, J. E. and Guay, W. R. Do Independent Directors Cause Improvements in Firm Transparency?. *Journal of Financial Economics*, 2014, 113 (3): 383-403.

Aslan, H. and Kumar, P. Strategic Ownership Structure and the Cost of Debt. *Review of Financial Studies*, 2012, 25 (7): 2257-2299.

Atanassov, J. Do Hostile Takeovers Stifle Innovation? Evidence from Antitakeover Legislation and Corporate Patenting. *Journal of Finance*, 2013, 68 (3): 1097-1131.

Babenko, I. and Sen, R. Money Left on the Table: An Analysis of Participation in Employee Stock Purchase Plans. *Review of Financial Studies*, 2014, 27 (12): 3658-3698.

Babina, T., Fedyk, A., He, A. X. and Hodson, J. Artificial Intelligence, Firm Growth, and Industry Concentration. Working Paper, 2020.

Bach, L. and Metzger, D. How Close Are Close Shareholder Votes?. *Review of Financial Studies*, 2019, 32 (8): 3183-3214.

Bae, G. S., Cheon, Y. S. and Kang, J. Intragroup Propping: Evidence from the Stock-Price Effects of Earnings Announcements by Korean Business Groups. *Review of Financial Studies*, 2008, 21 (5): 2015-2060.

Baik, B., Choi, S. and Farber, D. B. Managerial Ability and Income Smoothing. *Accounting Review*, 2020, 95 (4): 1-22.

Bajari, P., Chernozhukov, V., Hortaçsu, A. and Suzuki, J. The Impact of Big Data on Firm Performance: An Empirical Investigation. *AEA Papers and Proceedings*, 2019, 109: 33-37.

Bakke, T., Jens, C. E. and Whited, T. M. The Real Effects of Delisting: Evidence from a Regression Discontinuity Design. *Finance Research Letters*, 2012, 9 (4): 183-193.

Balakrishnan, K., Billings, M. B., Kelly, B. and Ljungqvist, A. Shaping Liquidity: On the Causal Effects of Voluntary Disclosure. *Journal of Finance*, 2014, 69 (5): 2237-2278.

Baloria, V. P. and Heese, J. The Effects of Media Slant on Firm Behavior. *Journal of Financial Economics*, 2018, 129 (1): 184-202.

Balsam, S., Gu, Y. and Mao, C. X. Creditor Influence and CEO Compensation: Evidence from Debt Covenant Violations. *Accounting Review*, 2018, 93 (5): 23-50.

Balsmeier, B., Fleming, L. and Manso, G. Independent Boards and Innovation. *Journal of Financial Economics*, 2017, 123 (3): 536-557.

Bamber, L. S., Jiang, J. and Wang, I. Y. What's My Style? The Influence of Top Managers on Voluntary Corporate Financial Disclosure. *Accounting Review*, 2010, 85 (4): 1131-1162.

Bandiera, O., Lemos, R., Prat, A. and Sadun, R. Managing the Family Firm: Evidence from CEOs at Work. *Review of Financial Studies*, 2018, 31 (5): 1605-1653.

Banerjee, S., Humphery-Jenner, M. and Nanda, V. Restraining Overconfident CEOs through Improved Governance: Evidence from the Sarbanes-Oxley Act. *Review of Financial Studies*, 2015, 28 (10): 2812-2858.

Bao, Y., Ke, B., Li, B., Yu, Y. J. and Zhang, J. Detecting Accounting Fraud in Publicly Traded US Firms Using a Machine Learning

Approach. *Journal of Accounting Research*, 2020, 58 (1): 199-235.

Barber, B. M. and Odean, T. All That Glitters: The Effect of Attention and News on the Buying Behavior of Individual and Institutional Investors. *Review of Financial Studies*, 2008, 21 (2): 785-818.

Bargeron, L. and Bonaime, A. Why Do Firms Disagree with Short Sellers? Managerial Myopia versus Private Information. *Journal of Financial and Quantitative Analysis*, 2020, 55 (8): 2431-2465.

Bebchuk, L. A. and Weisbach, M. S. The State of Corporate Governance Research. *Review of Financial Studies*, 2010, 23 (3): 939-961.

Bebchuk, L. A., Brav, A., Jiang, W. and Keusch, T. Dancing with Activists. *Journal of Financial Economics*, 2020, 137 (1): 1-41.

Bebchuk, L. A., Grinstein, Y. and Peyer, U. Lucky CEOs and Lucky Directors. *Journal of Finance*, 2010, 65 (6): 2363-2401.

Bebchuk, L., Cohen, A. and Ferrell, A. What Matters in Corporate Governance?. *Review of Financial Studies*, 2009, 22 (2): 783-827.

Becht, M., Bolton, P. and Röell, A. Corporate Governance and Control. Handbook of the Economics of Finance. Elsevier, 2003: 1-109.

Beck, M. J., Gunn, J. L. and Hallman, N. The Geographic Decentralization of Audit Firms and Audit Quality. *Journal of Accounting and Economics*, 2019, 68 (1): 101234.

Bena, J., Ferreira, M. A., Matos, P. and Pires, P. Are Foreign Investors Locusts? The Long-Term Effects of Foreign Institutional Ownership. *Journal of Financial Economics*, 2017, 126 (1): 122-146.

Benmelech, E. and Frydman, C. Military CEOs. *Journal of Financial Economics*, 2015, 117 (1): 43-59.

Bennett, B., Bettis, J. C., Gopalan, R. and Milbourn, T. Compensation Goals and Firm Performance. *Journal of Financial*

Economics, 2017, 124 (2): 307–330.

Bens, D. A., Cheng, M. and Neamtiu, M. The Impact of SEC Disclosure Monitoring on the Uncertainty of Fair Value Estimates. *Accounting Review*, 2016, 91 (2): 349–375.

Berg, T., Burg, V., Gombović, A. and Puri, M. On the Rise of Fintechs: Credit Scoring Using Digital Footprints. *Review of Financial Studies*, 2020, 33 (7): 2845–2897.

Berkowitz, D., Lin, C. and Ma, Y. Do Property Rights Matter? Evidence from a Property Law Enactment. *Journal of Financial Economics*, 2015, 116 (3): 583–593.

Berle A. A. & Means G. C. Modern Corporation and Private Property. The Macmillan Company, 1932.

Bernile, G., Bhagwat, V. and Rau, P. R. What Doesn't Kill You Will Only Make You More Risk-Loving: Early-Life Disasters and CEO Behavior. *Journal of Finance*, 2017, 72 (1): 167–206.

Bernile, G., Bhagwat, V. and Yonker, S. Board Diversity, Firm Risk, and Corporate Policies. *Journal of Financial Economics*, 2018, 127 (3): 588–612.

Bertomeu, J., Cheynel, E., Floyd, E. and Pan, W. Using Machine Learning to Detect Misstatements. *Review of Accounting Studies*, 2021, 26 (2): 468–519.

Bertrand, M. and Mullainathan, S. Enjoying the Quiet Life? Corporate Governance and Managerial Preferences. *Journal of Political Economy*, 2003, 111 (5): 1043–1075.

Bertrand, M., Mehta, P. and Mullainathan, S. Ferreting Out Tunneling: An Application to Indian Business Groups. *Quarterly Journal of Economics*, 2002, 117 (1): 121–148.

Bharath, S. T., Jayaraman, S. and Nagar, V. Exit as Governance: An Empirical Analysis. *Journal of Finance*, 2013, 68 (6): 2515–2547.

Biggerstaff, L., Cicero, D. C. and Puckett, A. Suspect CEOs, Unethical Culture, and Corporate Misbehavior. *Journal of Financial Economics*, 2015, 117 (1): 98-121.

Bizjak, J., Lemmon, M. and Nguyen, T. Are All CEOs above Average? An Empirical Analysis of Compensation Peer Groups and Pay Design. *Journal of Financial Economics*, 2011, 100 (3): 538-555.

Blankespoor, E., DeHaan, E. and Zhu, C. Capital Market Effects of Media Synthesis and Dissemination: Evidence from Robo-Journalism. *Review of Accounting Studies*, 2018, 23 (1): 1-36.

Bloom, N., Garicano, L., Sadun, R. and Van Reenen, J. The Distinct Effects of Information Technology and Communication Technology on Firm Organization. *Management Science*, 2014, 60 (12): 2859-2885.

Bollaert, H., Lopez-de-Silanes, F. and Schwienbacher, A. Fintech and Access to Finance. *Journal of Corporate Finance*, 2021, 68: 101941.

Bolton, P., Scheinkman, J. and Xiong, W. Executive Compensation and Short-Termist Behaviour in Speculative Markets. *Review of Financial Studies*, 2006, 73 (3): 577-610.

Bonsall IV, S. B., Green, J. R. and Muller III, K. A. Are Credit Ratings More Rigorous for Widely Covered Firms?. *Accounting Review*, 2018, 93 (6): 61-94.

Borisova, G. and Megginson, W. L. Does Government Ownership Affect the Cost of Debt? Evidence from Privatization. *Review of Financial Studies*, 2011, 24 (8): 2693-2737.

Borochin, P. and Yang, J. The Effects of Institutional Investor Objectives on Firm Valuation and Governance. *Journal of Financial Economics*, 2017, 126 (1): 171-199.

Bourveau, T., Lou, Y. and Wang, R. Shareholder Litigation and Corporate Disclosure: Evidence from Derivative Lawsuits. *Journal of Accounting Research*, 2018, 56 (3): 797-842.

Bouwman, C. H. Corporate Governance Propagation through Overlapping Directors. *Review of Financial Studies*, 2011, 24 (7): 2358 - 2394.

Boyson, N. M., Gantchev, N. and Shivdasani, A. Activism Mergers. *Journal of Financial Economics*, 2017, 126 (1): 54 - 73.

Brav, A., Jiang, W. and Kim, H. The Real Effects of Hedge Fund Activism: Productivity, Asset Allocation, and Labor Outcomes. *Review of Financial Studies*, 2015, 28 (10): 2723 - 2769.

Brendel, J. and Ryans, J. Responding to Activist Short Sellers: Allegations, Firm Responses, and Outcomes. *Journal of Accounting Research*, 2021, 59 (2): 487 - 528.

Brockman, P., Martin, X. and Unlu, E. Executive Compensation and the Maturity Structure of Corporate Debt. *Journal of Finance*, 2010, 65 (3): 1123 - 1161.

Bronnenberg, B. J., Dubé, J. H. and Gentzkow, M. The Evolution of Brand Preferences: Evidence from Consumer Migration. *American Economic Review*, 2012, 102 (6): 2472 - 2508.

Brown, A. B., Dai, J. and Zur, E. Too Busy or Well-Connected? Evidence from a Shock to Multiple Directorships. *Accounting Review*, 2019, 94 (2): 83 - 104.

Bruynseels, L. and Cardinaels, E. The Audit Committee: Management Watchdog or Personal Friend of the CEO?. *Accounting Review*, 2014, 89 (1): 113 - 145.

Brynjolfsson, E. and McElheran, K. The Rapid Adoption of Data-Driven Decision-Making. *American Economic Review*, 2016, 106 (5): 133 - 139.

Bushee, B. J. Do Institutional Investors Prefer Near-Term Earnings over Long-Run Value?. *Contemporary Accounting Research*, 2001, 18 (2): 207 - 246.

Bushee, B. J., Core, J. E., Guay, W. and Hamm, S. J. The Role of the Business Press as an Information Intermediary. *Journal of Accounting Research*, 2010, 48 (1): 1 – 19.

Bushee, B., Cedergren, M. and Michels, J. Does the Media Help or Hurt Retail Investors during the IPO Quiet Period?. *Journal of Accounting and Economics*, 2020, 69 (1): 101261.

Butler, A. W. and Gurun, U. G. Educational Networks, Mutual Fund Voting Patterns, and CEO Compensation. *Review of Financial Studies*, 2012, 25 (8): 2533 – 2562.

Cahill, D., Baur, D. G., Liu, Z. F. and Yang, J. W. I Am a Blockchain Too: How Does the Market Respond to Companies' Interest in Blockchain?. *Journal of Banking and Finance*, 2020, 113: 105740.

Cai, J., Nguyen, T. and Walkling, R. Director Appointments: It Is Who You Know. *Review of Financial Studies*, 2022, 35 (4): 1933 – 1982.

Cai, Y. and Sevilir, M. Board Connections and M&A Transactions. *Journal of Financial Economics*, 2012, 103 (2): 327 – 349.

Cain, M. D., McKeon, S. B. and Solomon, S. D. Do Takeover Laws Matter? Evidence From Five Decades of Hostile Takeovers. *Journal of Financial Economics*, 2017, 124 (3): 464 – 485.

Call, A. C., Campbell, J. L., Dhaliwal, D. S. and Moon Jr, J. R. Employee Quality and Financial Reporting Outcomes. *Journal of Accounting and Economics*, 2017, 64 (1): 123 – 149.

Calomiris, C. W., Fisman, R. and Wang, Y. Profiting from Government Stakes in a Command Economy: Evidence from Chinese Asset Sales. *Journal of Financial Economics*, 2010, 96 (3): 399 – 412.

Cao, S., Jiang, W., Wang, J. L. and Yang, B. From Man vs. Machine to Man + Machine: The Art and AI of Stock Analyses. Working Paper, 2021.

Cao, S., Jiang, W., Yang, B. and Zhang, A. L. How to Talk

When a Machine Is Listening: Corporate Disclosure in the Age of AI. Working Paper, 2020.

Cassell, C. A., Huang, S. X., Sanchez, J. M. and Stuart, M. D. Seeking Safety: The Relation between CEO inside Debt Holdings and the Riskiness of Firm Investment and Financial Policies. *Journal of Financial Economics*, 2012, 103 (3): 588–610.

Caton, G. L., Chiyachantana, C. N., Chua, C. and Goh, J. Earnings Management Surrounding Seasoned Bond Offerings: Do Managers Mislead Ratings Agencies and the Bond Market?. *Journal of Financial and Quantitative Analysis*, 2011, 46 (3): 687–708.

Cecchini, M., Aytug, H., Koehler, G. J. and Pathak, P. Detecting Management Fraud in Public Companies. *Management Science*, 2010, 56 (7): 1146–1160.

Chava, S., Kumar, P. and Warga, A. Managerial Agency and Bond Covenants. *Review of Financial Studies*, 2010, 23 (3): 1120–1148.

Chen, C. X., Matsumura, E. M., Shin, J. Y. and Wu, S. Y. The Effect of Competition Intensity and Competition Type on the Use of Customer Satisfaction Measures in Executive Annual Bonus Contracts. *Accounting Review*, 2015, 90 (1): 229–263.

Chen, D., Ma, Y., Martin, X. and Michaely, R. On the Fast Track: Information Acquisition Costs and Information Production. *Journal of Financial Economics*, 2022, 143 (2): 794–823.

Chen, J., Su, X., Tian, X. and Xu, B. Does Customer-base Structure Influence Managerial Risk-taking Incentives?. *Journal of Financial Economics*, 2022, 143 (1): 462–483.

Chen, K. D. and Guay, W. R. Busy Directors and Shareholder Satisfaction. *Journal of Financial and Quantitative Analysis*, 2020, 55 (7): 2181–2210.

Chen, S., Huang, Y., Li, N. and Shevlin, T. How Does

Quasi-indexer Ownership Affect Corporate Tax Planning?. *Journal of Accounting and Economics*, 2019, 67 (2-3): 278-296.

Chen, S., Schuchard, K. and Stomberg, B. Media Coverage of Corporate Taxes. *Accounting Review*, 2019, 94 (5): 83-116.

Chen, T., Dong, H. and Lin, C. Institutional Shareholders and Corporate Social Responsibility. *Journal of Financial Economics*, 2020, 135 (2): 483-504.

Chen, T., Harford, J. and Lin, C. Do Analysts Matter for Governance? Evidence from Natural Experiments. *Journal of Financial Economics*, 2015, 115 (2): 383-410.

Cheng, Q., Du, F., Wang, X. and Wang, Y. Seeing Is Believing: Analysts' Corporate Site Visits. *Review of Accounting Studies*, 2016, 21 (4): 1245-1286.

Chi, F., Hwang, B. and Zheng, Y. The Use and Usefulness of Big Data in Finance: Evidence from Financial Analysts. Working paper, 2021.

Chi, S., Huang, S. X. and Sanchez, J. M. CEO inside Debt Incentives and Corporate Tax Sheltering. *Journal of Accounting Research*, 2017, 55 (4): 837-876.

Chiu, P., Teoh, S. H. and Tian, F. Board Interlocks and Earnings Management Contagion. *Accounting Review*, 2013, 88 (3): 915-944.

Chu, Y. Shareholder-Creditor Conflict and Payout Policy: Evidence from Mergers between Lenders and Shareholders. *Review of Financial Studies*, 2018, 31 (8): 3098-3121.

Chyz, J. A., Leung, W. S. C., Li, O. Z. and Rui, O. M. Labor Unions and Tax Aggressiveness. *Journal of Financial Economics*, 2013, 108 (3): 675-698.

Claessens, S., Djankov, S. and Lang, L. H. The Separation of Ownership and Control in East Asian Corporations. *Journal of Financial Economics, 2000, 58 (1-2): 81-112.

Claessens, S., Djankov, S., Fan, J. P. and Lang, L. H. Disentangling the Incentive and Entrenchment Effects of Large Shareholdings. *Journal of Finance*, 2002, 57 (6): 2741-2771.

Cline, B. N., Walkling, R. A. and Yore, A. S. The Consequences of Managerial Indiscretions: Sex, Lies, and Firm Value. *Journal of Financial Economics*, 2018, 127 (2): 389-415.

Cohen, L., Frazzini, A. and Malloy, C. Sell-Side School Ties. *Journal of Finance*, 2010, 65 (4): 1409-1437.

Coles, J. L., Li, Z. and Wang, A. Y. Industry Tournament Incentives. *Review of Financial Studies*, 2018, 31 (4): 1418-1459.

Cong, L. W., Tang, K., Wang, J. and Zhang, Y. Alphaportfolio: Direct Construction through Reinforcement Learning and Interpretable AI. Working Paper, 2020.

Constantiou, I. D. and Kallinikos, J. New Games, New Rules: Big Data and the Changing Context of Strategy. *Journal of Information Technology*, 2015, 30 (1): 44-57.

Core, J. E., Guay, W. and Larcker, D. F. The Power of the Pen and Executive Compensation. *Journal of Financial Economics*, 2008, 88 (1): 1-25.

Cornelli, F., Kominek, Z. and Ljungqvist, A. Monitoring Managers: Does It Matter?. *Journal of Finance*, 2013, 68 (2): 431-481.

Crane, A. D., Michenaud, S. and Weston, J. P. The Effect of Institutional Ownership on Payout Policy: Evidence from Index Thresholds. *Review of Financial Studies*, 2016, 29 (6): 1377-1408.

Cremers, K. M., Litov, L. P. and Sepe, S. M. Staggered Boards and Long-Term Firm Value, Revisited. *Journal of Financial Economics*, 2017, 126 (2): 422-444.

Cremers, M. and Ferrell, A. Thirty Years of Shareholder Rights and Firm Value. *Journal of Finance*, 2014, 69 (3): 1167-

1196.

Cronqvist, H. and Fahlenbrach, R. CEO Contract Design: How Do Strong Principals Do It?. *Journal of Financial Economics*, 2013, 108 (3): 659-674.

Cuñat, V., Gine, M. and Guadalupe, M. The Vote Is Cast: The Effect of Corporate Governance on Shareholder Value. *Journal of Finance*, 2012, 67 (5): 1943-1977.

Custódio, C. and Metzger, D. How Do CEOs Matter? The Effect of Industry Expertise on Acquisition Returns. *Review of Financial Studies*, 2013, 26 (8): 2008-2047.

Custódio, C. and Metzger, D. Financial Expert CEOs: CEO's Work Experience and Firm's Financial Policies. *Journal of Financial Economics*, 2014, 114 (1): 125-154.

Custódio, C., Ferreira, M. A. and matos, P. Generalists versus Specialists: Lifetime Work Experience and Chief Executive Officer Pay. *Journal of Financial Economics*, 2013, 108 (2): 471-492.

Cvijanović, D., Dasgupta, A. and Zachariadis, K. E. Ties that Bind: How Business Connections Affect Mutual Fund Activism. *Journal of Finance*, 2016, 71 (6): 2933-2966.

Dai, L., Parwada, J. T. and Zhang, B. The Governance Effect of the Media's News Dissemination Role: Evidence from Insider Trading. *Journal of Accounting Research*, 2015, 53 (2): 331-366.

Dai, R., Liang, H. and Ng, L. Socially Responsible Corporate Customers. *Journal of Financial Economics*, 2021, 142 (2): 598-626.

Dasgupta, S., Li, X. and Wang, A. Y. Product Market Competition Shocks, Firm Performance, and Forced CEO Turnover. *Review of Financial Studies*, 2018, 31 (11): 4187-4231.

De Angelis, D. and Grinstein, Y. Relative Performance Evaluation in CEO Compensation: A Talent-Retention Explanation. *Journal of Financial and Quantitative Analysis*, 2020, 55 (7): 2099-2123.

De Angelis, D., Grullon, G. and Michenaud, S. The Effects of Short-Selling Threats on Incentive Contracts: Evidence from an Experiment. *Review of Financial Studies*, 2017, 30 (5): 1627 – 1659.

DeFond, M. and Zhang, J. A Review of Archival Auditing Research. *Journal of Accounting and Economics*, 2014, 58 (2 – 3): 275 – 326.

DeHaan, E., Shevlin, T. and Thornock, J. Market (in) Attention and the Strategic Scheduling and Timing of Earnings Announcements. *Journal of Accounting and Economics*, 2015, 60 (1): 36 – 55.

Dell Ariccia, G., Kadyrzhanova, D., Minoiu, C. and Ratnovski, L. Bank Lending in the Knowledge Economy. *Review of Financial Studies*, 2021, 34 (10): 5036 – 5076.

Denes, M. R., Karpoff, J. M. and McWilliams, V. B. Thirty Years of Shareholder Activism: A Survey of Empirical Research. *Journal of Corporate Finance*, 2017, 44: 405 – 424.

Denis, D. J. and Denis, D. K. Performance Changes Following Top Management Dismissals. *Journal of Finance*, 1995, 50 (4): 1029 – 1057.

Denis, D. K. and McConnell, J. J. International Corporate Governance. *Journal of Financial and Quantitative Analysis*, 2003, 38 (1): 1 – 36.

Derrien, F. and Kecskés, A. The Real Effects of Financial Shocks: Evidence from Exogenous Changes in Analyst Coverage. *Journal of Finance*, 2013, 68 (4): 1407 – 1440.

Dhaliwal, D., Hogan, C., Trezevant, R. and Wilkins, M. Internal Control Disclosures, Monitoring, and the Cost of Debt. *Accounting Review*, 2011, 86 (4): 1131 – 1156.

Dhillon, A. and Rossetto, S. Ownership Structure, Voting, and Risk. *Review of Financial Studies*, 2015, 28 (2): 521 – 560.

Dimson, E., Karakaş, O. and Li, X. Active Ownership. *Review of*

Financial Studies, 2015, 28 (12): 3225 - 3268.

Ding, K., Lev, B., Peng, X., Sun, T. and Vasarhelyi, M. A. Machine Learning Improves Accounting Estimates: Evidence from Insurance Payments. *Review of Accounting Studies*, 2020, 25 (3): 1098 - 1134.

Dittmar, A. and Mahrt-Smith, J. Corporate Governance and the Value of Cash Holdings. *Journal of Financial Economics*, 2007, 83 (3): 599 - 634.

Djankov, S., La Porta, R., Lopez-de-Silanes, F. and Shleifer, A. The Law and Economics of Self-Dealing. *Journal of Financial Economics*, 2008, 88 (3): 430 - 465.

Djankov, S., McLiesh, C., Nenova, T. and Shleifer, A. Who Owns the Media?. *Journal of Law and Economics*, 2003, 46 (2): 341 - 382.

Dou, W. W., Ji, Y., Reibstein, D. and Wu, W. Inalienable Customer Capital, Corporate Liquidity, and Stock Returns. *Journal of Finance*, 2021, 76 (1): 211 - 265.

Dou, Y. Leaving Before Bad Times: Does the Labor Market Penalize Preemptive Director Resignations?. *Journal of Accounting and Economics*, 2017, 63 (2 - 3): 161 - 178.

Dou, Y. and Zhang, E. J. Why Do Directors Join Poorly Performing Firms?. *Journal of Financial and Quantitative Analysis*, 2022, 57 (4): 1564 - 1590.

Drake, M. S., Guest, N. M. and Twedt, B. J. The Media and Mispricing: The Role of the Business Press in the Pricing of Accounting Information. *Accounting Review*, 2014, 89 (5): 1673 - 1701.

Duchin, R., Gao, Z. and Shu, H. The Role of Government in Firm Outcomes. *Review of Financial Studies*, 2020, 33 (12): 5555 - 5593.

Duchin, R., Goldberg, A. and Sosyura, D. Spillovers Inside Conglomerates: Incentives and Capital. *Review of Financial Studies*, 2017, 30 (5): 1696 – 1743.

Duchin, R., Matsusaka, J. G. and Ozbas, O. When Are Outside Directors Effective?. *Journal of Financial Economics*, 2010, 96 (2): 195 – 214.

Dutta, S. and Nezlobin, A. Information Disclosure, Firm Growth, and the Cost of Capital. *Journal of Financial Economics*, 2017, 123 (2): 415 – 431.

Dyck, A., Lins, K. V., Roth, L. and Wagner, H. F. Do Institutional Investors Drive Corporate Social Responsibility? International Evidence. *Journal of Financial Economics*, 2019, 131 (3): 693 – 714.

Dyck, A., Morse, A. and Zingales, L. Who Blows the Whistle on Corporate Fraud?. *Journal of Finance*, 2010, 65 (6): 2213 – 2253.

Eckbo, B. E., Thorburn, K. S. and Wang, W. How Costly Is Corporate Bankruptcy for the CEO?. *Journal of Financial Economics*, 2016, 121 (1): 210 – 229.

Edmans, A. Blockholders and Corporate Governance. *Annual Review of Financial Economics*, 2014, 6 (1): 23 – 50.

Edmans, A., Holderness, C., Hermalin, B. and Weisbach, M. Handbook of the Economics of Corporate Governance. Elsevier, 2017.

El-Khatib, R., Fogel, K. and Jandik, T. CEO Network Centrality and Merger Performance. *Journal of Financial Economics*, 2015, 116 (2): 349 – 382.

Engelberg, J. E. and Parsons, C. A. The Causal Impact of Media in Financial Markets. *Journal of Finance*, 2011, 66 (1): 67 – 97.

Erel, I., Stern, L. H., Tan, C. and Weisbach, M. S. Selecting Directors Using Machine Learning. *Review of Financial Studies*, 2021, 34 (7): 3226 – 3264.

Ersahin, N. Creditor Rights, Technology Adoption, and Productivity: Plant-Level Evidence. *Review of Financial Studies*, 2020, 33

(12): 5784 - 5820.

Ersahin, N., Irani, R. M. and Le, H. Creditor Control Rights and Resource Allocation within Firms. *Journal of Financial Economics*, 2021, 139 (1): 186 - 208.

Ersahin, N., Irani, R. M. and Waldock, K. Can Strong Creditors Inhibit Entrepreneurial Activity?. *Review of Financial Studies*, 2021, 34 (4): 1661 - 1698.

Ertimur, Y., Ferri, F. and Muslu, V. Shareholder Activism and CEO Pay. *Review of Financial Studies*, 2011, 24 (2): 535 - 592.

Faccio, M. Politically Connected Firms. *American Economic Review*, 2006, 96 (1): 369 - 386.

Faccio, M. and Lang, L. H. The Ultimate Ownership of Western European Corporations. *Journal of Financial Economics*, 2002, 65 (3): 365 - 395.

Fahlenbrach, R., Low, A. and Stulz, R. M. Why Do Firms Appoint CEOs as Outside Directors?. *Journal of Financial Economics*, 2010, 97 (1): 12 - 32.

Fahlenbrach, R., Low, A. and Stulz, R. M. Do Independent Director Departures Predict Future Bad Events?. *Review of Financial Studies*, 2017, 30 (7): 2313 - 2358.

Fahlenbrach, R., Minton, B. A. and Pan, C. H. Former CEO Directors: Lingering CEOs or Valuable Resources?. *Review of Financial Studies*, 2011, 24 (10): 3486 - 3518.

Falato, A., Kadyrzhanova, D. and Lel, U. Distracted Directors: Does Board Busyness Hurt Shareholder Value?. *Journal of Financial Economics*, 2014, 113 (3): 404 - 426.

Faleye, O., Hoitash, R. and Hoitash, U. The Costs of Intense Board Monitoring. *Journal of Financial Economics*, 2011, 101 (1): 160 - 181.

Fama, E. F. and Jensen, M. C. Separation of Ownership and Control. *Journal of Law and Economics*, 1983, 26 (2): 301-325.

Fan, J. P., Wei, K. J. and Xu, X. Corporate Finance and Governance in Emerging Markets: A Selective Review and an Agenda for Future Research. *Journal of Corporate Finance*, 2011, 17 (2): 207-214.

Fang, V. W., Huang, A. H. and Karpoff, J. M. Short Selling and Earnings Management: A Controlled Experiment. *Journal of Finance*, 2016, 71 (3): 1251-1294.

Farboodi, M., Mihet, R., Philippon, T. and Veldkamp, L. Big Data and Firm Dynamics. *AEA Papers and Proceedings*, 2019, 109: 38-42.

Faulkender, M. and Yang, J. Inside the Black Box: The Role and Composition of Compensation Peer Groups. *Journal of Financial Economics*, 2010, 96 (2): 257-270.

Fauver, L., Hung, M., Li, X. and Taboada, A. G. Board Reforms and Firm Value: Worldwide Evidence. *Journal of Financial Economics*, 2017, 125 (1): 120-142.

Ferguson, M. Preparing for a Blockchain Future. *MIT Sloan Management Review*, 2018, 60 (1): 1-4.

Fich, E. M. and Shivdasani, A. Are Busy Boards Effective Monitors?. *Journal of Finance*, 2012, 61 (2): 689-724.

Fich, E. M., Harford, J. and Tran, A. L. Motivated Monitors: The Importance of Institutional Investors' Portfolio Weights. *Journal of Financial Economics*, 2015, 118 (1): 21-48.

Field, L. C. and Lowry, M. Bucking the Trend: Why Do IPOs Choose Controversial Governance Structures and Why Do Investors Let them?. *Journal of Financial Economics*, 2022, 146 (1): 27-54.

Field, L. C. and Mkrtchyan, A. The Effect of Director Experience on Acquisition Performance. *Journal of Financial Economics*, 2017, 123 (3): 488-511.

Field, L., Lowry, M. and Mkrtchyan, A. Are Busy Boards Detrimental?. *Journal of Financial Economics*, 2013, 109 (1): 63-82.

Fisman, R. Estimating the Value of Political Connections. *American Economic Review*, 2001, 91 (4): 1095-1102.

Fisman, R., Paravisini, D. and Vig, V. Cultural Proximity and Loan Outcomes. *American Economic Review*, 2017, 107 (2): 457-492.

Focke, F., Maug, E. and Niessen-Ruenzi, A. The Impact of Firm Prestige on Executive Compensation. *Journal of Financial Economics*, 2017, 123 (2): 313-336.

Foley, C. F. and Greenwood, R. The Evolution of Corporate Ownership after IPO: The Impact of Investor Protection. *Review of Financial Studies*, 2010, 23 (3): 1231-1260.

Fos, V. and Tsoutsoura, M. Shareholder Democracy in Play: Career Consequences of Proxy Contests. *Journal of Financial Economics*, 2014, 114 (2): 316-340.

Fracassi, C. and Tate, G. External Networking and Internal Firm Governance. *Journal of Finance*, 2012, 67 (1): 153-194.

Freeman, R. E. and Reed, D. L. Stockholders and Stakeholders: A New Perspective on Corporate Governance. *California Management Review*, 1983, 25 (3): 88-106.

Fried, J. M., Kamar, E. and Yafeh, Y. The Effect of Minority Veto Rights on Controller Pay Tunneling. *Journal of Financial Economics*, 2020, 138 (3): 777-788.

Friedman, E., Johnson, S. and Mitton, T. Propping and Tunneling. *Journal of Comparative Economics*, 2003, 31 (4): 732-750.

Gantchev, N., Sevilir, M. and Shivdasani, A. Activism and Empire Building. *Journal of Financial Economics*, 2020, 138 (2): 526-548.

Gao, H., Luo, J. and Tang, T. Effects of Managerial Labor Market on Executive Compensation: Evidence from Job-Hopping. *Journal of Accounting and Economics*, 2015, 59 (2-3): 203-220.

Gao, H., Wang, J., Wang, Y., Wu, C. and Dong, X. Media

Coverage and the Cost of Debt. *Journal of Financial and Quantitative Analysis*, 2020, 55 (2): 429 – 471.

Gentzkow, M. and Shapiro, J. M. What Drives Media Slant? Evidence from US Daily Newspapers. *Econometrica*, 2010, 78 (1): 35 – 71.

Gentzkow, M., Shapiro, J. M. and Stone, D. F. Media Bias in the Marketplace: Theory. Handbook of Media Economics. Elsevier, 2015.

Germano, F. and Meier, M. Concentration and Self-Censorship in Commercial Media. *Journal of Public Economics*, 2013, 97: 117 – 130.

Ghannam, S., Bugeja, M., Matolcsy, Z. P. and Spiropoulos, H. Are Qualified and Experienced Outside Directors Willing to Join Fraudulent Firms and If so, Why?. *Accounting Review*, 2019, 94 (2): 205 – 227.

Giannetti, M. and Wang, T. Y. Corporate Scandals and Household Stock Market Participation. *Journal of Finance*, 2016, 71 (6): 2591 – 2636.

Giannetti, M., Liao, G. and Yu, X. The Brain Gain of Corporate Boards: Evidence from China. *Journal of Finance*, 2015, 70 (4): 1629 – 1682.

Giglio, S., Liao, Y. and Xiu, D. Thousands of Alpha Tests. *Review of Financial Studies*, 2021, 34 (7): 3456 – 3496.

Giroud, X. and Mueller, H. M. Does Corporate Governance Matter in Competitive Industries?. *Journal of Financial Economics*, 2010, 95 (3): 312 – 331.

Giroud, X. and Mueller, H. M. Corporate Governance, Product Market Competition, and Equity Prices. *Journal of Finance*, 2011, 66 (2): 563 – 600.

Goh, B. W. and Li, D. Internal Controls and Conditional Conservatism. *Accounting Review*, 2011, 86 (3): 975 – 1005.

Goldman, E., Rocholl, J. and So, J. Do Politically Connected

Boards Affect Firm Value?. *Review of Financial Studies*, 2009, 22 (6): 2331-2360.

Goldstein, I., Jiang, W. and Karolyi, G. A. To Fintech and Beyond. *Review of Financial Studies*, 2019, 32 (5): 1647-1661.

Goldstein, I., Spatt, C. S. and Ye, M. Big Data in Finance. *Review of Financial Studies*, 2021, 34 (7): 3213-3225.

Gompers, P. A., Ishii, J. and Metrick, A. Extreme Governance: An Analysis of Dual-class Firms in the United States. *Review of Financial Studies*, 2010, 23 (3): 1051-1088.

Gompers, P., Ishii, J. and Metrick, A. Corporate Governance and Equity Prices. *Quarterly Journal of Economics*, 2003, 118 (1): 107-156.

Gopalan, R., Gormley, T. A. and Kalda, A. It's Not So Bad: Director Bankruptcy Experience and Corporate Risk-Taking. *Journal of Financial Economics*, 2021, 142 (1): 261-292.

Gourio, F. and Rudanko, L. Customer Capital. *Review of Economic Studies*, 2014, 81 (3): 1102-1136.

Gow, I. D., Wahid, A. S. and Yu, G. Managing Reputation: Evidence from Biographies of Corporate Directors. *Journal of Accounting and Economics*, 2018, 66 (2-3): 448-469.

Graham, J. R., Grennan, J., Harvey, C. R. and Rajgopal, S. Corporate Culture: Evidence from the Field. *Journal of Financial Economics*, 2022, 146 (2): 552-593.

Graham, J. R., Kim, H. and Leary, M. CEO-Board Dynamics. *Journal of Financial Economics*, 2020, 137 (3): 612-636.

Graham, J. R., Li, S. and Qiu, J. Managerial Attributes and Executive Compensation. *Review of Financial Studies*, 2012, 25 (1): 144-186.

Green, T. C., Jame, R. and Lock, B. Executive Extraversion: Career and Firm Outcomes. *Accounting Review*, 2019, 94 (3): 177-204.

Grennan, J. and Michaely, R. Fintechs and the Market for Financial Analysis. *Journal of Financial and Quantitative Analysis*, 2021, 56 (6): 1877–1907.

Grossman, S. J. and Stiglitz, J. E. On the Impossibility of Informationally Efficient Markets. *American Economic Review*, 1980, 70 (3): 393–408.

Gu, C. and Kurov, A. Informational Role of Social Media: Evidence from Twitter Sentiment. *Journal of Banking and Finance*, 2020, 121: 105969.

Guan, Y., Su, L. N., Wu, D. and Yang, Z. Do School Ties between Auditors and Client Executives Influence Audit Outcomes?. *Journal of Accounting and Economics*, 2016, 61 (2–3): 506–525.

Guiso, L., Sapienza, P. and Zingales, L. The Role of Social Capital in Financial Development. *American Economic Review*, 2004, 94 (3): 526–556.

Guiso, L., Sapienza, P. and Zingales, L. Does Culture Affect Economic Outcomes?. *Journal of Economic Perspectives*, 2006, 20 (2): 23–48.

Guiso, L., Sapienza, P. and Zingales, L. The Value of Corporate Culture. *Journal of Financial Economics*, 2015, 117 (1): 60–76.

Gulen, H. and O'Brien, W. J. Option Repricing, Corporate Governance, and the Effect of Shareholder Empowerment. *Journal of Financial Economics*, 2017, 125 (2): 389–415.

Guo, L. and Masulis, R. W. Board Structure and Monitoring: New Evidence from CEO Turnovers. *Review of Financial Studies*, 2015, 28 (10): 2770–2811.

Gustafson, M. T., Ivanov, I. T. and Meisenzahl, R. R. Bank Monitoring: Evidence from Syndicated Loans. *Journal of Financial Economics*, 2021, 139 (2): 452–477.

Hacamo, I. and Kleiner, K. Competing for Talent: Firms, Managers, and Social Networks. *Review of Financial Studies*, 2022, 35 (1): 207-253.

Hacioglu, U. and Aksoy, T. Financial Ecosystem and Strategy in the Digital Era: Global Approaches and New Opportunities. Springer, 2021.

Hanelt, A., Bohnsack, R., Marz, D. and Antunes Marante, C. A Systematic Review of the Literature on Digital Transformation: Insights and Implications for Strategy and Organizational Change. *Journal of Management Studies*, 2021, 58 (5): 1159-1197.

Harford, J., Humphery-Jenner, M. and Powell, R. The Sources of Value Destruction in Acquisitions by Entrenched Managers. *Journal of Financial Economics*, 2012, 106 (2): 247-261.

Harford, J., Mansi, S. A. and Maxwell, W. F. Corporate Governance and Firm Cash Holdings in the US. *Journal of Financial Economics*, 2008, 87 (3): 535-555.

Hayes, R. M. and Schaefer, S. How Much Are Differences in Managerial Ability Worth?. *Journal of Accounting and Economics*, 1999, 27 (2): 125-148.

Hazarika, S., Karpoff, J. M. and Nahata, R. Internal Corporate Governance, CEO Turnover, and Earnings Management. *Journal of Financial Economics*, 2012, 104 (1): 44-69.

Heath, D., Macciocchi, D., Michaely, R. and Ringgenberg, M. C. Do Index Funds Monitor?. *Review of Financial Studies*, 2022, 35 (1): 91-131.

Hermalin, B. E. and Weisbach, M. S. Endogenously Chosen Boards of Directors and their Monitoring of the CEO. *American Economic Review*, 1998, 88 (1): 96-118.

Hermalin, B. and Weisbach, M. S. Boards of Directors as an Endogenously Determined Institution: A Survey of the Economic Literature. *FRNBY Economic Policy Review*, 2003.

Hertzberg, A., Liberti, J. M. and Paravisini, D. Information and

Incentives inside the Firm: Evidence from Loan Officer Rotation. *Journal of Finance*, 2010, 65 (3): 795 – 828.

Hirshleifer, D. and Teoh, S. H. Limited Attention, Information Disclosure, and Financial Reporting. *Journal of Accounting and Economics*, 2003, 36 (1 – 3): 337 – 386.

Hoberg, G. and Phillips, G. Product Market Synergies and Competition in Mergers and Acquisitions: A Text-based Analysis. *Review of Financial Studies*, 2010, 23 (10): 3773 – 3811.

Hoberg, G. and Phillips, G. Text-based Network Industries and Endogenous Product Differentiation. *Journal of Political Economy*, 2016, 124 (5): 1423 – 1465.

Hoberg, G., Phillips, G. and Prabhala, N. Product Market Threats, Payouts, and Financial Flexibility. *Journal of Finance*, 2014, 69 (1): 293 – 324.

Hochberg, Y. V. and Lindsey, L. Incentives, Targeting, and Firm Performance: An Analysis of Non-Executive Stock Options. *Review of Financial Studies*, 2010, 23 (11): 4148 – 4186.

Hoi, C. K. S., Wu, Q. and Zhang, H. Does Social Capital Mitigate Agency Problems? Evidence from Chief Executive Officer (CEO) Compensation. *Journal of Financial Economics*, 2019, 133 (2): 498 – 519.

Holderness, C. G. Equity Issuances and Agency Costs: The Telling Story of Shareholder Approval around the World. *Journal of Financial Economics*, 2018, 129 (3): 415 – 439.

Hong, H. and Kacperczyk, M. Competition and Bias. *Quarterly Journal of Economics*, 2010, 125 (4): 1683 – 1725.

Houston, J. F., Jiang, L., Lin, C. and Ma, Y. Political Connections and the Cost of Bank Loans. *Journal of Accounting Research*, 2014, 52 (1): 193 – 243.

Huang, A. G., Tan, H. and Wermers, R. Institutional Trading around Corporate News: Evidence from Textual Analysis. *Review of Financial Studies, 2020, 33 (10): 4627 - 4675.

Huang, J. The Customer Knows Best: The Investment Value of Consumer Opinions. *Journal of Financial Economics*, 2018, 128 (1): 164 - 182.

Huang, K., Li, M. and Markov, S. What Do Employees Know? Evidence from a Social Media Platform. *Accounting Review*, 2020, 95 (2): 199 - 226.

Huang, S. and Hilary, G. Zombie Board: Board Tenure and Firm Performance. *Journal of Accounting Research*, 2018, 56 (4): 1285 - 1329.

Huang, S., Roychowdhury, S. and Sletten, E. Does Litigation Deter or Encourage Real Earnings Management?. *Accounting Review*, 2020, 95 (3): 251 - 278.

Humphery-Jenner, M., Lisic, L. L., Nanda, V. and Silveri, S. D. Executive Overconfidence and Compensation Structure. *Journal of Financial Economics*, 2016, 119 (3): 533 - 558.

Hwang, B. and Kim, S. It Pays to Have Friends. *Journal of Financial Economics*, 2009, 93 (1): 138 - 158.

Iliev, P., Kalodimos, J. and Lowry, M. Investors' Attention to Corporate Governance. *Review of Financial Studies*, 2021, 34 (12): 5581 - 5628.

Iliev, P., Lins, K. V., Miller, D. P. and Roth, L. Shareholder Voting and Corporate Governance around the World. *Review of Financial Studies*, 2015, 28 (8): 2167 - 2202.

Irani, R. M. and Oesch, D. Monitoring and Corporate Disclosure: Evidence from a Natural Experiment. *Journal of Financial Economics*, 2013, 109 (2): 398 - 418.

Islam, E. and Zein, J. Inventor CEOs. *Journal of Financial Economics*, 2020, 135 (2): 505 - 527.

Islam, E., Rahman, L., Sen, R. and Zein, J. Eyes on the Prize:

Do Industry Tournament Incentives Shape the Structure of Executive Compensation?. *Journal of Financial and Quantitative Analysis*, 2022, 57 (5): 1929-1959.

Israelsen, R. D. and Yonker, S. E. Key Human Capital. *Journal of Financial and Quantitative Analysis*, 2017, 52 (1): 175-214.

Jayaraman, S. and Milbourn, T. CEO Equity Incentives and Financial Misreporting: The Role of Auditor Expertise. *Accounting Review*, 2015, 90 (1): 321-350.

Jayaraman, S. and Shuang Wu, J. Should I Stay or Should I Grow? Using Voluntary Disclosure to Elicit Market Feedback. *Review of Financial Studies*, 2020, 33 (8): 3854-3888.

Jensen, M. C. Agency Costs of Free Cash Flow, Corporate Finance, and Takeovers. *American Economic Review*, 1986, 76 (2): 323-329.

Jensen, M. C. and Meckling, W. H. Theory of the Firm: Managerial Behavior, Agency Costs and Ownership Structure. *Journal of Financial Economics*, 1976, 3 (4): 305-360.

Jenter, D. and Kanaan, F. CEO Turnover and Relative Performance Evaluation. *Journal of Finance*, 2015, 70 (5): 2155-2184.

Jenter, D. and Lewellen, K. CEO Preferences and Acquisitions. *Journal of Finance*, 2015, 70 (6): 2813-2852.

Jenter, D. and Lewellen, K. Performance-induced CEO Turnover. *Review of Financial Studies*, 2021, 34 (2): 569-617.

Jiang, F. and Kim, K. A. Corporate Governance in China: A Modern Perspective. *Journal of Corporate Governance*, 2015, 32: 190-216.

Jiang, G., Lee, C. M. and Yue, H. Tunneling through Intercorporate Loans: The China Experience. *Journal of Financial Economics*, 2010, 98 (1): 1-20.

Jiang, W., Wan, H. and Zhao, S. Reputation Concerns of Independent Directors: Evidence from Individual Director Voting. *Review of Finan-*

cial Studies, 2016, 29 (3): 655-696.

Joe, J. R. Why Press Coverage of a Client Influences the Audit Opinion. *Journal of Accounting Research*, 2003, 41 (1): 109-133.

Joe, J. R., Louis, H. and Robinson, D. Managers' and Investors' Responses to Media Exposure of Board Ineffectiveness. *Journal of Financial and Quantitative Analysis*, 2009, 44 (3): 579-605.

Johnson, S., Boone, P., Breach, A. and Friedman, E. Corporate Governance in the Asian Financial Crisis. *Journal of Financial Economics*, 2000, 58 (1-2): 141-186.

Johnson, S., La Porta, R., Lopez-de-Silanes, F. and Shleifer, A. Tunneling. *American Economic Review*, 2000, 90 (2): 22-27.

Julio, B. and Yook, Y. Political Uncertainty and Corporate Investment Cycles. *Journal of Finance*, 2012, 67 (1): 45-83.

Kaplan, S. N. and Sorensen, M. Are CEOs Different?. *Journal of Finance*, 2021, 76 (4): 1773-1811.

Kaplan, S. N., Klebanov, M. M. and Sorensen, M. Which CEO Characteristics and Abilities Matter?. *Journal of Finance*, 2012, 67 (3): 973-1007.

Kedia, S. and Rajgopal, S. Do the SEC's Enforcement Preferences Affect Corporate Misconduct?. *Journal of Accounting and Economics*, 2011, 51 (3): 259-278.

Kedia, S., Rajgopal, S. and Zhou, X. A. Large Shareholders and Credit Ratings. *Journal of Financial Economics*, 2017, 124 (3): 632-653.

Kelly, B. and Ljungqvist, A. Testing Asymmetric-information Asset Pricing Models. *Review of Financial Studies*, 2012, 25 (5): 1366-1413.

Kempf, E., Manconi, A. and Spalt, O. Distracted Shareholders and Corporate Actions. *Review of Financial Studies*, 2017, 30 (5): 1660-1695.

Khan, M., Srinivasan, S. and Tan, L. Institutional Ownership and Corporate Tax Avoidance: New Evidence. *Accounting Review*, 2017, 92 (2): 101-122.

Khanna, V., Kim, E. H. and Lu, Y. CEO Connectedness and Corporate Fraud. *Journal of Finance*, 2015, 70 (3): 1203-1252.

Khurana, I. K. and Wang, W. International Mergers and Acquisitions Laws, the Market for Corporate Control, and Accounting Conservatism. *Journal of Accounting Research*, 2019, 57 (1): 241-290.

Khwaja, A. I. and Mian, A. Do Lenders Favor Politically Connected Firms? Rent Provision in an Emerging Financial Market. *Quarterly Journal of Economics*, 2005, 120 (4): 1371-1411.

Kim, E. H. and Lu, Y. CEO Ownership, External Governance, and Risk Taking. *Journal of Financial Economics*, 2011, 102 (2): 272-292.

Knyazeva, A., Knyazeva, D. and Masulis, R. W. The Supply of Corporate Directors and Board Independence. *Review of Financial Studies*, 2013, 26 (6): 1561-1605.

Kubick, T. R., Lynch, D. P., Mayberry, M. A. and Omer, T. C. The Effects of Regulatory Scrutiny on Tax Avoidance: An Examination of SEC Comment Letters. *Accounting Review*, 2016, 91 (6): 1751-1780.

La Porta, R., Lopez De Silanes, F. and Shleifer, A. Corporate Ownership around the World. *Journal of Finance*, 1999, 54 (2): 471-517.

La Porta, R., Lopez De Silanes, F., Shleifer, A. and Vishny, R. W. Legal Determinants of External Finance. *Journal of Finance*, 1997, 52 (3): 1131-1150.

La Porta, R., Lopez De Silanes, F., Shleifer, A. and Vishny, R. Investor Protection and Corporate Valuation. *Journal of Finance*, 2002, 57 (3): 1147-1170.

La Porta, R., Lopez-de-Silanes, F., Shleifer, A. and Vishny, R. Investor Protection and Corporate Governance. *Journal of Financial Economics*, 2000, 58 (1-2): 3-27.

Laeven, L. and Levine, R. Complex Ownership Structures and Corporate Valuations. *Review of Financial Studies*, 2008, 21 (2): 579-604.

Lafarre, A. and Van der Elst, C. Blockchain Technology for Corporate Governance and Shareholder Activism. Working Paper, 2018.

Lee, J. and Parlour, C. A. Consumers as Financiers: Consumer Surplus, Crowdfunding, and Initial Coin Offerings. *Review of Financial Studies*, 2022, 35 (3): 1105-1140.

Lee, J., Lee, K. J. and Nagarajan, N. J. Birds of a Feather: Value Implications of Political Alignment between Top Management and Directors. *Journal of Financial Economics*, 2014, 112 (2): 232-250.

Lee, L. F., Hutton, A. P. and Shu, S. The Role of Social Media in the Capital Market: Evidence from Consumer Product Recalls. *Journal of Accounting Research*, 2015, 53 (2): 367-404.

Lehmann, N. Do Corporate Governance Analysts Matter? Evidence from the Expansion of Governance Analyst Coverage. *Journal of Accounting Research*, 2019, 57 (3): 721-761.

Leippold, M., Wang, Q. and Zhou, W. Machine Learning in the Chinese Stock Market. *Journal of Financial Economics*, 2022, 145 (2): 64-82.

Lel, U. and Miller, D. P. Does Takeover Activity Cause Managerial Discipline? Evidence from International M&A Laws. *Review of Financial Studies*, 2015, 28 (6): 1588-1622.

Lel, U., Martin, G. S. and Qin, Z. Delegated Monitoring, Institutional Ownership, and Corporate Misconduct Spillovers. *Journal of Financial and Quantitative Analysis*, 2022: 1-35.

Lennox, C. Audit Quality and Executive Officers' Affiliations with

CPA Firms. *Journal of Accounting and Economics*, 2005, 39 (2): 201-231.

Lennox, C., Wu, X. and Zhang, T. The Effect of Audit Adjustments on Earnings Quality: Evidence from China. *Journal of Accounting and Economics*, 2016, 61 (2-3): 545-562.

Leuz, C. and Oberholzer-Gee, F. Political Relationships, Global Financing, and Corporate Transparency: Evidence from Indonesia. *Journal of Financial Economics*, 2006, 81 (2): 411-439.

Leuz, C., Lins, K. V. and Warnock, F. E. Do Foreigners Invest Less in Poorly Governed Firms?. *Review of Financial Studies*, 2009, 22 (8): 3245-3285.

Levit, D. and Malenko, N. Nonbinding Voting for Shareholder Proposals. *Journal of Finance*, 2011, 66 (5): 1579-1614.

Lewellen, J. and Lewellen, K. Institutional Investors and Corporate Governance: The Incentive to be Engaged. *Journal of Finance*, 2022, 77 (1): 213-264.

Li, F. The Information Content of Forward-looking Statements in Corporate Filings—A Naive Bayesian Machine Learning Approach. *Journal of Accounting Research*, 2010, 48 (5): 1049-1102.

Li, N. Do Majority-of-Minority Shareholder Voting Rights Reduce Expropriation? Evidence from Related Party Transactions. *Journal of Accounting Research*, 2021, 59 (4): 1385-1423.

Li, R. Media Corruption: A Chinese Characteristic. *Journal of Business Ethics*, 2013, 116 (2): 297-310.

Liberti, J. M. and Petersen, M. A. Information: Hard and Soft. *Review of Corporate Finance Studies*, 2019, 8 (1): 1-41.

Lilienfeld Toal, U. V. and Ruenzi, S. CEO Ownership, Stock Market Performance, and Managerial Discretion. *Journal of Finance*, 2014, 69 (3): 1013-1050.

Lin, C., Ma, Y. and Xuan, Y. Ownership Structure and Financial

Constraints: Evidence from a Structural Estimation. *Journal of Financial Economics*, 2011, 102 (2): 416 - 431.

Lin, C., Ma, Y., Malatesta, P. and Xuan, Y. Ownership Structure and the Cost of Corporate Borrowing. *Journal of Financial Economics*, 2011, 100 (1): 1 - 23.

Lin, C., Officer, M. S. and Zou, H. Directors' and Officers' Liability Insurance and Acquisition Outcomes. *Journal of Financial Economics*, 2011, 102 (3): 507 - 525.

Lin, C., Officer, M. S., Wang, R. and Zou, H. Directors' and Officers' Liability Insurance and Loan Spreads. *Journal of Financial Economics*, 2013, 110 (1): 37 - 60.

Lin, C., Schmid, T. and Xuan, Y. Employee Representation and Financial Leverage. *Journal of Financial Economics*, 2018, 127 (2): 303 - 324.

Lin, S., Pizzini, M., Vargus, M. and Bardhan, I. R. The Role of the Internal Audit Function in the Disclosure of Material Weaknesses. *Accounting Review*, 2011, 86 (1): 287 - 323.

Lin, Y., Mao, Y. and Wang, Z. Institutional Ownership, Peer Pressure, and Voluntary Disclosures. *Accounting Review*, 2018, 93 (4): 283 - 308.

Liu, B. and McConnell, J. J. The Role of the Media in Corporate Governance: Do the Media Influence Managers' Capital Allocation Decisions?. *Journal of Financial Economics*, 2013, 110 (1): 1 - 17.

Liu, C., Low, A., Masulis, R. W. and Zhang, L. Monitoring the Monitor: Distracted Institutional Investors and Board Governance. *Review of Financial Studies*, 2020, 33 (10): 4489 - 4531.

Long, C. X. Does the Rights Hypothesis Apply to China?. *Journal of Law and Economics*, 2010, 53 (4): 629 - 650.

Lowry, M., Michaely, R. and Volkova, E. Information Revealed through the Regulatory Process: Interactions between the SEC and Companies ahead of their IPO. *Review of Financial Studies*, 2020, 33 (12): 5510 - 5554.

Lu, H., Wu, Q. and Ye, J. Fintech and the Future of Financial Service: A Literature Review and Research Agenda. Working Paper, 2020.

Luohan, A. Digital Technology and Inclusive Growth. Luohan Academy, 2019.

Malenko, A. and Malenko, N. Proxy Advisory Firms: The Economics of Selling Information to Voters. *Journal of Finance*, 2019, 74 (5): 2441 - 2490.

Malenko, N. Communication and Decision-making in Corporate Boards. *Review of Financial Studies*, 2014, 27 (5): 1486 - 1532.

Malenko, N. and Shen, Y. The Role of Proxy Advisory Firms: Evidence from a Regression-discontinuity Design. *Review of Financial Studies*, 2016, 29 (12): 3394 - 3427.

Malmendier, U., Tate, G. and Yan, J. Overconfidence and Early-life Experiences: The Effect of Managerial Traits on Corporate Financial Policies. *Journal of Finance*, 2011, 66 (5): 1687 - 1733.

Manchiraju, H., Pandey, V. and Subramanyam, K. R. Shareholder Litigation and Conservative Accounting: Evidence from Universal Demand Laws. *Accounting Review*, 2021, 96 (2): 391 - 412.

Massa, M., Qian, W., Xu, W. and Zhang, H. Competition of the Informed: Does the Presence of Short Sellers Affect Insider Selling?. *Journal of Financial Economics*, 2015, 118 (2): 268 - 288.

Massa, M., Zhang, B. and Zhang, H. The Invisible Hand of Short Selling: Does Short Selling Discipline Earnings Management?. *Review of Financial Studies*, 2015, 28 (6): 1701 - 1736.

Masulis, R. W. and Mobbs, S. Are All Inside Directors the Same? Evidence from the External Directorship Market. *Journal of Finance*, 2011, 66 (3): 823 - 872.

Masulis, R. W. and Mobbs, S. Independent Director Incentives:

Where Do Talented Directors Spend Their Limited Time and Energy?. *Journal of Financial Economics*, 2014, 111 (2): 406 - 429.

Masulis, R. W. and Zhang, E. J. How Valuable Are Independent Directors? Evidence from External Distractions. *Journal of Financial Economics*, 2019, 132 (3): 226 - 256.

Masulis, R. W., Wang, C. and Xie, F. Corporate Governance and Acquirer Returns. *Journal of Finance*, 2007, 62 (4): 1851 - 1889.

Masulis, R. W., Wang, C. and Xie, F. Agency Problems at Dual-class Companies. *Journal of Finance*, 2009, 64 (4): 1697 - 1727.

Mayew, W. J. and Venkatachalam, M. The Power of Voice: Managerial Affective States and Future Firm Performance. *Journal of Finance*, 2012, 67 (1): 1 - 43.

McAfee, A., Brynjolfsson, E., Davenport, T. H., Patil, D. J. and Barton, D. Big Data: The Management Revolution. *Harvard Business Review*, 2012, 90 (10): 60 - 68.

McCahery, J. A., Sautner, Z. and Starks, L. T. Behind the Scenes: The Corporate Governance Preferences of Institutional Investors. *Journal of Finance*, 2016, 71 (6): 2905 - 2932.

McLean, R. D., Zhang, T. and Zhao, M. Why Does the Law Matter? Investor Protection and Its Effects on Investment, Finance, and Growth. *Journal of Finance*, 2012, 67 (1): 313 - 350.

Miller, G. S. The Press as a Watchdog for Accounting Fraud. *Journal of Accounting Research*, 2006, 44 (5): 1001 - 1033.

Morck, R., Shleifer, A. and Vishny, R. W. Alternative Mechanisms for Corporate Control. *American Economic Review*, 1989, 79 (4): 842 - 852.

Morse, A., Nanda, V. and Seru, A. Are Incentive Contracts Rigged by Powerful CEOs?. *Journal of Finance*, 2011, 66 (5): 1779 - 1821.

Mullins, W. and Schoar, A. How Do CEOs See Their Roles? Management Philosophies and Styles in Family and Non-Family Firms. *Journal of Financial Economics*, 2016, 119 (1): 24-43.

Murphy, K. J. and Sandino, T. Compensation Consultants and the Level, Composition, and Complexity of CEO Pay. *Accounting Review*, 2020, 95 (1): 311-341.

Naaraayanan, S. L. and Nielsen, K. M. Does Personal Liability Deter Individuals from Serving as Independent Directors?. *Journal of Financial Economics*, 2021, 140 (2): 621-643.

Nguyen, B. D. and Nielsen, K. M. The Value of Independent Directors: Evidence from Sudden Deaths. *Journal of Financial Economics*, 2010, 98 (3): 550-567.

Nikolaev, V. V. Debt Covenants and Accounting Conservatism. *Journal of Accounting Research*, 2010, 48 (1): 137-176.

Nini, G., Smith, D. C. and Sufi, A. Creditor Control Rights, Corporate Governance, and Firm Value. *Review of Financial Studies*, 2012, 25 (6): 1713-1761.

North, D. C. Institutions. *Journal of Economic Perspectives*, 1991, 5 (1): 97-112.

O'Brien, P. C. and Tan, H. Geographic Proximity and Analyst Coverage Decisions: Evidence from IPOs. *Journal of Accounting and Economics*, 2015, 59 (1): 41-59.

Obwegeser, N., Yokoi, T., Wade, M. and Voskes, T. 7 Key Principles to Govern Digital Initiatives. *MIT Sloan Management Review*, 2020, 61 (3): 1-9.

Otto, C. A. CEO Optimism and Incentive Compensation. *Journal of Financial Economics*, 2014, 114 (2): 366-404.

Pan, Y., Siegel, S. and Yue Wang, T. The Cultural Origin of CEOs' Attitudes toward Uncertainty: Evidence from Corporate Acquisitions. *Review of Financial Studies*, 2020, 33 (7): 2977-3030.

Pan, Y., Wang, T. Y. and Weisbach, M. S. CEO Investment

Cycles. *Review of Financial Studies*, 2016, 29 (11): 2955-2999.

Park, J., Sani, J., Shroff, N. and White, H. Disclosure Incentives When Competing Firms Have Common Ownership. *Journal of Accounting and Economics*, 2019, 67 (2-3): 387-415.

Parrino, R., Sias, R. W. and Starks, L. T. Voting with their Feet: Institutional Ownership Changes around Forced CEO Turnover. *Journal of Financial Economics*, 2003, 68 (1): 3-46.

Patterson, E. R., Smith, J. R. and Tiras, S. L. The Effects of Auditor Tenure on Fraud and Its Detection. *Accounting Review*, 2019, 94 (5): 297-318.

Penrose, E. and Penrose, E. T. The Theory of the Growth of the Firm. Oxford University Press, 1959.

Peress, J. The Media and the Diffusion of Information in Financial Markets: Evidence from Newspaper Strikes. *Journal of Finance*, 2014, 69 (5): 2007-2043.

Piotroski, J. D., Wong, T. J. and Zhang, T. Political Bias in Corporate News: The Role of Conglomeration Reform in China. *Journal of Law and Economics*, 2017, 60 (1): 173-207.

Porta, R. L., Lopez-de-Silanes, F., Shleifer, A. and Vishny, R. W. Law and Finance. *Journal of Political Economy*, 1998, 106 (6): 1113-1155.

Puglisi, R. and Snyder Jr, J. M. Empirical Studies of Media Bias. Handbook of Media Economics. Elsevier, 2015.

Qin, B., Strömberg, D. and Wu, Y. Media Bias in China. *American Economic Review*, 2018, 108 (9): 2442-2476.

Rajan, R. G. and Wulf, J. The Flattening Firm: Evidence from Panel Data on the Changing Nature of Corporate Hierarchies. *Review of Economics and Statistics*, 2006, 88 (4): 759-773.

Ramalingegowda, S. and Yu, Y. Institutional Ownership and Conservatism. *Journal of Accounting and Economics*, 2012, 53 (1-2):

98-114.

Ravina, E. and Sapienza, P. What Do Independent Directors Know? Evidence from Their Trading. *Review of Financial Studies*, 2010, 23 (3): 962-1003.

Roberts, M. R. and Sufi, A. Control Rights and Capital Structure: An Empirical Investigation. *Journal of Finance*, 2009, 64 (4): 1657-1695.

Roychowdhury, S., Shroff, N. and Verdi, R. S. The Effects of Financial Reporting and Disclosure on Corporate Investment: A Review. *Journal of Accounting and Economics*, 2019, 68 (2-3): 101246.

Ru, Y., Xie, F. and Xue, J. Common Business Group Affiliation and Media Bias. Working Paper, 2020.

Ru, Y., Xue, J., Zhang, Y. and Zhou, X. Social Connections between Media and Firm Executives and the Properties of Media Reporting. *Review of Accounting Studies*, 2020, 25 (3): 963-1001.

Schmidt, C. and Fahlenbrach, R. Do Exogenous Changes in Passive Institutional Ownership Affect Corporate Governance and Firm Value?. *Journal of Financial Economics*, 2017, 124 (2): 285-306.

Schwartz-Ziv, M. and Weisbach, M. S. What Do Boards Really Do? Evidence from Minutes of Board Meetings. *Journal of Financial Economics*, 2013, 108 (2): 349-366.

Shan, C., Tang, D. Y. and Winton, A. Do Banks Still Monitor When There Is a Market for Credit Protection?. *Journal of Accounting and Economics*, 2019, 68 (2-3): 101241.

Shleifer, A. and Vishny, R. W. Large Shareholders and Corporate Control. *Journal of Political Economy*, 1986, 94 (3, Part 1): 461-488.

Shleifer, A. and Vishny, R. W. Politicians and Firms. *Quarterly*

Journal of Economics，1994，109（4）：995－1025.

Shleifer，A. and Vishny，R. W. A Survey of Corporate Governance. *Journal of Finance*，1997，52（2）：737－783.

Shue，K. and Townsend，R. R. Growth through Rigidity：An Explanation for the Rise in CEO Pay. *Journal of Financial Economics*，2017，123（1）：1－21.

Simsek，Z.，Vaara，E.，Paruchuri，S.，Nadkarni，S. and Shaw，J. D. New Ways of Seeing Big Data. *Academy of Management Briarcliff Manor*，2019，62：971－978.

Stubben，S. R. and Welch，K. T. Evidence on the Use and Efficacy of Internal Whistleblowing Systems. *Journal of Accounting Research*，2020，58（2）：473－518.

Stulz，R. M. The Limits of Financial Globalization. *Journal of Finance*，2005，60（4）：1595－1638.

Sunder，J.，Sunder，S. V. and Wongsunwai，W. Debtholder Responses to Shareholder Activism：Evidence from Hedge Fund Interventions. *Review of Financial Studies*，2014，27（11）：3318－3342.

Tantri，P. Fintech for the Poor：Financial Intermediation without Discrimination. *Review of Finance*，2021，25（2）：561－593.

Tetlock，P. C. Giving Content to Investor Sentiment：The Role of Media in the Stock Market. *Journal of Finance*，2007，62（3）：1139－1168.

Tetlock，P. C.，Saar Tsechansky，M. and Macskassy，S. More than Words：Quantifying Language to Measure Firms' Fundamentals. *Journal of Finance*，2008，63（3）：1437－1467.

Tirole，J. The Theory of Corporate Finance. Princeton University Press，2010.

Tsang，A.，Xie，F. and Xin，X. Foreign Institutional Investors and Corporate Voluntary Disclosure around the World. *Accounting Review*，2019，94（5）：319－348.

Vig, V. Access to Collateral and Corporate Debt Structure: Evidence from a Natural Experiment. *Journal of Finance*, 2013, 68 (3): 881-928.

Vives, X. Corporate Governance: Theoretical and Empirical Perspectives. Cambridge University Press, 2000.

Wang, C. and Xie, F. Corporate Governance Transfer and Synergistic Gains from Mergers and Acquisitions. *Review of Financial Studies*, 2009, 22 (2): 829-858.

Wei, C. and Yermack, D. Investor Reactions to CEOs' Inside Debt Incentives. *Review of Financial Studies*, 2011, 24 (11): 3813-3840.

Weisbach, M. S. Outside Directors and CEO Turnover. *Journal of Financial Economics*, 1988, 20: 431-460.

Williamson, O. E. Corporate Finance and Corporate Governance. *Journal of Finance*, 1988, 43 (3): 567-591.

Williamson O. Corporate Governance. *Yale Law Journal*, 1984, 93: 1197-1231.

Wu, D. and Ye, Q. Public Attention and Auditor Behavior: The Case of Hurun Rich List in China. *Journal of Accounting Research*, 2020, 58 (3): 777-825.

Xu, C. The Fundamental Institutions of China's Reforms and Development. *Journal of Economic Literature*, 2011, 49 (4): 1076-1151.

Xu, T. Learning from the Crowd: The Feedback Value of Crowdfunding. *Working Paper*, 2018.

Xu, T. Do Excess Control Rights Benefit Creditors? Evidence from Dual-class Firms. *Journal of Financial and Quantitative Analysis*, 2021, 56 (3): 821-852.

Yermack, D. Remuneration, Retention, and Reputation Incentives for Outside Directors. *Journal of Finance*, 2004, 59 (5):

2281 - 2308.

Yermack, D. Tailspotting: Identifying and Profiting from CEO Vacation Trips. *Journal of Financial Economics*, 2014, 113 (2): 252 - 269.

Yermack, D. Corporate Governance and Blockchains. *Review of Finance*, 2017, 21 (1): 7 - 31.

Yim, S. The Acquisitiveness of Youth: CEO Age and Acquisition Behavior. *Journal of Financial Economics*, 2013, 108 (1): 250 - 273.

You, J., Zhang, B. and Zhang, L. Who Captures the Power of the Pen?. *Review of Financial Studies*, 2018, 31 (1): 43 - 96.

Yu, F. F. Analyst Coverage and Earnings Management. *Journal of Financial Economics*, 2008, 88 (2): 245 - 271.

Zhang, S. Directors' Career Concerns: Evidence from Proxy Contests and Board Interlocks. *Journal of Financial Economics*, 2021, 140 (3): 894 - 915.

Zhu, C. Big Data as a Governance Mechanism. *Review of Financial Studies*, 2019, 32 (5): 2021 - 2061.

才国伟, 邵志浩, 徐信忠. 企业和媒体存在合谋行为吗？——来自中国上市公司媒体报道的间接证据. 管理世界, 2015 (7).

蔡利, 毕铭悦, 蔡春. 真实盈余管理与审计师认知. 会计研究, 2015 (11).

曹春方, 林雁. 异地独董、履职职能与公司过度投资. 南开管理评论, 2017 (1).

陈大鹏, 施新政, 陆瑶, 李卓. 员工持股计划与财务信息质量. 南开管理评论, 2019 (1).

陈德球, 陈运森, 董志勇. 政策不确定性、税收征管强度与企业税收规避. 管理世界, 2016 (5).

陈德球, 胡晴. 数字经济时代下的公司治理研究: 范式创新与实践前沿. 管理世界, 2022 (6).

陈冬华，相加凤. 独立董事只能连任6年合理吗?——基于我国A股上市公司的实证研究. 管理世界，2017（5）.

陈国青，吴刚，顾远东，陆本江，卫强. 管理决策情境下大数据驱动的研究和应用挑战——范式转变与研究方向. 管理科学学报，2018（7）.

陈红，纳超洪. 内部控制与研发补贴绩效研究. 管理世界，2018（12）.

陈剑，黄朔，刘运辉. 从赋能到使能——数字化环境下的企业运营管理. 管理世界，2020（2）.

陈仕华，姜广省，李维安，王春林. 国有企业纪委的治理参与能否抑制高管私有收益?. 经济研究，2014（10）.

陈仕华，卢昌崇. 国有企业党组织的治理参与能够有效抑制并购中的"国有资产流失"吗?. 管理世界，2014（5）.

陈仕华，卢昌崇，姜广省，王雅茹. 国企高管政治晋升对企业并购行为的影响——基于企业成长压力理论的实证研究. 管理世界，2015（9）.

陈仕华，张瑞彬. 董事会非正式层级对董事异议的影响. 管理世界，2020（10）.

陈运森，邓祎璐，李哲. 证券交易所一线监管的有效性研究：基于财务报告问询函的证据. 管理世界，2019（3）.

代昀昊. 机构投资者、所有权性质与权益资本成本. 金融研究，2018（9）.

戴治勇. 法治、信任与企业激励薪酬设计. 管理世界，2014（2）.

窦欢，陆正飞. 大股东控制、关联存款与现金持有价值. 管理世界，2016（5）.

杜兴强，殷敬伟，赖少娟. 论资排辈、CEO任期与独立董事的异议行为. 中国工业经济，2017（12）.

高闯，关鑫. 社会资本、网络连带与上市公司终极股东控制权——基于社会资本理论的分析框架. 中国工业经济，2008（9）.

龚强，班铭媛，张一林. 区块链、企业数字化与供应链金融创新.

管理世界，2021（2）.

顾乃康，周艳利. 卖空的事前威慑、公司治理与企业融资行为——基于融资融券制度的准自然实验检验. 管理世界，2017（2）.

顾小龙，辛宇，滕飞. 违规监管具有治理效应吗——兼论股价同步性指标的两重性. 南开管理评论，2016（5）.

韩鹏飞，胡奕明，何玉，王海峰. 企业集团运行机制研究：掏空、救助还是风险共担？. 管理世界，2018（5）.

何大安. 互联网应用扩张与微观经济学基础——基于未来"数据与数据对话"的理论解说. 经济研究，2018（8）.

洪永淼，汪寿阳. 大数据如何改变经济学研究范式. 管理世界，2021（10）.

胡斌，王莉丽. 物联网环境下的企业组织结构变革. 管理世界，2020（8）.

胡珺，宋献中，王红建. 非正式制度、家乡认同与企业环境治理. 管理世界，2017（3）.

黄海杰，吕长江，丁慧. 独立董事声誉与盈余质量——会计专业独董的视角. 管理世界，2016（3）.

黄俊，郭照蕊. 新闻媒体报道与资本市场定价效率——基于股价同步性的分析. 管理世界，2014（5）.

黄益平，邱晗. 大科技信贷：一个新的信用风险管理框架. 管理世界，2021（2）.

惠祥，李秉祥，李明敏，王封青. 技术创业型企业经理层股权分配模式探讨与融资结构优化. 南开管理评论，2016（6）.

姜付秀，马云飙，王运通. 退出威胁能抑制控股股东私利行为吗？. 管理世界，2015（5）.

姜国华，徐信忠，赵龙凯. 公司治理和投资者保护研究综述. 管理世界，2006（6）.

金宇超，靳庆鲁，严青蕾. 合谋与胁迫：作为经济主体的媒体行为——基于新闻敲诈曝光的事件研究. 管理科学学报，2018（3）.

孔东民，刘莎莎. 中小股东投票权、公司决策与公司治理——来自一项自然试验的证据. 管理世界, 2017 (9).

赖黎, 唐芸茜, 夏晓兰, 马永强. 董事高管责任保险降低了企业风险吗? ——基于短贷长投和信贷获取的视角. 管理世界, 2019 (10).

李苍舒, 沈艳. 数字经济时代下新金融业态风险的识别、测度及防控. 管理世界, 2019 (12).

李莉, 杨雅楠, 黄瀚雯. 师生"类血缘"关系会缓解公司代理问题吗. 南开管理评论, 2020 (2).

李培功, 沈艺峰. 媒体的公司治理作用: 中国的经验证据. 经济研究, 2010 (4).

李琦, 罗炜, 谷仕平. 企业信用评级与盈余管理. 经济研究, 2011 (S2).

李三希, 黄卓. 数字经济与高质量发展: 机制与证据. 经济学(季刊), 2022 (5).

李世辉, 杨丽, 曾辉祥. 内部审计经理监察能力与企业违规——来自我国中小板上市企业的经验证据. 会计研究, 2019 (8).

李维安. 中国上市公司治理状况评价研究——来自2008年1127家上市公司的数据. 管理世界, 2010 (1).

李维安, 邱艾超, 牛建波, 徐业坤. 公司治理研究的新进展: 国际趋势与中国模式. 南开管理评论, 2010 (6).

李维安, 郝臣, 崔光耀, 郑敏娜, 孟乾坤. 公司治理研究40年: 脉络与展望. 外国经济与管理, 2019 (12).

李维安, 齐鲁骏. 公司治理中的社会网络研究——基于科学计量学的中外文献比较. 外国经济与管理, 2017 (1).

李晓溪, 饶品贵, 岳衡. 年报问询函与管理层业绩预告. 管理世界, 2019 (8).

李彦龙, 沈艳. 数字普惠金融与区域经济不平衡. 经济学(季刊), 2022 (5).

梁权熙, 曾海舰. 独立董事制度改革、独立董事的独立性与股价崩盘风险. 管理世界, 2016 (3).

梁上坤. 机构投资者持股会影响公司费用粘性吗?. 管理世界,

2018（12）.

柳学信，孔晓旭，王凯. 国有企业党组织治理与董事会异议——基于上市公司董事会决议投票的证据. 管理世界，2020（5）.

刘浩，许楠，时淑慧. 内部控制的"双刃剑"作用——基于预算执行与预算松弛的研究. 管理世界，2015（12）.

刘慧龙. 控制链长度与公司高管薪酬契约. 管理世界，2017（3）.

刘启亮，李祎，张建平. 媒体负面报道、诉讼风险与审计契约稳定性——基于外部治理视角的研究. 管理世界，2013（11）.

刘少波，马超. 经理人异质性与大股东掏空抑制. 经济研究，2016（4）.

刘洋，董久钰，魏江. 数字创新管理：理论框架与未来研究. 管理世界，2020（7）.

刘意，谢康，邓弘林. 数据驱动的产品研发转型：组织惯例适应性变革视角的案例研究. 管理世界，2020（3）.

陆瑶，施新政，刘璐瑶. 劳动力保护与盈余管理——基于最低工资政策变动的实证分析. 管理世界，2017（3）.

罗宏，黄婉. 多个大股东并存对高管机会主义减持的影响研究. 管理世界，2020（8）.

罗进辉，李小荣，向元高. 媒体报道与公司的超额现金持有水平. 管理科学学报，2018（7）.

罗进辉，李雪，黄泽悦. 关键高管的人力资本价值评估——基于关键高管突然去世事件的经验研究. 中国工业经济，2016（5）.

罗进辉，黄泽悦，朱军. 独立董事地理距离对公司代理成本的影响. 中国工业经济，2017（8）.

罗琦，胡志强. 控股股东道德风险与公司现金策略. 经济研究，2011（2）.

马连福，王元芳，沈小秀. 国有企业党组织治理、冗余雇员与高管薪酬契约. 管理世界，2013（5）.

马新啸，汤泰劼，蔡贵龙. 非国有股东治理与国有企业去僵尸化——来自国有上市公司董事会"混合"的经验证据. 金融研究，

2021（3）.

马云飙，武艳萍，石贝贝. 卖空机制能够约束内部人减持吗？——基于融资融券制度的经验证据. 金融研究，2021（2）.

毛新述，孟杰. 内部控制与诉讼风险. 管理世界，2013（11）.

孟庆斌，邹洋，侯德帅. 卖空机制能抑制上市公司违规吗?. 经济研究，2019（6）.

潘红波，余明桂. 支持之手、掠夺之手与异地并购. 经济研究，2011（9）.

戚聿东，肖旭. 数字经济时代的企业管理变革. 管理世界，2020（6）.

权小锋，尹洪英. 中国式卖空机制与公司创新——基于融资融券分步扩容的自然实验. 管理世界，2017（1）.

邵帅，吕长江. 实际控制人直接持股可以提升公司价值吗？——来自中国民营上市公司的证据. 管理世界，2015（5）.

沈朝晖. 双层股权结构的"日落条款". 环球法律评论，2020（3）.

沈红波，华凌昊，许基集. 国有企业实施员工持股计划的经营绩效：激励相容还是激励不足. 管理世界，2018（11）.

孙光国，孙瑞琦. 控股股东委派执行董事能否提升公司治理水平. 南开管理评论，2018（1）.

王聪聪，党超，徐峰，钟立新，杜炜. 互联网金融背景下的金融创新和财富管理研究. 管理世界，2018（12）.

王春艳，林润辉，袁庆宏，李娅，李飞. 企业控制权的获取和维持——基于创始人视角的多案例研究. 中国工业经济，2016（7）.

王红建，李青原，陈雅娜. 盈余管理、经济周期与产品市场竞争. 会计研究，2015（9）.

王兰芳，王悦，侯青川. 法制环境、研发"粉饰"行为与绩效. 南开管理评论，2019（2）.

王云，李延喜，马壮，宋金波. 媒体关注、环境规制与企业环保投资. 南开管理评论，2017（6）.

汪昌云，武佳薇，孙艳梅，甘顺利. 公司的媒体信息管理行为与

IPO定价效率. 管理世界, 2015 (1).

谢德仁, 廖珂. 控股股东股权质押与上市公司真实盈余管理. 会计研究, 2018 (8).

谢德仁, 郑登津, 崔宸瑜. 控股股东股权质押是潜在的"地雷"吗?——基于股价崩盘风险视角的研究. 管理世界, 2016 (5).

许言, 邓玉婷, 陈钦源, 许年行. 高管任期与公司坏消息的隐藏. 金融研究, 2017 (12).

薛健, 汝毅. 信息披露业务关系与新闻报道质量. 管理世界, 2020 (10).

姚小涛, 亓晖, 刘琳琳, 肖婷. 企业数字化转型: 再认识与再出发. 西安交通大学学报(社会科学版), 2022 (3).

姚颐, 刘志远. 投票权制度改进与中小投资者利益保护. 管理世界, 2011 (3).

杨道广, 陈汉文, 刘启亮. 媒体压力与企业创新. 经济研究, 2017 (8).

杨德明, 赵璨. 媒体监督、媒体治理与高管薪酬. 经济研究, 2012 (6).

杨国超. 外部治理机制缺失下制度创新的代价——基于阿里巴巴"合伙人制度"的案例研究. 会计研究, 2020 (1).

杨俊, 李小明, 黄守军. 大数据、技术进步与经济增长——大数据作为生产要素的一个内生增长理论. 经济研究, 2022 (4).

杨其静, 唐跃桓, 李秋芸. 互联网赋能小微企业: 绩效与机制——来自中国小微企业调查 (CMES) 的证据. 经济学(季刊), 2022 (5).

叶康涛, 祝继高, 陆正飞, 张然. 独立董事的独立性: 基于董事会投票的证据. 经济研究, 2011 (1).

叶青, 赵良玉, 刘思辰. 独立董事"政商旋转门"之考察: 一项基于自然实验的研究. 经济研究, 2016 (6).

俞红海, 徐龙炳, 陈百助. 终极控股股东控制权与自由现金流过度投资. 经济研究, 2010 (8).

于李胜, 王成龙, 王艳艳. 分析师社交媒体在信息传播效率中的作用——基于分析师微博的研究. 管理科学学报, 2019 (7).

于忠泊, 田高良, 齐保垒, 张皓. 媒体关注的公司治理机制——基于盈余管理视角的考察. 管理世界, 2011 (9).

吴溪, 王春飞, 陆正飞. 独立董事与审计师出自同门是"祸"还是"福"?——独立性与竞争—合作关系之公司治理效应研究. 管理世界, 2015 (9).

曾庆生, 周波, 张程, 陈信元. 年报语调与内部人交易: 表里如一还是口是心非?. 管理世界, 2018 (9).

曾伟强, 李延喜, 张婷婷, 马壮. 行业竞争是外部治理机制还是外部诱导因素——基于中国上市公司盈余管理的经验证据. 南开管理评论, 2016 (4).

曾志远, 蔡东玲, 武小凯. "监督管理层"还是"约束大股东"? 基金持股对中国上市公司价值的影响. 金融研究, 2018 (12).

周泽将, 马静, 胡刘芬. 经济独立性能否促进监事会治理功能发挥——基于企业违规视角的经验证据. 南开管理评论, 2019 (6).

张继德, 陈昌彧. 双重股权结构相关理论综述与国内推行展望. 会计研究, 2017 (8).

张圣平, 于丽峰, 李怡宗, 陈欣怡. 媒体报导与中国 A 股市场盈余惯性——投资者有限注意的视角. 金融研究, 2014 (7).

张天舒, 陈信元, 黄俊. 独立董事薪酬与公司治理效率. 金融研究, 2018 (6).

张维迎. 所有制、治理结构及委托—代理关系: 兼评崔之元和周其仁的一些观点. 经济研究, 1996 (9).

张新民, 金瑛. 资产负债表重构: 基于数字经济时代企业行为的研究. 管理世界, 2022 (9).

张新民, 陈德球. 移动互联网时代企业商业模式、价值共创与治理风险——基于瑞幸咖啡财务造假的案例分析. 管理世界, 2020 (5).

张璇, 周鹏, 李春涛. 卖空与盈余质量——来自财务重述的证据. 金融研究, 2016 (8).

张勋, 万广华, 吴海涛. 缩小数字鸿沟: 中国特色数字金融发展.

中国社会科学, 2021 (8).

张勋, 万广华, 张佳佳, 何宗樾. 数字经济、普惠金融与包容性增长. 经济研究, 2019 (8).

张叶青, 陆瑶, 李乐芸. 大数据应用对中国企业市场价值的影响——来自中国上市公司年报文本分析的证据. 经济研究, 2021 (12).

赵晶, 关鑫, 高闯. 社会资本控制链替代了股权控制链吗?——上市公司终极股东双重隐形控制链的构建与动用. 管理世界, 2010 (3).

赵晶, 郭海. 公司实际控制权、社会资本控制链与制度环境. 管理世界, 2014 (9).

郑国坚, 蔡贵龙, 卢昕. "深康佳"中小股东维权: "庶民的胜利"抑或"百日维新"?. 管理世界, 2016 (12).

郑国坚, 林东杰, 张飞达. 大股东财务困境、掏空与公司治理的有效性——来自大股东财务数据的证据. 管理世界, 2013 (5).

郑志刚. 法律外制度的公司治理角色——一个文献综述. 管理世界, 2007 (9).

郑志刚, 李邈, 金天, 黄继承. 有限合伙协议构架与上市公司治理. 管理世界, 2022 (7).

郑志刚, 孙娟娟, Rui Oliver. 任人唯亲的董事会文化和经理人超额薪酬问题. 经济研究, 2012 (12).

郑志刚, 朱光顺, 李倩, 黄继承. 双重股权结构、日落条款与企业创新——来自美国中概股企业的证据. 经济研究, 2021 (12).

郑志刚, 邹宇, 崔丽. 合伙人制度与创业团队控制权安排模式选择——基于阿里巴巴的案例研究. 中国工业经济, 2016 (10).

钟宁桦. 公司治理与员工福利: 来自中国非上市企业的证据. 经济研究, 2012 (12).

朱冰, 张晓亮, 郑晓佳. 多个大股东与企业创新. 管理世界, 2018 (7).

祝继高, 陆峣, 岳衡. 银行关联董事能有效发挥监督职能吗?——基于产业政策的分析视角. 管理世界, 2015 (7).